南京艺术学院美术学学科
名师研究
谢海燕 卷
陈世宁 编著
东南大学出版社
·南京·

图书在版编目(CIP)数据

谢海燕/陈世宁编著. —南京：东南大学出版社，2012.11
(南京艺术学院美术学学科名师研究)
ISBN 978-7-5641-3799-1

Ⅰ.①谢… Ⅱ.①陈… Ⅲ.①谢海燕(1910～2001)-人物研究 Ⅳ.①K825.72

中国版本图书馆CIP数据核字(2012)第247273号

装帧设计　谢燕淞　夏媛媛
版面设计　刘庆楚
责任编辑　刘庆楚
责任印制　张文礼

谢海燕

出版发行：东南大学出版社
社　　址：南京四牌楼2号　邮编：210096
出 版 人：江建中
网　　址：http://www.seupress.com
经　　销：全国各地新华书店
印　　刷：江苏凤凰盐城印刷有限公司
开　　本：787mm×1092mm　1/16
印　　张：20.25
字　　数：505千字
版　　次：2012年11月第1版
印　　次：2012年11月第1次印刷
书　　号：ISBN 978-7-5641-3799-1
定　　价：188.00元

本社图书若有印装质量问题，请直接与营销部联系。电话：025-83791830

总　序

　　毋庸置疑，名师与高徒是检验一所大学、一个系科之历史与成就的最为有力的标尺。名师不乏高徒，而高徒则又往往成为名师。自1912年刘海粟创办"上海图画美术院"（后更名为上海美术专门学校）始，到1952年由上海美专、苏州美专、山东大学艺术系于无锡合并为华东艺专，再到1958年迁址南京、次年升格更名为南京艺术学院，几经沧桑变迁，南京艺术学院的美术学学科文脉已逾百年之久。我们之所以在全国同类艺术教育院校中备受瞩目和关注，其重要缘由正在于名师汇聚，文脉的薪火相传有序而得力。

　　在南京艺术学院美术学学科百年的历史沧桑中，无数人的人生和命运与其发展互为纠结、血脉相连，南艺为他们提供了施展才华的舞台，而他们在美术学上的成就以及人格魅力则成为南艺的百年文脉中不可或缺的重要组成部分。张大千、黄宾虹、潘天寿、潘玉良、陈之佛、谢海燕、朱屺瞻、吕凤子、丰子恺、关良、刘抗、郑午昌、倪贻德、傅雷、颜文樑、吕斯百、蒋兆和、罗未子、汪声远、李超士、常书鸿、俞剑华、刘汝醴、温肇桐、陈大羽、李长白、苏天赐……，正是这一大批现当代美术史上显赫的身影构成了南京艺术学院这百年老校的动人华章，也印证了"所谓大学者，非谓有大楼之谓也，有大师之谓也"的著名论断。

　　艺术对于一个人乃至对于一个时代、一个民族的作用不容忽视，然而在我国现当代功利主义思想对艺术教育的冲击同样尤为明显。刘海粟先生早在1936年《艺术的革命观——给青年画家》一文中便指出："看现在的教育组织法，专提倡工科、理科及生产科（即职业教育），觉得文艺没有用的。诸如此类，可证明当道者并不明白艺术教育的重要性。我不反对理科，也不反对工科，更不反对职业教育。不过这些都属于物质的。但精神的也非要注意不可。一个人生活在世界上，不仅光为了吃饭，有时他的精神生活比物质生活更重要。一方面要解决口，一方面也要解决耳朵和眼睛。耳眼完全根据于感官方面的，换言之，就是精神生活的工具。故不仅是吃饱穿暖就算了。在这里我们尽可以简单的明了艺术是什么东西了。艺术反映了一个时代的精神，体现了一个时代的思想结晶，同时表达了一个民族的文化特性。凡是一个民族的强盛和衰落，一定客观地反映在它的艺术上。我国近百年来文艺的盛衰交替，正是反映了这个客观的现实。"时过境迁，刘海粟先生的话似乎更具现实意义。不过人们对艺术的精神需求较之以往显然是大大提高了，尤其是当人们沉浸于物质盛宴的浮华表象下，我们更是感受到一些艺术大家以及艺术教育名师的重要价值。欣慰的是，我们南京艺术学院拥有着如此众多的已进入史册的画家、美术理论家、美术教育家。应该说，他们作为一种最珍贵的艺术资源不仅属于南艺，更属于我们整个中华民族。

故而，值南京艺术学院即将迎来百年华诞之际，我们决定出版这套"南京艺术学院美术学学科名师研究"系列丛书。基于历史上在南京艺术学院工作过的名家数量众多，因此我们这套丛书所选的研究对象仅限于一些长期执教我校的成果卓著、影响深远的美术名家。第一批我们率先推出他们中的十二位：刘海粟、陈之佛、谢海燕、郑午昌、颜文樑、罗尗子、俞剑华、刘汝醴、温肇桐、陈大羽、李长白、苏天赐。他们不仅碑留艺坛、籍著我院史册，而且在美术创作、美术理论和美术教育等几个主要方面对构筑我院美术学学科具有突出的奠基和引导作用。我们研究的指向和涉面在于，追溯名师的生平和事艺轨迹，揭示名师的创作和教育思想，评析他们的学术成就，诠释他们的治学风范。我们期望在研究中尽量避免只是停留在史料的钩沉、资料的编辑上，而是能向纵深推进，由表及里地作立体性的观照，让我院在美术学学科的建设过程中一直融汇着名师们的教育思想、学术精神，在时代的光照下，面貌日新！同时当我们追忆他们非凡的人生以及杰出的艺术贡献的时候，更希望在他们灿烂光辉的映照下能产生新的名师与高徒。这也正是我们编辑出版这套丛书的主旨所在！

南京艺术学院美术学院院长　张友宪
2011 年 10 月 31 日于二乾书屋

目 录

学者的魅力和风范	陈世宁	1
不倦的园丁谢海燕	刘海粟	28
丹青流芳　风范长存	沈　健	39
我和谢老的忘年之交	张　永	42
丹青不渝照山河　风范长垂炳懿德	文晓明	46
筚路蓝缕　高山仰止	米如群	48
艺术教育的楷模	保　彬	51
默默献身终未悔，只知培溉不求名	邹建平	53
谢海燕从教六十年志庆	张　望	56
高山可仰，清芬可挹	陈大羽	57
绝配——刘海粟谢海燕	赵绪成	61
共事一周星　缅怀忆故人	孙　瑜	62
"以学养求其画者佳"	王伯敏	68
一盏明灯	徐　风	75
只知培溉不求名	黄葆芳	82
辛勤耕耘六十春	温肇桐	87
爱真理　爱学生	夏子颐　吴　平	91
海燕老师和国立艺专	张文俊　曹增明	94
我的艺术母亲谢海燕老师	张怀江	108
高洁的人格　伟大的贡献	周积寅	116
永远的怀念	奚传绩	123

情满艺苑　桃李芳菲	蔡志坚　严鸿珍	125
师情似海深	吴　平	138
亲情、真情、恩情——追思谢海燕校长	许敦乐	148
深深的怀念	金士钦	158
忆谢老	石中光	160
温厚儒雅　淡泊高洁	沈行工	162
我心中的谢老	周京新	168
感念谢海燕老师	张友宪	171
永远怀念谢海老	刘　蟾	177
谢老一席话，胜读十年书	徐建明	181
哲人已逝　德艺长存	史金城	184
谢海燕教授对我的决定性的影响	陈履生	192
我所敬慕的谢海燕教务长	周传青	196
驰骋画坛五十秋——访画家谢海燕	周昭京	202
艺海苍茫一燕飞	卓素铭	210
谢海燕院长是共产党员的光辉典范	王　喆	213
我永远怀念的谢海燕伯伯	陈显曰	215
怀念谢老	陈显铭	218
回忆我记忆深刻的师长——谢海燕	李小白	225
有一种目光叫"慈爱"	杨志麟	228
善教者使人继其志	陈大仪　张　萱	233
我也认识谢海燕	韩　宁	237
缅怀亲爱的大哥	谢益勋	240
至诚　至爱　至美	谢燕淞	245

附录　谢海燕文选

"刘海粟画集"序言	257

辛勤的园丁 艺坛的巨匠……………………275
陈之佛的生平及花鸟画艺术…………………292
倪贻德画集序………………………………301
姜丹书艺术教育杂著序………………………309
中国现代著名书法家作品集…………………314

学者的魅力和风范

——记我国杰出的美术教育家、画家谢海燕教授

陈世宁

第一次拜访海燕教授,是在1972年的春夏之交,时任江苏省高教局副局长的方非看到我的画,特意推荐我去拜访谢海燕教授,我带着自己的创作作品《求教》和一些习作忐忑不安地拜访了谢海燕教授。记得先生十分慈祥地仔细地观看了我的作品,和蔼可亲地肯定了我作品中的一些优点,更令人信服地指出了我作品中的问题和不足,使我受益匪浅,特别让我难忘的是,先生给予我极大的鼓励和鞭策,我第一次聆听到先生对晚辈的教诲,感受到先生对年青人的厚望,先生勉励我勤奋作画,将来立志成为画家。在当时的时代背景下,我从来也没想过今后要成为画家,那时学画就是一个爱好,就是想将画画

1926年秋,汕头青少年时期的谢海燕与朋友在一起

青年时期的谢海燕

好。现在回想起来,对一个初学画画的年青人、一个无名之辈,先生能给予热忱的关注和引导,显示出谢海燕教授的博大胸襟和人格魅力。

1978年,我考入南京艺术学院美术系油画专业,聆听先生的教诲和接触的机会越来越多,在画室的画架前和画案旁,他总是谦和地、热情地鼓励着莘莘学子;在学术交流和外事活动中,总能见到先生温文尔雅的繁忙身影;在校园的晨曦中,我还看见先生在上班的途中不经意地捡起路上的杂物;在与其他师生的交谈中,有关先生的口碑和待人接物的举止更是令人敬佩不已。

2006年9月6日,胡锦涛总书记给北京大学孟二冬教授女儿的回信在广大师生中引起强烈反响,总书记在回信中高度评价和赞扬了孟二冬教授的人格魅力和学识魅力,这不仅仅是对一位教授的评价和赞扬,更是对耕耘在教育园地里广大教师的鞭策和鼓励,特别是在教育强国的今天,这封回信的意义显得格外的重大;温家宝总理近年来多次提到教育家办学这一学校改革的关键问题,他提出:"要倡导教育家办学。教育的发展有其自身的规律。一个好老师,可以教出一批好孩子;一个好校长,可以成就一所好学校;一批教育家,可以影响国家和民族的未来。我国教育事业要兴旺发达,一个重要条件就是让真正懂教育的人来办教育。因为他们尊重、敬畏教育的价值和规律,拥有系统的教育理论和丰富的实践经验,对教育充满热爱并深深扎根于教学第一线。"学术界也一直关注和企盼着一批教育家的涌现,我有感于这一系列的热议,也有感于我国近现代杰出的美术教育家谢海燕教授的人格魅力和学识魅力,更有感于我们的高等教育太需要一大批这样真正的专家学者,特撰此文,以飨读者。

不畏艰辛的办学历程

提及闪烁着中国近现代艺术教育光辉的"上海美专",恐怕太多的局外人并不了解这所私立美术专科学校艰辛的办学历程。海燕先生多次与我谈到上海美专在极其艰难的条件下坚持办学的情景,学校的办学经费并不宽裕,有的时候还得为员工的工资犯愁,尽管困难很多,学校依然办得很有生机。1939年11月,海粟先生决定去南洋举办大型画展,义卖作品支援抗日。海燕先生送其登上荷兰"芝巴德"号邮船,临别时海粟先生对代理校长海燕先生深情地说："学校可办则办,不好办就关门。家里有纸笔,你有空就画画吧。现在物价飞涨,筹款极难,这个担子太重了!"海燕先生坚定地回答:"你安心去,我发动美专师生源源不断地作画寄去,学校也不会夭折,总要支撑下去,不负重托。"

谢海燕教授原名海砚,以笔名海燕行。1910年3月生于广东揭阳榕城。1929年毕业于上海中华艺术大学西洋画系,随即留学日本,在东京帝国美术学校(现武藏野美术大学)研修绘画和美术史。归国后,历任郑午昌与上海著名书画家集资创办的汉文正楷印书局编辑部主任,兼《国画月刊》主编,上海美术专科学校教授兼教务长。1939年校长刘海粟去东南亚举办"筹赈画展"支援抗战,谢海燕任代理校长。太平洋战争爆发,率领部分师生内迁浙闽,参加国立东南联合大学。先后任东南联大、国立暨南大学、国立英士大学教授兼艺术科主任。1944年潘天寿教授被任命为国立艺术专科学校校长,坚邀同去重庆,任教授兼教务长。1945年抗日战争胜利,恳辞国立艺专教职,翌年春复员上海美专,任副校长。1952年全国高等学校院系调整,先后任华东艺术专科学校、南京艺术学院教授兼美术系主任、副院长等职。

年轻时的谢海燕

1932年夏秋之间,既是一个巧合又是一个命中注定,谢海燕教授与刘海粟先生不期而遇,当时刘海粟先生第一次旅游欧洲后不久去普陀山写生,途中因遇台风,暂住定海港,在舢山公园和谢海燕教授邂逅。这次见面,两人彻夜纵谈中国画、西洋画,以及艺术创作道路和中国美术教育事业,谢海燕教授在艺术上的造诣及其对事业追求的精神,深为刘海粟先生所赏识和器重。刘海粟先生希望他到上海美专任教,但由于谢海燕教授已受聘于郑午昌先生,答应身体康复后到上海汉文正楷印书局任编辑部主任,兼任《国画月刊》主编,当时黄宾虹任《国画月刊》编委。只能相约以后在上海美专兼课。刘海粟先生回忆说:1934—1935年,我再次赴欧洲主持中国画画展,谢海燕到"一品香"为我送行,其实,我一回到上海便与郑午昌商量要他同意让谢海燕到上海美专主持教务工作,郑午昌见我诚意,也希望谢海燕有更广阔天地去施展抱负,便欣然应允。半年后,年仅26岁的谢海燕教授出任上海美专教务长,由于他工作一丝不苟,深得学生爱戴。刘海粟先生深情地说:"1935年9月21日,蔡元培、叶恭绰两先生为我洗尘,我把谢海燕介绍给两位前辈以及同座的

在日本留学期间

吴湖帆、王一亭等海上名人。1936年蔡元培70大庆,谢海燕与沈钧儒、黄炎培、陈树人、于右任、马寅初、许寿棠、张学良、林语堂、黄自、萧友梅、李四光等先生一起签名发起成立了民美育研究院。"在郑午昌先生和刘海粟先生的提携和器重下,谢海燕教授以自己的才智步入了当时中国美育的最前沿。

自1935年出任上海美术专科学校教授兼教务长起,谢海燕教授便将自己一生的全部精力奉献给了我国的艺术教育事业。在中国近现代的美术教育中,刘海粟先生创办的上海美术专科学校是我国独立建制最早的美术学校之一,中华人民共和国文化部曾高度评价了刘海粟先生的历史功绩,称赞他为"中国近现代美术教育的奠基人,新美术运动的拓荒者"。而谢海燕教授则是推动中国近现代美术教育和新美术运动的参与者,上海美专繁忙的日常教务管理的重担基本上落在了谢海燕教授的肩上。

太平洋战争爆发以后,国民政府教育部为接纳由上海撤迁的公私立院校,在浙江金华筹建东南联合大学。刘海粟校长在他前往南洋筹办画展支持抗战期间,指派谢海燕先生为代理校长,在谢海燕先生的主持下,经校务会议决定迁校内地,参加东南联合大学。趁上海疏散人口的机会，先生与倪贻德教授乔装印刷商和广告商，带领同学王昌诚等离开了上海。取道杭州萧山，一路经敌伪九道关哨，始得穿越游击区到达所前，换乘交通船沿浦阳至安华，步行至大陈站，改乘火车到金华，一路坎坷。在文昌巷会见何炳松校长，受到热烈欢迎。先生特致电在重庆的上海美专校董钱新云、陈树人、顾树森等先生，一致同意参加联合大学。后来上海美专成为东南联大的重要组成部分。不久，日军突袭浙东，何炳松校长与胡健中、杜佐周、谢海燕诸先生商定，决定将学校暂迁至建阳，并电告教育部。初夏，全体师生在谢海燕、倪贻德、沈仲俊、朱中虑带领下，步行经浦城开赴建阳，近一个月，全部抵达建阳。途中艰苦备尝，沿途敌机追踪扫射，前后村镇更番被炸，而岭峻山高，风雨时作，员生负笈步行。先生一行从浙闽边境廿八都前往浦城的早晨，日寇九架重型轰炸机掠空而过，把浦城炸得满街颓墙断壁，尸横遍地，傍晚到达时余烬未息。一连轰炸三天。刚到目的地建阳的次日，三架敌机便来轰炸，弹落车站一带，死伤30多人。

东南联大筹委会设在建阳童游奎光阁新建楼房里，还特设迁校委员会与校舍设备委员会，请谢海燕先生等主持具体工作，先生随之勘寻校址，他和倪贻德教授四出到近郊乡镇勘察，还独自乘车至莒口，凭着一张简略的石印地图，在荒无人烟、时有野兽和强人出没的山野间步行至麻沙镇。果然文庙颇具规模，可以利用的庙祠也有几处，但交通太不方便，也就不予考虑了。后来选定在建浦公路边的一座小山和崇溪畔一处林木葱郁连着沙洲的地方拟建筑校舍和体育场。先生特意手绘了一张示意图和几张建筑图样请何柏丞先生审阅，共同商酌修改。联大总务处派人入山定购了大批杉木，准备大兴土木。先生还在何炳松的指示下设计了东南联大校徽，外廓作凸版V字形，象征太平洋战争爆发，中国与各个盟国共同抗日，终将取得最后胜利，里面五环则象征东南五省紧密联合。

先生作为东南联大艺术专修科主任，将教学办得有声有色。艺术专修科教室设在童游街西头的先农祠，画室由戏台改建而成。4位专任教授原系上海美专的同事，由谢海燕教授担任西洋美术史、艺术概论两门课程，倪贻德教授担任素描、色彩画和创作课程，潘天寿教授讲授中国画和书法，俞剑华教授担任中国绘画史、美术技法理论课程。先生不无感慨地说过："东南联大艺术专修科教授班子可以说是少而精的。"学生仅有十几人，但素质都

在日本留学期间

与上海美专西画教授张弦合影

很好,至于教学设备和画具材料都很缺乏。何校长专门派人到福州、南平等地尽量采购。基本练习没有石膏像就画庙里的泥塑菩萨,画附近农村的农民,画童游街的铁匠、木工和山沟里的畲族猎户;有时由学生轮流做模特儿。画素描的木炭条是自制的。油画的颜料和画具很难搞到,色彩画以水彩画为主。木刻工具材料比较易得,为配合宣传教育还成立了一个课余木刻班。后来在版画艺术方面崭露头角,饮誉海内外的就有张怀江、夏子颐、张树云和葛克俭。

多少年后,每当先生回忆这段往事,总是感慨万千,完全是一种精神力量在支撑着风雨飘摇的上海美专。

1944年,潘天寿被任命为国立艺专校长,坚邀谢海燕任国立艺专教授兼教务长,同赴重庆磐溪。谢老生前数次提到:"潘先生一定要我出任重庆国立艺专教授兼教务长,否则,他也不去重庆赴任。"这种坚定的态度,也反映出潘先生对谢老的信任和赏识。史料记载:"1943年国立艺术院落户重庆,教育部电请尚在续假中的潘天寿赴渝担任校长,潘天寿谦称能力有限,坚持不就。1944年教育部再次来电,国立艺术院师生亦再三恳请,潘天寿邀谢海燕、吴茀之协助,一同赴渝上任。"[1]先生曾和我谈及一段国立艺专的往事:"1945年8月15日,日本宣布无条件投降,抗日战争取得胜利,国立艺专的师生在校园内举行篝火庆祝晚会。一位学生干部特意来为不久前因考试作弊而受学校处分的学生说情,能否在胜利之日,特赦那位学生,我坚决地予以回绝,这是两回事!"这充分体现出先生作为教育家的严谨和认真。

1946年春,谢海燕恳辞国立艺专教职,复员上海美专,任副校长,为重振美专雄风而操劳不已。当年的学生夏子颐和吴平在后来撰文回忆到:"我们有幸于40年代受业于老师门下,他的追求真理、爱护学生的精神,至今已过去四十余年,但仍影响着我们一代,为我们所崇敬,是我们的楷模。1946年开始,上海美术专科学校进步同学为了反对国民党反动派破坏'双十协定',重新燃起的内战之火,积极参加爱国民主运动,历时三载有余。当时,谢先生身为副校长,总是总揽全校教学和事务大权。他秉承伟大民主主义教育家蔡元培先生主张的'思想自由,兼收并蓄'的办学指导思想,以他的爱国精神和高深的道德修养,慈祥可亲的学者气度,在我们同学中有着崇高的威望。起初,他担心进步同学罢课上街游行积极参加学生运动会影响学业、出乱子。但是,严峻的现实和日益高涨的民主运动,激发了他的爱国热情和对真理的追求、探索,谢先生终于以满腔热情加入了我们的行列。"[2]

谢老复员上海美专前,曾与潘天寿先生相约,每过一段时间相互到对方的学校授课,足见他们的友谊和感情。更有趣的是,谢海燕40岁生日时,刘海粟和潘天寿合作画了一只雄健巨鹰相赠,他们的相知、相信与相投,为近现代中国美术高等教育的发展留下了不可磨灭的印记。"上海美专作为一个私立大学,能在纷飞战火中一直存活延续,除了刘海粟本人的社会影响外,更离不开谢海燕等一生致力于美术教育、无私奉献的教育家。"[3]

1952年,全国高等学校院系调整,上海美术专科学校与苏州美术专科学校、山东大学艺术系美术音乐两科合并为华东艺术专科学校,迁至无锡社桥,刘海粟被中央教育部任命为华东艺术专科学校校长。谢海燕先后出任建校委员、创作研究室主任和美术系主任;1959年,华东艺术专科学校更名为南京艺术学院,谢先生先后续任美术系主任、副院长。"在此期间,谢先生始终坚持党的路线、方针、政策,坚持按艺术教育的规律办事、办学。他引导学生深入实际、体验生活,经常同师生一起下乡下厂,在艺术创作中反映群众火热的生活,将教学与社会实际紧密结合。'文革'中,多次受到冲击,但并没有动摇他献身艺术教育的决心。恢复工作后,谢先生更加充满着使命感和责任感,兢兢业业,任劳任怨,殚精竭虑,尽力发挥自己的能力和作用,为学校的事业发展作出了巨大的贡献。"[4]

在日本留学期间

1972年秋季,谢先生满腔热情地主持了美术系"文革激烈动荡"后的首次招生,他亲临招生现场,关注美术新人,在当时特定的历史条件下,尽可能地按艺术人才选拔的规律办事,使得1973级学生的整体水准得以保证,为南京艺术学院的人才培养赢得了声誉。

1979年秋,谢海燕时隔19年再次当选为全国文代会代表,光荣地出席了在北京召开的第四次全国文代会。党和国家领导人的出席、周扬的报告、茅盾的开幕词,特别是邓小平副主席的祝词,使谢老非常激动,他由衷地感叹艺术春天的到来。会议结束后,他不仅在学校及时作了传达,还在不久后召开的第四次江苏省文代会上做了《放眼四化,发展美术创作》的专题发言。

1992年,学校筹办建校八十周年校庆,先生为了校庆画展能充分地反映学校的办学成果,不辞辛苦地给著名的画家和校友写信或直接通电话,恳请大家赐画庆贺学校的生日。只要先生开口,没有画家不积极响应,刘海粟、朱屺瞻、程十发……再大的名头也都感念着先生献身艺术教育的精神和威望。在海燕先生默默献身于我国高等艺术教育的终生奋斗中,我深深地感受到了"大音希声"的精神境界。

宽厚博大的人格魅力

做人要有人格,做教育家更需要具备人格的魅力,因为教育家的使命就是要引导学生"成人、成才、成功"。而谢海燕教授的人格魅力有口皆碑,无论是同事,抑或是学生,抑或是工友,大凡与先生接触过的人都会自然产生类似的感觉。

上世纪30年代谢海燕先生与朋友在一起

海粟先生在1988年学校庆贺"谢海燕教授从事艺术教育六十周年"活动前夕,于钓鱼台国宾馆向秘书柯文辉口述到:"自30年代之初以来,以毕生精力奉献给中国年轻的美育事业者无多,健在的老战士更少。海燕的生命正是和这种神圣的事业血肉相连,休戚一致,才发出他的热和光。"海粟先生在长达半个多世纪的岁月之后,依然激动和庆幸他与海燕先生当年在舟山公园的不期而遇。海粟先生深情地评价着海燕先生:"他勤勤恳恳,任劳任怨,事无巨细,包括学生的饥寒、学业上的难题,逐一过问,又乐于和教授们协商,优点一朝显示,很快便受到师生员工的尊重和信赖了。我深深庆幸自己的眼力。"两位巨人的相识、相知,既是海粟先生的眼力,更是海燕先生的人格魅力。作为一生患难与共的知己,海粟先生对海燕先生的了解和评价应当是最具有说服力的,海粟说:"解放之后,海燕工作更加积极,心情很舒畅。他用自己突出的表现,投入了共产主义战士的行列,成为党的儿子,受到新社会的重视,获得过许多荣誉,他是当之无愧的! 作为美术教育家、画家、评论家,他刷新了解放前的成就,自有口碑公议。他在十年浩劫中也受过不公正的待遇,然而他能超脱,从不计较。看到民族的不幸,是忘记个人痛苦唯一的灵丹。"[5]

原浙江美术学院教务处处长、著名版画家张怀江先生是海燕先生率部分上海美专师生内迁并入东南联大时的学生,他在四十五年后深情地回忆说:"1943年暮春,当我作为新生,负笈来到福建建阳东南联大艺术专修科报到时,第一位迎我迈向求艺之途的,就是当时艺专科主任谢海燕教授。那时谢师三十年华,风度潇洒,和蔼可亲地握着我这个穷小子的瘦手说:欢迎你来报到!只是这里条件很差。但能好好学习,定会学有所得;学画是不能怕苦的啊!想不到谢师当年对我寥寥数语的入学之教,却成为我此后坎坷求艺生涯中的一个奋求信念:苦中图进!"在海燕先生的学生中,太多的人在感念先生时往往都深情地提及先生的初次教诲,这其间不无先生超凡的人格魅力和一位大教育家的情怀。张怀江教授又道:"1943年秋,东南联大被迫停办了。上海美专师生也被迫迁至浙江云和县小顺镇,成为国立英士大学的艺专科。作为科主任的谢师,这时又是一番辛劳。只见他白天到处奔波,夜晚则在他昏暗楼房里挑灯筹措。他添聘了几位新老师,迎来了上海美专陆续内迁的教授,又迎来一批主要来自浙籍的新同学,扩大了办学规模,稳定了教学秩序。教学条件仍是十分艰苦的。教室设在离学生宿舍较远的一排傍山临江的平房里。逢风雪冰冻日子,谢师就在他的寝室里给我们讲课。他以温雅的语调传授其博学高见,使我们学不稍息。谢师还经常深入学生宿舍,关心学生思想和生活,帮助经济困难的学生;耐心教育个别因失恋或其他缘故而影响学习的学生;对有位地下党员行动异常时,曾要我间接提醒他,以免遭到不测等等。谢师如斯亲如慈母的为师之道,不仅在当年深受所有学生的无限崇敬和爱戴;而且随着岁月的消失,如今都已年逾花甲的旧时同窗,每当相遇忆旧时,仍是念念不忘谢师当年慈祥的抚育之恩!而我,则在此后的执教生涯中,每每以谢师为学习楷模,力求当好一名人民教师。"海燕先生注重寓教于学生学习和生活的方方面面,体现出教育家的真知灼见,体现出教育事业的根本宗旨。正因为此,学生们对老师的爱戴也尽在不言之中,张怀江教授继而写道:"在1944年初夏,谢师突然决定随同潘天寿教授赴重庆国立艺专出任教务长,推荐陈士文教授代理科主任。我们为学生的深知他此行的重要性;国立艺专是抗战时期唯一的美术专业学府,学校亟需潘天寿老教授去接办,而潘师则亟需谢师去协助,答应一年以后回来,我们只能含泪惜别。记得谢、潘二师那天离小顺去云和时,艺专科的全体师生,浩浩荡荡步行公路几十里,亲送二师进县城,并沿途高唱着当时曾由谢师为导师,以法学院的学生为

与上海美专图案教师林苍友
在观海阁前留影

30 年代谢海燕先生与友人在一起

主的绘画研究会和音乐研究会专门为谢师谱写的送别歌曲。千里送师去,一片感恩情,山花含泪,歌声伴着飞尘在飞扬!如斯挥泪惜别的情景,正是集中地体现了谢师在抗战的艰苦岁月中,为延续和发展艺术教育事业而付尽心血的感人事迹,是深得师生赞颂而永铭心田的!"[6]

原西安美术学院教务处处长、著名美术史论家徐风先生是上海美专 30 年代的学生,他在《一盏明灯》一文中写道:"先生的藏书很多,我常常到他宿舍里去翻翻画册,提提问题,谈谈自己的志趣,先生总是热情接待。那时我似乎还很不懂事,从没有想到经常去找老师会不会干扰他的工作,常人说:'出门观天色,进门看眼色',可是我每次进门,先生对我这个常客总是笑脸相迎,从没有厌恶之感,哪怕当时他正在忙于工作,也从不下逐客令,总是让我在他的书架上自由阅览。天长日久,师生的感情就这样融洽起来。据我了解,先生绝不是对我个人偏爱,他对所有的同学都是那样热情、诚恳、充满着爱,包括那些犯错误的学生,都首先从爱护出发,规劝、开导,再根据错误的性质,律之于校纪。所以在我们的同学中,谈起谢先生没有一个不肃然起敬的。"他继而分析道:"谢先生之所以得到广大学生的尊敬,正是他把自己的一切无私地奉献给学生。也正是由于他对学生充满着诚挚的爱,促使他全身心地为艺术教育事业呕心沥血,数十年如一日。这就是先生最崇高的职业道德。"他还写道:"上海美专是个私立学校,经费来源主要靠学生有限的学费收入,学校经费的拮据是可想而知的。然而,钱少能不能办好学校?上海美专的经验作了肯定的回答。他们以精兵简政的办法,一个人干三个人的事,讲求高速度、高效率,充分发挥工作人员的积极性,加强他们的责任感,帮助他们熟悉业务,提高工作能力。为此,先生身体力行,经常工作到深夜。尤其可贵的是事事都有计划,先生每制定一项计划,总要先把自己的设想和有关的同事们商量,征求意见或告示大家,使大家先有精神准备,群策群力。他一贯的工作作风朴实、民主,从不高高在上做官当老爷,处处以普通工作人员的身份出现。先生在主持行政工作的同时,致力帮助各系教师搞好教学第一线的工作,不断改进教学,提高教学质量。先生的领导艺术,首先是善于团结教师,从不把自己看作高于教师之上,从不把教务长与教师的关系看作是领导与被领导的关系,以教师的身份帮助教师解决教学上出现的问题,尽量发挥教师的积极性和主动性。"[7]

谢海燕(右一)与中学同学合影

原南京艺术学院美术系主任、著名花鸟画大师陈大羽先生在《高山可仰 清芬可挹》一文中对谢老有高度的评价,他写道:"海燕同志身上具有艺术教育家的诸多优秀品质,无论处事为人做学问,讲究原则,诚恳负责,严谨认真,一丝不苟。我的感受很深,而且也多次听到海粟校长、李可染、张安治等师友的称道。多少年来,海燕同志在名、利、职称、工资面前总是让而不争,先考虑别人,也从不背后议论他人的长短,这是大家公认的。"他进一步写道:"说海燕同志'正人君子',我赞成,这是必须肯定的。尽管50年代末他才加入了共产党,但他的事业心,做人的道德规范和许多优点,却不是入党之后才有的。作为一位艺术教育家,一位领导者,他是楷模,言传身教,给人一种潜移默化的影响。"他还生动地举例说:"我想起十年浩劫中关在牛棚里发生的一件'小事',那时我们面临着造反派凶残打手动辄挨打受罚的威胁,为了一丁点的事又来找茬了。海燕同志不是把事推给别人,勇于承担责任去受罚,而那些以一贯正确自居斗争性强

1936年，兼任成美中学教务主任的谢海燕带领学生开展课外活动，践行他的智美健行的教育理念

的人，为个人利益畏缩后退了。相比之下，高卑自见！海燕同志君子之风坦坦然，有的人却暴露了丑恶面目，令人作呕。所以我认为在当今时代仍然要讲做人的道德规范。无疑海燕同志在这方面是起了表率作用。"大羽先生动情地说："南艺的领导换来换去，可谓多矣。但是过去，有的人是领受使命而来，'上级叫我来管你们的'，并不热心学校教育事业的建设和发展，到时候，拍拍屁股一走了之。而老一辈的艺术教育家，像海燕同志一样，有一种责无旁贷的使命感和责任感，将个人和学校的事业联系在一起，开拓前进，荣辱相始终。"[8]

原南京艺术学院院长、著名设计艺术家保彬先生既作为学校的行政领导，又作为与谢老几十年的同事，还作为谢老曾经的学生，他的评价更是至关重要，他在《艺术教育的楷模》一文中这样写道："谢老为人宽厚，对学生循循善诱，不仅传授知识，而且教给学生以做学问的方法和做人的道理。教书又育人，堪为楷模，深受学生的敬爱。"他高度概括地说："谢老致力于艺术教育的组织和管理，从中倾注了极大的热情和高度负责的精神。半个多世纪以来，他先后历任教务长、代理校长、副校长、系科主任、副院长等职，耗费了大量的精力和时间，处理了大量的行政管理工作，积累了极为丰富的经验。但是他却从不炫耀自己，从不放弃原则，从不计较个人名利。他数十年如一日，始终是那样勤勤恳恳，兢兢业业，一丝不苟，毫不懈怠。他像蜡烛一样，默默地燃烧着自己，照亮了别人。抗日战争时间，刘海粟教授去南洋筹集抗日捐款，谢老接受委托，主持校政，率领上海美专师生，辗转于江浙闽北，在极为艰苦的条件下，坚持办学。解放后，他长期主持美术系工作，亲自组织教学方案的修订，组织各门课程的教学，筹建工艺美术专业，修改研究生培养方案……终日操劳，为着学校的发展，为着祖国艺术教育事业的繁荣，他鞠躬尽瘁，呕心沥血，贡献了自己的一切。他是当之无愧的现代艺术教育家。"[9]

1964年毕业于南京艺术学院美术系的蔡志坚先生，在和严鸿珍合撰的《情满艺苑 桃李芬菲》一文中写道："谢海燕认为，从事美术教育工作的人一定要全心全意把学生教好，这是教师的天职。为人宽宏慈祥、和蔼可亲的谢海燕身体力行，始终真诚地关心和爱护着每一个学生。他经常深入教室和宿舍，看画听课，嘘寒问暖，为学生排忧解难。从学习到生活，他都细细过问，逐一了解。看

30年代谢海燕先生与上海美专师生合影

到学生的进步,他打心底里感到高兴,及时表扬,倍加鼓励;看到学生的不足,则循循善诱,说服教育。他非常注意课堂秩序,保证学生有个良好的学习环境。有些学生早晨贪睡不出早操,他一早起床,亲自前去敲门督促,养成学生按时作息的习惯。"他又似乎是深有切身体会地写道:"对家境清寒而又刻苦好学的学生,谢海燕教授更是关心备至。他常常慷慨解囊,从物质上给以资助,使他们安心学习。三年困难时期的一个暑假,美术系有几位学生没有回家度假,细心的谢海燕教授觉察到他们不回家的原因,便主动为他们考虑起勤工助学的事,使他们既得到了一定的经济收入,又在实践中增长了绘画才能。在上海美专和其他几个国立大专院校任教时也都如此。当年身受其惠的学生,至今记忆犹新,一谈起来仍是情溢言表。"[10]

海粟先生的女儿刘蟾在《永远怀念谢海老》一文中写道:"我特别要写的是看来是件小事,也是鲜为人知的家事。事情的经过要从1939年11月讲起。那时,父亲将赴东南亚巡回举行筹赈画展,支援抗战。他得到谢老精神上的支持,答应出任代理校长。我父非常信任谢海老。临走前将校事、家事都托付于他。我父把所收藏古代书画作品的保管箱及钥匙交付于谢海老,请他保管。

《骊龙》，1943年

然后才安心地离开上海赴南洋。筹赈画展在巴城、泗水、垅城、万隆等地共筹得国币四十余万,少数由各地慈善会直接汇寄贵阳万国红十字会。谢海老闻之喜如雀跃,感到欣慰。正当继续进行筹赈展时,不幸发生太平洋战争。父亲在南洋的巡回展只得中断。日军占领新加坡,旋又向印尼发动进攻,炮声连天,信息中断,父亲归不得上海,学校又陷于停顿。父亲心急如焚。最不幸的是,又发生了家变。妻子成某在上海,正闹着要离婚,经常对谢海老无理取闹,要谢海老将父亲托付于他的保管箱钥匙交出来,但谢老不怕威逼(因成某当时确实有些大官衔的朋友)。他义正词严地告诉成某:'不管什么理由,我都不会交出钥匙来,除了刘校长。他信任我,我也尊重刘校长,我要对他负责任。'此后,成某甚觉无奈而不了了之。直到父亲回沪,抗日战争结束。谢海老将所托之钥匙及藏品一一清点,交代清楚。我父大为感动。谢海老功德无量。我父逝世前就将这些藏品捐赠于国家,而能让更多的艺术爱好者欣赏,造福于民。后来我见到谢海老,曾谈起此事,他只是一笑置之。我从心底里敬仰他老人家,德高望重。"刘蟾女士还写道:"父亲以往常给我讲上海美专的故事,必定要谈到谢海老。因为谢海老在上海美专任职后,便起着非常重要的作用。如果说刘海粟是上海美专的父亲,那么谢海老便是上海美专的母亲。父亲在谈起那些往事时,那激动之情很自然地就流露出来了。"她似乎比别人更了解上海美专的艰辛,她这样写道:"谢海老为践履对上海美专的历史交接,恳辞国立艺专教职。1946年3月,绕道西北返抵上海美专。试想他放弃了国立艺专的高厚待遇,而到困难重重的私立上海美专。他作出了如此大的牺牲,而毫无怨言。"[11]

南京艺术学院教授、著名美术史论家周积寅先生既是谢老的学生又与谢老共事多年,他在《高洁的人格 伟大的贡献》一文中写道:"50年代教授评级,二级、三级,他主动放弃了,其后,几次调工资,他又主动放弃了,皆让给了那些教学科研有突出贡献的老师,表现了一种毫无自私自利之心的无我精神。"他还结合自己的经历和体会以及数十年共事的所见所闻写道:"他看到学生的进步,及时表扬,倍加鼓励;发现其不足,则循循善诱,说服教育。他始终真诚地关心和爱护着每个学生,经常深入教室、宿舍和师生下乡下厂实习,看画听课,嘘寒问暖。对家境清寒而又好学的学生,更是关心备至,常从经济上予

1944年与潘天寿校长于重庆国立艺专

以资助,使之安心学习。"[12]

原南京艺术学院美术系副系主任、著名山水画家张文俊先生在与国立艺专校友曹增明先生合撰的《海燕老师和国立艺专》一文中写道:"谢先生温文尔雅,雍容持重,对学生循循善诱,看见他使我们觉得如坐春风。但他绝不容忍为非作歹、败坏校风的事。那时学校经历九次搬迁,杭州艺专图书馆抢运出来的书籍已经损失很多,限于经费,新购图书极少,而且有钱也买不到,而这些弥足珍贵的图书,仍不时有被撕窃发生,弄得许多画册支离破碎,残缺不全,令人痛心。谢先生为此在大会上反复强调,要求爱护图书公物。一次,根据同学揭发,在一个行为不端学生的铺盖下搜出了一百多张被撕下来的画页和开天窗割下来的插图,只好把这个学生开除了。这在当时是不小的震动。"[13]

1944年,谢海燕与国立艺专雕塑系师生合影

南京艺术学院教授、著名美术史论家温肇桐先生在《辛勤耕耘六十春》一文中也深情地回忆到:"在华东艺专时期,谢老除兼创作研究室和美术系主任外,还兼任学校的爱国卫生运动委员会的主委,经常可以看到他,穿了长筒套鞋,带领师生员工,为学校打扫卫生,消灭死角。到了南京,他继续当系主任,又担任副院长,也可以经常看到他一个人在校园大道扫落叶,绝无高人一等的官架子,因而师生员工都亲近他。这似乎是小事,但谢老能坚持不懈,给大家的印象,是平易近人。""谢老的风度,处处表现了先人后己的特色。在上海美专时,他由刘校长授权,决定专任教职员工的工资。他自己的工资应低于校长而高出于他人,是完全应该的。可是谢老每次都决定,把在校时间较长、担任教务长的宋寿昌教授工资,高于他自己。并校后,每次评薪他总是放弃自己应得的份额让与他人。以身作则,解决矛盾。"[14]

南京艺术学院教授、著名美术史论家奚传绩先生在《永远的怀念》一文中联系自己的切身感受,动情地说:"最难忘的是我刚调到南艺的时候。那时,为了解决因长期夫妻分居两地带来的种种家庭困难,不得已狠下决心从工作了近二十年的中央美术学院调到南艺美术系任教。当时,我对南艺十分陌生,除了在北京编教材时认识当时任南艺党委书记的龚惠山同志外,真可谓举目无亲,心里感到特别的无奈与孤独。特别是当时'文革'尚未结束,一下子进入一个完全陌生的环境,心里真是一股说不出的滋味。幸好一到南艺,美术系的领导(谢老也是领

谢海燕(中)与同学合影

导之一),早已为我在黄瓜园东楼腾出了一间向阳的、而且打扫得干干净净的房间,我一到南艺就有了一个很好的住处。孤独的心灵一下子得到了一点安慰。不几天,我爱人从无锡带着孩子来看望我。她来的当天晚上,我们刚熄灯休息。突然听到有人敲门。一问,原来是谢老听说我爱人带着孩子来了,怕我们刚来南京,来不及置办蚊帐,就让他的大女儿燕泠给我们送来一顶蚊帐。当时,真让我们感动得不知说什么才好,使我一下子对南艺有了很好的了解。以后,每次见到他,他总是像慈祥的父亲那样问寒问暖,使我逐渐地融入南艺这个新环境。"[15]

南京艺术学院美术学院院长、著名中国画画家张友宪教授则在《感念谢海燕老师》一文中这样写道:"岁月不居,时光如流,梳理我对谢老的所知所感,回瞻谢老在南艺的所作所言,我忽然想起呕心沥血的周恩来总理,想起鞠躬尽瘁的诸葛丞相,一个慈父般的身影久久矗立在眼前。他宽厚、谦和、仁善;他豁达、磊落、明敏;他学识充盈,智怀广大;他爱人以德,诲人不倦。他的情怀、风范,他的道德文章、美学观点,深深感染着我,给我极有益的启示。所谓'经师易求,人师难得',从他身上,我读到了很多书本上没有的东西,悟到了很多艺术人生的哲理。"[16]

海燕先生的人格魅力不仅在师生同道中传为佳话,就是在职工、司机当中也赞不绝口。职工或司机到家中,一般都有热茶或甜点,更有发自内心的关怀和尊重。在谢老宽厚待人和巨大的人格魅力之中,我再一次领悟到了"大爱无疆"的思想境界。

深邃典雅的绘画艺术

海燕先生早年学习油画,后主攻中国画,画如其人,在宽厚博大的人格魅力作用下,谢老的作品显得格外的典雅深邃。我国近代著名的美术史论家、画家郑午昌先生对海燕先生的作品作了极为精炼和准确的评价:"深邃典雅,一如其人。"

王伯敏先生在《"以学养求其画者佳"——恭读谢海翁的画》一文中,援引明人左光斗(浮邱)论画曰:"有以术求其画者,亦有以笔求其画者,唯以学养求其画者佳。"可谓是一语中的,他进而写道:"谢先生的中国画,有他自己的风采。所画兼工带写而偏于写。他的作品,国内各地展览外,还在许多国家展出。他的绘画,情韵连绵,平中有奇趣。每于常见的题材中寓其深意,又于平凡的画材中,深化其主题。1943年秋天,谢先生在福建东南联大任教,所画《骊龙》以篆笔写柏,苍劲而富生意;又画《千松图卷》,百态千姿,表现松的奇倔郁拔、凛傲风霜的气质。潘天寿先生评其'浑古遒劲,力能扛鼎'。当时是抗日战争时期,这位热爱祖国、热爱民族的画家,正以古柏劲松来象征屹立在大后方人民的豪迈气概。翌年,他又画《旭日苍松》,意示中国人民在帝国主义侵略下,虽然历尽苦难,将在不久,就可以见到光明,并以此激励正在战斗的前方战士。解放前夕,他画过《冰消》《解冻》之类的作品,欢呼新中国将要诞生,人民将得到幸福的生活。"王伯敏先生特别提到海燕先生作品中所具有的内在的激情和含蓄的魅力,他说:"谢先生的特点,他的激情是内在的,在他的创作中也是这样。他画的花草鱼虫,除了注意形象的可爱与生动外,在艺术处理上,更多地以含蓄的魅力来诱发读者的情思。1962年,谢先生创作的《金鱼睡莲图》,可谓'得动静两极之变巧'。这幅画,睡莲静,作者用笔用色因此而沉着;金鱼动,作者用笔因此而流畅,尤其尾部的几条长弧线,使游鱼呈现出活泼泼的美妙舞姿。这幅画早由中国美术馆收藏,后来以此复制,又由江苏美术馆收藏。类似这样的睡莲金鱼图,我算有幸,曾承谢老师画赠一幅。幅子虽然不大,画面很开阔。所画一花一叶,两条金鱼而已。在艺术上,画的简而不少,这便是上品。反之,画得多而嫌少,这便失去'明一而现千万'的效果。"

王伯敏先生盛赞海燕先生的一系列的代表作,他写道:"我还很喜欢谢先生画的《天鹅图》,这幅画,不只在笔墨上有创意,在疏密、聚散的处理上也很得体。四只浮游于水上的天鹅,意到情适,妙造自然,生动可爱。明人高濂在《燕闲清赏笺》中说:'画当以天趣、人趣、物趣取之'。他还解释:'天趣者神是也,人趣者生是也,物趣者形似是也。'谢先生的这幅《天鹅图》,正是'三趣合一,令人耐看'。在谢先生的佳构中,还有一幅包含着一定哲理的花鸟画。这幅画的题目与画中的题句是一致的,即所谓'红绿黑白谱新歌'。这幅画,通过动植物的色调对比,体现了客观现实中有着'各具其美'的相互影响作用。不是吗?'红花需要绿叶衬托,绿叶也因为有了红花而更显';又在这幅画中,黑、白两猫相依,'你受到我的黑显得更白;我受到你的白显得更黑',正是'各极其是'。这

《高风亮节》,1944年

1946–1947年间谢海燕先生与张嘉言女士在杭州

样的创作,只要联系谢先生的平日为人,可知谢先生正以'宽厚正直'的心胸,反映了他对这些事物的公允看法。"王伯敏先生不仅从画的品位与格调来解析海燕先生的作品,也结合海燕先生的内在品格从绘画的本体来揭示其作品的艺术魅力。

王伯敏先生继而评论到:"他的花鸟画,善藏妙露,笔简意赅。即使以不多的笔墨画一只花,也可以从它的婀娜之中,见到它的生新峭拔之势。孔明的'空城计',用在军事上,取得了胜利,成为千古佳话。我们在艺术上,同样可用'空城计'来取胜。'画了鱼儿不画水,此间亦自有波涛',又'长河无点墨,似见笔纵横',这都是'空城计'。谢先生在作画时'善藏',他就是'空城计'的表现。艺术家的这种智慧,就是使社会的精神财富得以不断地创造。1982年春他回广东,在汕头元宵画会上,他有感地画《夜鹰图》,为益鸟平反,塑造夜鹰机警除害的生动形象;又画《双鹫图》和《三鹫图》,把雄赳赳的鹫禽置于巉岩上,俯仰涧底海空,似欲一击。刘海粟先生在题识中,认为谢先生的画,'气势豪雄,别有玄旷之致',这是一句非常有概括性的评语。"我非常赞赏王伯敏先生评论的准确性和深刻性,"善藏妙露,笔简意赅"可以说是几千年来中国传统绘画的精髓之所在,海燕先生的作品得传统之真谛,又具时代和个性之特色,难能可贵。

周积寅先生在《高洁的人格 伟大的贡献》一文中,对海燕先生的绘画作品做了概括性的评价:"他的中国画融合古今,独具一格。擅长山水、花鸟、尤精花鸟,兼工带写而偏于写。他的花鸟画继承优秀传统,汲取各家之长,在艺术实践中不断创造自己的绘画语言。章法善藏妙露,平中见奇,笔简意赅,惜墨如金,借物抒情,意境夺人,乃大家手笔。"周积寅先生进而写道:"我也特喜欢他的《蕉花群兔》,画面上,一株香蕉树结着幼嫩的果实,盛开的蕉花低下头来,向着群兔迎笑。蕉旁,黑母兔的周围,三四只黑白兔娃正嬉戏玩乐,有的接受妈妈的亲吻,十分惬意;有的舔着自己的身子,悠然自在;有的像发现了什么似的,准备扑向前方;有的立而仰望,正在欣赏那蕉花的美。整个画面充满了生机,给人以健康向上的力量。画家在章法上是经过一番刻意琢磨的:一株香蕉树顶天立地,且取其局部,体现'景愈藏而境界越大'的效果,可以使我们想见其画外蕉林一片葱郁茂盛。背景大胆省去了许多无关紧要的东西,以空白为之,或作天地,或作阳光,因之,此白已非纸素之白,而'于无画处皆成妙境'。香蕉树与群兔形成高低、大小的局势,穿插有致,宾主呼应,静中见动,疏密相间,很有韵律感。画面笔墨娴熟酣畅,色调沉着高雅。以浓墨白描为主,画出了群兔灵活跳跃的特征和皮毛的质地。特别那母兔,用墨淋漓,笔笔见笔,笔笔无痕,精神能充于中,气韵自晕于外,似生实熟,圆转流畅。以色彩(花青、石绿、赭石)为主,调以淡墨,画香蕉树,没骨法与钩花点叶法相结合,表现了蕉叶的青翠和花葩的娇艳。他在最后用色钩蕉叶与花时,并不面面俱到,却能贯通一气,有笔断意连之趣。群兔周围,用淡墨青横扫数笔,不仅起衬托白兔的作用,而且将香蕉树与群兔凝成一体。黑与白、墨与色对比和谐,使水墨腾发,而愈见色彩斑斓,塑造出比实际生活更美的艺术形象。画家笔下的艺术形象,都是从生活中来的。长期以来,他家中一直养着各种金鱼,默识心记。1956年,他在太湖之畔,看到了南国移来的香蕉树开花结果,便引起了他的乡思,当

1946年谢海燕先生与张嘉言女士结婚照（潘天寿教授为介绍人，刘海粟校长为主婚人）

即画了很多速写；三年困难期间，他养了不少家兔，仔细观察、体验它们的生活习性，积累了不少素材。经过中得心源，有感而作，寄情画外。风格平和雅正，表现为优美、秀美的审美特征。"

张文俊先生在《海燕老师和国立艺专》一文中谈到："他的花鸟画清韵典雅、意趣隽永，富有生活气息。这与他笔墨功力之深分不开，也与他重视生活实践有关。1980年8月他应安徽省之邀陪同刘海粟老人到黄山写生。有一天吃过早饭他持手杖带着速写本沿桃花溪登山写生，至中午不见回宾馆，接待人员担心古稀之年的谢老的安全，派人到处寻找。他老人家至下午三四点钟才返回住处。我们理解谢老平时工作忙很少有时间外出写生，这次游黄山是一个难得的机会，非常珍惜。他画了一些速写，画得很认真。他重视自己的感受和景物的造型，他说在探索花卉与山水画的结合，创造一种新的艺术境界。"

1964年秋,谢海燕在老友潘天寿的陪同下前往杭州西湖西山疗养院,探望病重的吴弗之

温肇桐先生在《辛勤耕耘六十春》一文中对海燕先生的中国画作品也有概括的评价:"谢老学养渊博,艺术天赋才能极富,加之长期以来在国内美术界交游甚广,过目很多民族美术遗迹,走遍汉唐故都,越三峡,登黄山,历浙闽两粤,横渡大海,踏上扶桑三岛,心领神会,且艺术造型功力深厚,因而建国以后,在国画创作上硕果累累,已经成为国内有名的国画家之一了。"

张友宪先生在《感念谢海燕老师》一文中对海燕先生的中国画作品更是赞赏有加:"试举所画《金鱼睡莲》为例:汁绿色的莲叶在谢老的笔下被点写出那份绒厚和沉静,以墨破色的叶脉,悄然浑化,自然融入进夏日荷塘那片翠色的质感里并同时散发出怡人心肺的艺术清香,而游弋着的几尾金鱼更是被谢老勾写得宛若翩然下凡的仙子一般,这种'令人沉醉'的境界,是如何被营构出来的?莫非正合着老舍先生所谓'找到自然之美与艺术之美的联结处'?现如今,这个'最使人心醉的地方'在谢老笔下竟能天然相接。以此而论,《金鱼睡莲》在中国美术史册同类型题材作品中焉能再做第二人想?"

史金城先生在《哲人已逝 德艺长存》一文中写道:"我手头有一幅谢老和张嘉言教授合作的金鱼荷叶画幅照片,这是他为南京《新华日报》在南京发刊五十周年而创作的,水墨重彩,两三枝荷叶,二三朵荷花,有的怒放,有的含苞,占了一半的画面,荷叶荷花亭亭孑立,显示出莲荷有出污泥而不染的情操,韵味十足。下面一对生机活泼的金鱼,一条用墨,一条用线,自由自在地相偎在一

谢海燕、倪贻德与上海美专学生合影于美专琴房前

起,翱翔在空白的画面上,整个画面,用笔细腻严谨,画面的形式美感,简约的表现语言,看似信手拈来,却又匠心别具,得动静两极之妙。莲荷静,用笔用色因此沉着;金鱼动,用笔用色因此而简约流畅。画如其人,从这幅画中透露出谢老的人品和画品,不夸张,不媚俗。这只是我看到的谢老的一幅作品,至于谢老的众多画作,惜无缘识荆,至为一憾。"

海燕先生的作品在深邃典雅、别有玄旷之致的风格面貌中,尽显其神韵之笔。其代表作《金鱼睡莲》《蕉花群兔》《天鹅湖》等作品均有评论家表述,我就不再重复赘述。先生一生画了许多幅以金鱼为素材的作品,除了1962年创作的《金鱼睡莲》以外,具有画家典型风格面貌的代表作品还有:1959年创作的《金玉满堂》、1977年创作的《鱼乐图》、1991年创作的《墨龙行》、1992年创作的《瑞鳞起舞 马蹄飘香》等。《金玉满堂》(146cm×64cm)是先生50年代的代表性作品,画中郁郁葱葱的荷叶和绽开的荷花与水中嬉戏的鱼儿构成了一幅十分祥和的画面,寥寥无几的笔墨,却呈现出一个博大深奥的世界。鱼儿的静与动、游弋与翻腾,不仅反映了先生对鱼儿习性的观察与把握,更显示了画家坚实的造型功力、深厚的传统底蕴以及高雅的绘画品位。《鱼乐图》(98cm×60cm)是先生70年代后期的代表性作品,画面强调了构图的变化,强化了平衡中的不对称因素,突出了更为欢快的主题。笔墨依然滋润有加,但似乎多了些许老道的成分,用笔用色好像大有"画到生时是熟时"的意味。《瑞鳞起舞 马蹄飘香》(67cm×111cm)则是先生90年代的代表性作品,画面仍然是空灵博大,横式的构图与布局,仿佛更增添了画面的空间感,苍葱欲滴的植物与自由驰骋的金鱼或静或动,天然成趣,物我合一,映照出先生更为宽阔的胸襟和情怀。而先生于1991年创作的《墨龙行》又堪称另一经典佳作,画幅尺寸不大,只有34cm×57cm,然而,有限的画面却展现出无限的空间。四条墨龙形态各异,在画中呈现出跃腾向上的曲线,欢乐的金鱼不仅形态各异,其笔墨情趣更显异彩纷呈,细细揣摩,四条墨龙头部、身体、鱼尾的用笔和用墨非常讲究形状的变化和干湿的浓淡,而鱼儿的游姿动态和内在结构也全在画家的把玩之中,意趣盎然。画面左下角滋润而富有变化的荷叶群与四条欢乐前行的墨龙相映成趣。画中无论是荷叶的表现,抑或是金鱼的造型,都充溢着海燕先生超然的审美意识,所

1946—1947年间张嘉言女士与潘天寿先生的儿女在一起

1946-1947 年间谢海燕夫妇在杭州

描绘之物已不再是自然形态的简单再现,而是摆脱了自然形态的束缚,以超然的心境去观照自然,在以形写神之中,达到了主体与自然的内在交融,形神兼备、出神入化。反复的酝酿、刻意的推敲与无法而法、一挥而就的呈现,这正是海燕先生作品的一大特色,是神品与逸品兼而有之的集中体现。在其强化艺术表现力、不事雕凿、崇尚自然天成、展畅精神怡悦之中,我确实感受到了"大象无形"的艺术境界。

海燕教授的一生,还十分关爱社会艺术活动的方方面面,也赢得了人们的尊重和爱戴。他曾任第三、四届全国文代会代表、中国美术家协会理事、中国美术史学会理事、中国工艺美术学会常务理事,江苏省美协副主席、顾问,江苏省工艺美术协会及南京市工业美术协会名誉理事长,江苏省教委艺术教育委员会顾问,以及江苏省第

二、三、五、六届人民代表大会代表等。

　　海燕教授的一生，不仅编著有《西洋美术史》《西洋雕刻名家解说》等多种教材、参考书和美术评论，还为刘海粟、倪贻德、陈抱一、陈之佛、陈大羽、俞剑华、王个簃等人画集、书法篆刻集以及郑午昌、姜丹书、温肇桐画学史、艺术教育研究、画论解析著作等撰写了大量的序言。其论文、评论多在各类报刊和专集发表，作品在全国美展和国内外展出，并为中国美术馆、有关省市美术馆、纪念馆和海内外鉴藏家所收藏。1998年人民美术出版社出版《谢海燕中国画选集》。

　　在结束此文之际，我想到了苏东坡的诗句"海棠千里好，花开万世荣"，谨借此诗句缅怀我国近现代杰出的美术教育家、画家谢海燕先生的不朽业绩。

注释：
[1]中国文艺网：潘天寿与浙江美术学院
[2]夏子颐，吴平.爱真理，爱学生.南京艺术学院学报(美术与设计版)1988年03期
[3]荣宏君.世纪恩怨：徐悲鸿与刘海粟
[4]米如群.筚路蓝缕　高山仰止
[5]刘海粟.不倦的园丁谢海燕
[6]张怀江.我的艺术母亲谢海燕老师
[7]徐风.一盏明灯
[8]陈大羽.高山可仰　清芬可挹
[9]保彬.艺术教育的楷模
[10]蔡志坚，严鸿珍.情满艺苑　桃李芬菲
[11]刘蟾.永远怀念谢海老
[12]周积寅.高洁的人格　伟大的贡献
[13]张文俊，曹增明.海燕老师和国立艺专
[14]温肇桐.辛勤耕耘六十春
[15]奚传绩.永远的怀念
[16]张友宪.感念谢海燕老师

　　本文作者：中国美术家协会理事，中国油画学会理事，江苏省美术家协会副主席兼油画艺委会主任，南京艺术学院副院长、教授、博士生导师。

不倦的园丁谢海燕

刘海粟

忘却崎岖路转宽,漫将得失佐霞餐。
普陀夜雨回声壮,喜有贞心忆岁寒。

与刘海粟先生在一起

这是一位忘年交赠我的诗,可以用来概括我与谢海燕先生的友情。

朋友可贵的是长处的互相吸收,而不是缺陷的互相原谅。

道德、时光、争论,每天都在考验着友情。不是每个人都经得起三重试炼。

友情是人生重要的能源之一,是社会关系的缩影。中国人一向歌颂雪中送炭,鄙薄锦上添花,憎恨落井下石,堪称美德。我与海燕相交垂六十载,在这漫长的岁华中,我不敢说时时处处事事都符合上述标准,至少我们都朝这个方向追求着。直到口述此文的时刻,我不仅无愧,而且为这种友情自豪。

自30年代之初以来,以毕生精力奉献给中国年轻的美育事业者无多,健在的老战士更少。海燕的生命正是和这种神圣的事业血肉相连,休戚一致,才发出他的热和光。这样的老战士至今仍是力量,值得我们珍视。这种说法与应当放手重用新生力量并不矛盾。

海燕原名海砚,1910年生于广东省揭阳县榕城镇。秀美的榕江到县城分成两股,犹如玉带抱着明珠,在三十里之外再汇合。那是艺术气氛很浓的鱼米之乡,潮州的音乐与戏曲,普及于乡村城镇,木工们刻的屏风、家具,非常精细,传导出的情绪则是热烈而又粗犷。抽纱花边,远销全球。海燕的父亲桂明公没有上过学,靠自学勤奋,可以看书写字。辛亥革命前便在揭阳到汕头的潮汕轮船公司当船员,以忠厚老实见称。工余爱拉当地民间乐器二弦,长调短曲,听几遍就会,他教会海燕打扬琴、拉椰胡。闷热的夏夜,冬春节日,父子合奏些轻盈的乡土曲子,时

《玉絮飘摇庭前舞》,1974年

上海孤岛时期,刘海粟赴南洋举办筹赈画展,校长由谢海燕代理。图为谢海燕与部分教授在观海阁前留影(左二为谢海燕)

常有邻人围上来听。父亲没有学过画,但很喜欢画,也很懂画,母亲陈美姣太夫人为人正直、质朴、聪明,也没进过学校,从小爱唱民谣,后来借助于石印及木刻小唱本,逐渐识字,海燕幼时,她已经可以阅读《再生缘》《玉蜻蜓》之类弹词和当地能买得到的古典小说。她去世时,很多尊敬她心地善良的邻居们失声痛哭,几十年间不断被人们怀念。她生下男女各六人,海燕居长,家庭友爱和睦,安享贫困中的天伦之乐。

海燕从小有志气,他常对小朋友们说:"母亲希望我能上大学!"孩子们说他是吹牛,因为当时大学生太少。海燕在总角之年,对美术的热爱便已超过了音乐。庙门威武的门神画、石狮,门帘桌帏上的牡丹鹤鹿,窗花中的孙悟空、猪八戒与庙僧,年画中过关斩将的关云长,吹喇叭抬轿子娶新娘的老鼠们,灯会上各种动物造型的透明花灯,培养了他幼年时的审美意识,又是父亲评论的对象,他自己涂鸦的题材,永远不会枯竭。

六岁入学,开始写木刻版描红。在私塾,念的是《百家姓》《三字经》《千字文》《千家诗》《幼学琼林》。

九岁入觉善小学,教师谢式文,擅书画,是他父亲的朋友,看到他临摹的小说人物绣像,十分称赞,便耐心教他临写《芥子园画传》。每逢假日,他还到寺庙里去观察十八罗汉,到学宫去看孔子及其弟子的不同表情与姿势,不知不觉地开始研究这些塑像的个性。四年后,他转入教会高等小学,念了三年书,开始为人作扇面,画帐楣。

当他在美国传教士纪德办的真理中学读一年级时,即因家中断炊失学,一边劳动,一边自修,接着又入校念过初中二年级,画兴更浓,转到汕头市轶士美术学校专攻西画。校长侯杰曾任若瑟中学教师,教他画舞台及照相布景,因成绩优异,只读半年便留校任教。我写的《画学真铨》,陈抱一写的油画技法书成了参考教材。他夜以继日,辛勤读书作画。1928年考入中华艺术大学西洋画科毕业班,向陈抱一、陈望道等先生请益。父亲为了度荒,支持儿子完成学业,忍痛卖掉了仅有的三亩地。纷至沓来的不幸,使他养成了坚毅的个性,打击化为动力,更得到老师与同学的援助,东渡日本,进了东京帝国美术学校进修西画和美术史论。这是一家成立不久的学校,名教授有金原省吾、板垣鹰穗、一氏义良、梅原龙三郎、浦水多嘉示等,阵容不弱。

30年代之初,他读到了高尔基的名诗《海燕》,羞于做堂前槽下呢哺的家燕,渴望自己成为呼唤暴风雨的强者,原名的砚字与燕字同音,便以"海燕"为笔名,向国内报刊发出美术论文及海外美术消息。后来真名海砚反而不为人所知,只有海燕,在朋友与后生们的心空中高飞。

东京不是寒士的乐土,昭和五年至六年的币制改革,以银本位改为金本位,汇率猛涨,海燕积劳成疾,无力医治,便将老师和同学最后寄给他的一笔钱,除车船票之外全部买了书和画册,回到上海埋头翻译研究,直到一位善良的同窗看到他肺结核病较重,大口吐出鲜血,那时候还没有链霉素和雷米风一类的特效药,便约请他到自己的家乡浙江定海,在公立医院靠舟山公园的望海楼疗养。这样可以医疗,又可以就近去游览佛教圣地普陀山,作些写生,写些论文。

"九一八"之后,上海人民沉浸在国土沦丧的悲愤中。美专师生举办画展,支援流亡到关内来的青年,我也在仲夏到初秋间去到普陀山赶出一批创作,准备下次展出。普陀风光之美,举世罕匹,即便在欧游的三载中,我

1949年与上海美专部分同学合影(左五卢升、右二谢海燕)

40年代谢海燕先生参加某美专毕业生婚礼

也时时怀念这颗东海波涛的掌上明珠,山虽不高峻,云翔雾绕,幽深沉静,在千步金沙望月,抱膝长啸,在晨光曦微中扬帆,满身霞绮,作画笔端跃动着海浪与月华,还有壮如小象的大水牛,一双双悲悯耐劳的巨眼,都使我久画不厌。正要离岛回沪,天有不测风云,风暴连朝,停航于定海港,归期难卜。在舟山公园中,我与海燕不期而遇,我们在普陀普济寺定海下院一间静谧的僧寮中作竟日之谈,夜间剪烛联床,小屋如舟,在古今中外、现实与浪漫幻想的艺术海洋上漫游。后来,每当艰危之中想到友谊的支持,我是多么感谢这场风暴啊!今天——1988年3月20日,我向文辉历述当年的一幕时,树枝扑窗,夜空无际,灯光如星,那风声雨声又回到了我的记忆之中,几乎错把钓鱼台也当做那五十七年前的禅堂。岁月,你是何等的匆匆而又充实啊!

我们谈人生,谈艺术,谈理想,谈事业,谈世界艺术趋势,评论一系列艺术家,我们的认识是一致的。他为人谦谨和蔼,我一眼便看出是一位实干家,在教学方面或许比他作画的才气更旺盛。我劝他放下学业先专心治病,体魄健全方能负重行远。我还指出,几年前的模特儿事件,给我这个人蒙上了浓厚的传奇色彩,虽然比他踏入社会要早十几年,并不神秘,也渴望友情,尤其在徐志摩新丧之后。

1934年至1935年,我再次赴欧主持中国现代画展。他到西藏路"一品香"为我送行。当时他的病已痊愈,应我的老友、原美专教授郑午昌之聘到汉文正楷印书局主持编务,兼任《国画月刊》主编。黄宾虹先生是编委,有几篇力作,便在该刊上揭载。我很觉欣慰。在我的安排下,他于1934年开始在上海美专兼任西洋美术史教授。

我一回到上海,便和郑午昌先生商量,要他同意让海燕到美专主持教务工作,协助我整顿美专。午昌见我出于诚意,他也希望海燕有更广阔的天地去施展抱负,便欣然允诺。

旧中国论资排辈的意识很浓,我怕海燕一露锋芒,便遭妒恨,给工作增加阻力,便决定暂时兼教务长,放手由海燕全权襄理,让他做出服众的业绩。

1935年9月21日,蔡元培、叶恭绰两先生设宴为我洗尘,我把海燕介绍给二位前辈以及同座的吴湖帆、王一亭等海上名人。次年1月11日,蔡公七十大庆,海燕与沈钧儒、黄炎培、陈树人、于右任、马寅初、许寿棠、张学良、林语堂、黄自、萧友梅、李四光等先生一起签名发动成立孑民美育研究院。

1935年第一学期起,可以说是上海美专的中兴时期。除原有教授外,又增聘了王个簃、潘玉良、马思聪等著名艺术家来校执教,一度松弛疲塌的教学状态,得到根治,经费方面也由亏转盈。这一年起,学校正式立案,南京教育部补助经常费。建立了机械设备比较齐全的金工场、木工场;充实了石膏模型、标本、乐器、图书等教学设备;开辟了画廊、美术馆和工艺馆等。全体师生协力同心,励精图治,其中有海燕突出的功劳。我见海燕已在师生间建立了威信,是年12月,编印这一学期的《同学录》时便指示注册组主任宋邦干把海燕确定为教务长,其中底细学生们是不知道的。他勤勤恳恳,任劳任怨,事无巨细,包括学生的饥寒、学业上的难题,逐一过问,又乐于和教授们协商,优点一朝显示,很快便受到师生员工的尊重和信赖了。我深深庆幸自己的眼力。

1937年,抗战爆发,海燕回乡省亲,交通阻隔,无法返校,更因母病,暂留家乡,任蓝田小学校长。他到任以后,

40年代末于国立艺专

征聘上海、广州、厦门等地大专院校毕业生或因战事一时未能返校的大学生,担任各科教员。全面改革教学,提出"智美健群"的教育方针,厉行抗日爱国的思想教育、劳动教育和美育。建设校园,美化环境。结合教学,课余利用图画、音乐、戏剧等形式,对乡镇人民进行抗战宣传教育。还规定学生一律穿制服,在高年级推广普通话教学等等。蓝田小学是旧时蓝田书院,位于榕城西北山明水秀、物阜民康的新亨镇,他根据学校条件和社会的实际需要,开办一个初中预备班,为以后蓝田中学的创办,开辟了道路。他孜孜不倦,以苦为乐。真正的教育工作者,在任何条件下都能发出光热。

1938年暑假,他接到我的电报,便毫不犹豫地回到了上海。同我一起,在漫长的最艰苦的年代,支撑着风雨飘摇的上海美专。

1939年之春,上海租界四周早已沦陷,成为弹丸般的"孤岛"。爱国的大夫们组织了医师公会,负责人朱扬高、丁惠康来访,要我设法筹款购药,支持前方战士。我便找到吴湖帆等先生,共同联络三十来位收藏家,决计举办《中国历代书画展览会》,展出唐、宋、元、明、清历代书画珍品。其中有民族英雄文天祥、史可法、黄道周、倪元璐、邓世昌、林则徐等人的书画,鼓舞同胞们的爱国热情。事先申明:万一作品被亲日分子所抢所毁,为了民族存亡,决不后悔。门口会标和彩印的海报,旗帜鲜明地标写着:"展览先民遗迹,表现民族精神。"这是1935年"参加伦敦中国艺术国际展览会"在上海外滩中国银行旧址预展以来,以民间力量举办的规模最大的中国历代书画展览。

为了扩大影响,我们发动了上海新闻文化界爱国人士广为宣传,《文汇报》《大公报》等有影响的报纸出了整版特刊。我为展览会写了《中国画源流概述》,出了小册子,并在各报发表,靠群策群力,展览会开得很成功。观众非常踊跃。许多人在忠烈手迹面前留连赞叹,激发了民族意识。展览会门票收入超过万元,悉数拨给医师公会作为医药救护队经费。

接着我又联络了王个簃、王一亭、吴东迈、诸闻韵、诸乐三等筹办《吴昌硕先生遗作展览会》,征集缶老一生精品,作系统的学术性展览。门票收入也都作为医药救护费。

在这一年的二月间,我们还举办《上海美专师生救济难民书画展览会》于大新公司四楼画厅;同时组织西画系学生在会场为观众画速写头像和剪影。义卖所得全部拨充难童教养院建筑院舍费用。

以上这些展览会都由海燕协助经办,具体负责会场和宣传工作。这是在非常时期、非常处境,我们对国家民族的存亡尽所能尽的职责。

展览会结束不久,海燕陪同南洋华侨领袖人物范小石来看我,约我去南洋举办大型画展,义卖抗日。当时汪精卫正在上海拼凑卖国伪政权,准备粉墨登场,褚民谊的汉奸面目也已暴露。上海环境十分恶劣,海燕力主成行。摆脱上海险境出国展览,报效祖国是我的心愿,因此欣然答应。我把美专托付给他,让他代理校长。把寄存在四行保险库的两个大铁箱古画的钥匙和印鉴也都交给他妥为保管;并劝他住"海庐"家中,以便公余休息和作画。这一年十一月,他送我上荷兰"芝巴德"号邮船,临别对他说:"学校可办则办,不好办就关门。家里有纸笔,你有空就画画吧。现在物价飞涨,筹款极难,这个担子太重了!"

"你安心去,我发动美专师生源源不断地作画寄去,学校也不会夭折,总要支撑下去,不负重托。"

正是:隐隐彤云动地来,离家去国不须哀。茫茫长夜宜珍重,冬尽春回待怒雷!

我在印尼、新加坡的画展都很成功,所得巨款一笔又一笔地由当地爱国华侨组织陆续汇贵阳中国红十字会支援抗战,这里面有海燕一份功绩。1941年11月23日,上海美专建校三十周年纪念大会在上海隆重举行,到会的有最早的教务长丁悚,最早的毕业校友朱屺瞻,法律顾问

《昙花》,1953年

李宝森和全体师生员工。海燕在大会上提议给我写来慰问致敬信,由与会全体师生和校友签名。这是我在南洋最后收到的来自祖国、来自学校的信。

太平洋战争爆发,上海沦陷,海燕带上海美专部分师生先行转移到浙江金华,参加国立东南联大,成立艺术专修科。留沪部分由王远勃、宋寿昌负责,待机内迁,一息尚存,奋斗到底!

日寇突然发动浙赣战争,金华告急。东南联大迁到福建北部山区建阳,和暨南大学在一起上课。海燕兼两校教授及艺术专修科主任。因交通断绝,上海美专师生无法继续内迁。当时艺术科教授仅有潘天寿、倪贻德、俞剑华,连他四人把全部课程包下来。受战争影响,东南联大于1943年停办,艺术专修科并归国立英士大学。

1944年,教授潘天寿被任命为国立艺专校长,再三邀请海燕同去重庆,担任教授兼教务长,英大艺术科主任由内迁教授陈士文代理。直到抗战胜利,英大艺术科师生由陈士文率领复员上海美专。海燕也决然辞去国立艺专教职,复员回到上海,任副校长职。不负所望,胜利完成他的历史使命。七年来我们历尽艰辛,庆幸又在一起,共同振兴美专。在他四十岁生日,我与潘天寿先生合作《巨鹰睨海图》为贺,可惜此画也毁于"文革",天寿画的海涛云浪,不能再喷涌于海燕的书斋了。

解放之后,海燕工作更加积极,心情很舒畅。他用自己突出的表现,投入了共产主义战士的行列,成为党的儿子,受到新社会的重视,获得过许多荣誉,他是当之无愧的!作为美术教育家、画家、评论家,他刷新了解放前的成就,自有口碑公议。他在十年浩劫中也受过不公正的待遇,然而他能超脱,从不计较。看到民族的不幸,是忘记个人痛苦唯一的灵丹,任何冲击比起革命元勋的惨死,又算得了什么?

友谊丰富岁月,岁月充实友谊。

"人之有善,若己有之",海燕便有这样的古风。在黄山云海,在香江闹市,在粤东岭南,在青岛海滨,我每成一新作,都得到过真挚的鼓励,热情的期待,给我带来力量、智慧与勇气。总是把我的一点微小成就,看成他自己的创造一样由衷喜悦。每次见面、分手,我都能从他柔韧的手上感受到一条热的河流,催我发奋忘老,继续探新。老年兄弟多凋谢,无言相对,会心而笑,其乐无涯。青春的心,不会衰老的,愿天下良朋,年轻,永远年轻!创造,永

《石榴垂柳》,1954 年

解放后谢海燕先生与下乡干部在一起

远创造!六十年的事太多,好在其他同志有专文从不同角度去介绍他,就不一一详述了。

本文作者:中国近代艺术教育的奠基人,中国新美术运动的拓荒者。

丹青流芳　风范长存
——纪念杰出的谢海燕教授诞辰100周年

沈　健

2010年3月16日,是我国近现代著名美术教育家、画家、美术史论家谢海燕教授100周年诞辰。海燕教授一生辛勤耕耘于艺教园地,德高望重,闻名遐迩,为江苏高等艺术教育事业和文化艺术的繁荣进步作出了杰出的贡献,也为近现代中国的美术教育和美术创作奉献了毕生的精力和才情,值得我们永远铭记。

谢海燕教授出生于广东揭阳榕城。1929年毕业于上海中华艺术大学西洋画科,次年东渡日本,就读于东京帝国美术学校。归国后任上海汉文正楷印书局编辑部主任,兼《国画月刊》主编。1935年应刘海粟之聘,任上海美术专科学校教授兼教务长。1939年刘海粟出国,曾代理校长。后历任国立东南联合大学、国立暨南大学、国立英士大学教授兼艺术专修科主任。1944年应潘天寿之邀,任国立艺术专科学校教授兼教务长。次年复任上海美术专科学校副校长。1952年全国高等学校院系调整,任华东艺术专科学校、南京艺术学院教授兼美术系主任,副院长等职。海燕教授还曾任第三、四届全国文代会代表、中国美术家协会理事、中国美术史学会理事、中国工艺美术学会常务理事,江苏省美协副主席,江苏省教委艺术教育委员会顾问以及江苏省第二、三、五、六届人民代表大会代表等。

40年代谢海燕先生在上海外滩

自1935年出任上海美术专科学校教授兼教务长起,海燕教授便将自己的全部精力奉献给了我国的艺术教育事业。无论是战争年代还是和平岁月,海燕教授数十年如一日,为高等艺术教育事业发展呕心沥血。他的中国画,自由抒发真挚的感情,激情荡漾内在的美。难能可贵的是,海燕教授的画作,能把艺术家丰富的情感融化于平凡的题材之中,创作出富有生命活力而又能打动人民大众心弦的作品,成为艺术性与时代性交融、继承性与开拓

40年代谢海燕先生在上海外滩

性共生的典范之作。

先生之风,山高水长。作为美术教育家,他学识渊博,精通中外美术史;作为著名画家,他艺旨高深,作品独树一帜,深邃典雅,别有玄旷之致;作为大师,他谦以待人,对晚辈和画坛初涉者,总是伸出扶持之手;作为教师,他淡泊名利,数次将晋升工资的机会让给别人,体现出高尚的精神与品格;作为领导,他平易近人,关爱师生。1992年国务院为表彰他对我国高等教育事业作出的突出贡献,颁发了荣誉证书和政府特殊津贴。海燕教授将生命的全部光和热奉献给了艺术教育,为我国现代艺术教育事业作出了巨大贡献,在国内外享有极高的声誉。

百年大计,教育为本;教育大计,教师为本。2006年9月6日,胡锦涛总书记在给北京大学孟二冬教授女儿的回信中,称赞孟二冬教授是一位平凡的学者,但以勤勉踏实的治学精神攀登学术高峰,做出了不平凡的业绩;是一个普通的教师,但他为人师表的高尚品德却深深打动了每一个人,给人以心灵的震撼,不愧是教书育人的杰出楷模,不愧是当代中国知识分子的优秀代表。被温家宝总理赞誉为"把爱心献给教育的人"的"国宝级"教育大师霍懋征老师,从教60年,把爱心撒向所有的学生,育成无数栋梁之才。海燕教授勤勉踏实的治学精神、教书育人的敬业精神和为人师表的高尚品德,把爱心献给教育、把才情献给艺术的博大胸怀,毕生为艺、终身从教的思想境界,正是这种崇高精神的生动体现。

当前,我省正在加快推进建设教育强省和实现教育现代化步伐,不断提升教育教学质量,努力提高教学水平,培养适应经济社会发展需要的大批创新型人才,迫切需要更多像谢海燕教授这样以全部精力投身教育、以全部热情奉献事业的大师级领军人才。今天,我们缅怀和纪念海燕教授,正是期望全省广大教师专注教学、终生从教,以自己的模范行为诠释和躬行爱心与教育,把有限的生命全部用来报效祖国和人民。

"磊落星月高,苍茫云雾浮。"谢海燕教授的艺术、思想和品格将永远与我们同在。

本文作者:江苏省教育厅厅长。

40年代谢海燕先生在上海外滩

我和谢老的忘年之交

张　永

《竹石鹌鹑》，1958年

　　我和谢海燕同志相差三十岁，他是我的前辈和师长，可是谢老多次都诚恳表示和我是忘年之交。我理解，一是对我来南艺工作的认可和关爱；二是这也体现了韩愈的"闻道不分先后、师生不必分贵贱和长幼"的办学思想，其实，也就是海粟老人创办的上海美专的好传统。

　　1991年，因工作需要，省委调我到南艺工作。从我个人的学习经历和工作经历看，对高校工作还是比较有数，但是，对高等艺术教育来说，绝对是一个新兵。联系当时学院的情况更是困难重重：学院规模虽然不大，但经费不足，很多中青年骨干教师都挤住在校内的筒子楼里；再加上学院基本建设欠账很多，教职工队伍人心不稳……总之，学院到底怎么开拓前进，怎么样稳定和加强教职工队伍建设，促进学院健康发展，这又是我必须认真思考和亟待解决的问题。怎么办？着重是认真学习和实践邓小平同志"发展就是硬道理"的科学思想，同时在工作中虚心向全院教职工学习。所以在党委讨论院领导联系党内外专家朋友时，我就主动提出和谢海燕、陈大羽、苏天赐等交朋友，并虚心向他们求教。这里我要特别提到谢老，我们虽然相识较晚，而且那时他已是八十有二的老人了，但我从和他相处中，无论是在办学的指导思想上，还是在推进艺术教育的健康发展上及如何创造条件更多更好地培养艺术人才上都受益匪浅。我在工作中，很多方面都得到谢老的鼓励和

久别回乡的谢海燕,见到童年的小伙伴,仿佛又回到了童年,上树、凫水、打水仗……

支持,这使我无论从思想上还是精神上都获得巨大的动力,而且也加深了对谢老的了解。

谢老是功成名就的著名国画家、美术史论家和美术教育家。谢老的中国画,以其知识渊博、学有素养而取胜,得到刘海粟和潘天寿等近现代艺术大师的高度评价;谢老早年留学日本,专攻绘画和西洋美术史论,有精深的研究,著作齐身,造诣很高;尤其是谢老一生坚守岗位从事艺术教育,不仅是"传道、授业、解惑",而且还是现代艺术教育的开拓者之一。谢老从日本留学归来,正而立之年,才华横溢,深得我国现代艺术教育的先驱者之一——上海美专创办人刘海粟先生的赞赏,并受聘任教,很快就成为刘老的得力助手且辅佐校政,从此,他在艺术教育这块园地里辛勤耕耘,奉献了自己的青春年华和毕生的心血。

在和谢老长达十多年的交往中,这位德高望重的老艺术教育家,使我受教最多、影响最深和感动至极的是他把艺术教育事业当做自己的生命,不仅有着强烈的使命感和责任感,而且为之无私地奉献了毕生的精力。刘老创办的上海美专是所私立学校,经费来源短绌,辅佐刘老办学的谢老一边处理繁忙的校务,一边四处奔走筹措经费。特别是在1939年,刘老去东南亚举办筹款画展以捐助抗战,谢老代理校长后不久就爆发了太平洋战争,上海沦陷,谢老率上海美专部分师生内迁浙闽,参加国立东南联合大学,先后任国立东南联大、国立暨南大学、国立英士大学等校教授兼艺术专修科主任。当时的教室就设在庙里;开学时的专任教授也仅有谢老、潘天寿等四名原

《金玉满堂》，1959 年

上海美专教授；当时的教学设备和画具材料都很缺乏，基本练习没有石膏像就画庙里的泥菩萨和画附近农村的农民、街上的铁匠、木匠和山沟里的猎户等。尽管时事艰辛、国难当头、生活动荡不安、办学条件十分困难，但谢老为了祖国的艺术教育事业，不顾个人安危，披荆斩棘，迎难而上，在敌后坚持抗战教育，培养了大批美术人才。总之，谢老是位学有专长且治学严谨的学者，但是，当他一旦受到刘海粟校长的重托，便肝胆相照，默契配合，把自己的专业投入到了有着光荣历史传统的我国第一所美术学校——上海美专的教育事业上来。从此他坚守教育岗位六十多年，也是艰难辛苦的六十多年：从抗战前的上海美专到抗日时期的东南联合大学、抗日后方的重庆艺专；抗战胜利后上海美专的复校到解放后院系调整的华东艺专，而后的南京艺术学院，他整个身心都扑在学校的教学领导岗位上，为学校的发展建设和培养人才奔波操劳。他的工作从教务长到副校长，又转为创作教研室主任、美术系主任到副院长，几经变动而没有一点怨言，始终如一地为艺术教育事业作出了巨大的贡献。

谢老虽然已仙逝离开了我们，但他那慈祥、谦虚和端庄的音容笑貌，特别是他为培养人才的艰苦奋斗的精神及为艺术教育事业无私奉献的高尚人品会永驻在我心中。我为一生中有这样的忘年之交倍感欣慰，谢老是我永远学习的人生楷模。

本文作者：原南京艺术学院党委书记。

丹青不渝照山河
风范长垂炳懿德

文晓明

谢海燕教授在美协会议上

1997年,我奉调南京艺术学院工作,有幸结识了我国著名的美术教育家谢海燕教授。初识谢老,确实印证了人们对他的评价,一位温文尔雅、和蔼慈祥的学者。从谢老的言谈话语中,能深深地感受到他对学院事业发展的拳拳挂念之心,对美术教育事业的殷殷关切之情。

谢老为人宽厚,但治学严谨。他和我说过这样一件事情:抗战胜利的当晚,正当人们欢欣鼓舞地集会庆贺之时,有人来到时任国立艺专教务长的谢老面前,为前些天考试作弊的一名学生求情,提出改变学校开除的决定。谢老坚持原则,认为这两件事不能混为一谈,不改变学校严明校纪的规定。从这里,我们可以看到一位教育家的治学理念和良苦用心。

在艺术创作领域,谢老广收博取,兼容并蓄,形成自己独特的艺术见解和风格特征。《金鱼睡莲》《蕉花群兔》等代表作品的墨色氲雅,笔调灵动,体现出谢老深厚的传统功底与独辟蹊径的个性面貌,正如郑午昌对其画作的评价:"深邃典雅,一如其人"。

谢老与刘海粟、潘天寿先生的情谊也是中国近现代美术史上的佳话。上世纪30年代初期,海粟先生第一次旅游欧洲后不久去普陀山写生作画,途中因遇台风,暂住定海港,在舢山公园和谢老邂逅。这次见面,两人彻夜纵谈中国画、西洋画,以及艺术创作的道路和中国美术教育事业的发展,谢老在艺术上的造诣及其对事业追求的精神,深为海粟先生所赏识和器重,于是海粟先生希望他到上海美专任教,在更广阔的天地施展抱负。半年后,年仅26岁的谢海燕出任上海美专教务长,由于他工作一丝不苟,深得学生爱戴。抗战后期,潘天寿先生被任命为国立艺专的校长,他一定要谢老同赴重庆出任教授兼教务长,否则就不上任。这种坚定的态度,也反映出潘先生对谢老的信任和赏识。抗战胜利后,谢老复原上海美专,又与

《番茄》，1959年

潘先生相约，每过一段时间相互到对方的学校授课，足见他们的友谊和感情。更有意趣的是，谢老40岁生日时，刘海粟和潘天寿先生合作画了一只雄健海鹰相赠。他们的相知、相信与相投，为近现代美术高等教育的发展留下了不可磨灭的印记。

谢老笔耕不辍，诲人不倦，为国家的艺术事业培养了一批又一批的艺术人才，特别是许多著名的艺术界人士均是谢老的学生。我所知道的上海画院第三任院长、著名的国画家程十发先生，中央美术学院教授、中国美术家协会原党组书记、常务副主席、著名的版画家王崎先生，南京艺术学院教授、著名的国画家陈大羽先生，中国美术学院教授、著名的美术史论家王伯敏先生等，他们对谢老的尊敬和感恩之情往往溢于言表，从一个侧面反映了谢老为人师表的魅力。

今年是谢老诞辰百年，回想当年老一代艺术家、教育家在艰难岁月里拼搏奋斗，为文化振兴而呐喊，为国家储才而竭力，不禁感慨万千。值此机会，我们更要总结和凝练好谢老的艺术创作思想与教育思想，继承和发扬其心怀远志、为教育事业鞠躬尽瘁的高尚情怀，告慰先贤，以昭来者。

本文作者：南京师范大学党委书记，原南京艺术学院党委书记。

1982 年参加南通校友会庆祝南艺七十周年校庆画展

筚路蓝缕　高山仰止
——纪念谢海燕先生诞辰 100 周年

米如群

谢海燕先生曾是我校前身上海美专的重要领导人,解放后又先后担任我校美术系主任和副院长,为中国近代的美术教育奉献了毕生的精力。谢海燕先生是我国美术教育事业的开拓者之一,是一位德高望重的艺术教育家。谢先生为了艺术教育事业,尽管时事艰辛,生活动荡,办学艰难,仍然披荆斩棘,迎难而上,艰苦创业,其开拓精神深得世人赞扬,亦给后人留下永远的榜样。

1935 年,时值 26 岁的谢海燕深受刘海粟先生的信任和上海美专师生的爱戴,正式担任上海美专的教务长;1939 年,刘海粟去东南亚举办筹赈画展,谢先生担任代理校长。谢先生一边处理校务钻研教学,一边四处奔走筹措经费,几乎以一己之力苦撑上海美专。太平洋战争爆发后,谢先生率上海美专部分师生内迁浙闽参加国立东南联合大学,先后任国立东南联大、国立暨南大学、国立英士大学教授兼艺术专修科主任。在此期间,谢先生克服重重困难,吃尽千辛万苦,在纷乱战事中辗转迁移、保存力量。没有教室,神农庙来替;没有石膏像,泥菩萨来当,就是在这样的情况下,谢先生仍然坚持艺术教育,培养大批美术人才。1944 年,谢先生随同潘天寿先生赴重庆国立艺专出任教务长,英士大学艺专科的全体师生步行几十里亲送二师,挥泪惜别,此情此景,集中体现了谢先生在抗战的艰苦岁月中，为延续和发展艺术教育事业而呕心沥血的感人事迹。一年以后，谢先生再次回到上海美专担任副校长。

谢先生坚持真理，追求正义，充满爱国情怀。早在上海美专任教务长时，他不仅与学生们一道参加爱国运动，还以非凡的革命气质蔑视反动当局的胁迫，为仍然在狱中的同学颁发奖学金。谢先生的思想和言行给当时的学生运动给予了十分重要的影响。

新中国成立后，艺术教育事业也迎来了崭新的春天。全国院系调整，成立华东艺术专科学校，谢先生先后任建校委员、创作研究室主任和美术系主任；1959年华东艺专改名南京艺术学院，谢先生先后任美术系系主任、副院长。在此期间，谢先生始终坚持党的路线、方针、政策，坚持按艺术教育的规律办事、办学。他引导学生深入实际、体验生活，经常同师生一起下乡下厂，在艺术创作中反映群众火热的生活，将教学与社会实际紧密结合。"文革"中，多次受到冲击，但并没有动摇他献身艺术教育的决心。恢复工作后，谢先生更加充满着使命感和责任感，兢兢业业，任劳任怨，殚精竭虑，尽力发挥自己的能力和作用，为学校的事业发展作出了巨大的贡献。

谢先生献身艺术教育，在逆境中坚持办学，只是他诸多优秀人格、高尚艺术情操的一个缩影。在推动社会主义文化大发展、大繁荣的今天，作为艺术教育事业的工作者，我们深切缅怀谢先生献身教育事业的崇高精神和艰苦创业的大师风范。我们决心以谢先生为榜样，解放思想，开拓进取，以科学发展观为指导，早日把南艺建成国内一流的综合性艺术大学。

本文作者：南京艺术学院党委书记。

《广玉兰与开候》，1959年

《园边》,1960 年

艺术教育的楷模

保 彬

谢海燕教授数十年艺术教学生涯,治学严谨,廉洁奉公,德高望重,深得大家的敬重与爱戴。

谢老是个画家,其国画艺术,别具风采,自有特色。谢老又是个美术史论家,对于西洋美术史论,有精深的研究。无论是艺术还是学术,其造诣均很高。

然而,谢老最有建树的,却在艺术教育。教育,不仅仅是"传道、授业、解惑";而且还应该包括教育的组织和管理;这是现代教育的显著特点。无论前者与后者,谢老都有很大的成就,他是我国著名的艺术教育家。

1982年,谢海燕参加南通校友会庆祝母校建校70周年活动后,为南通工艺美术研究所题词

上世纪30年代初,谢老自日本学成归来,正当而立之年,才华横溢,深得我国现代艺术教育的先驱之———上海美术专科学校创办人、校长刘海粟教授的赞赏,力挽留校,受聘任教,继而辅佐校政,成为刘老的得力助手。从此,他在艺术教育这块园地里,辛勤耕耘,奉献了自己的青春年华和毕生心血。

谢老为人宽厚,对学生循循善诱,不仅传授知识,而且教给学生以做学问的方法和做人的道理。教书又育人,堪为楷模,深受学生的敬爱。

谢老致力于艺术教育的组织和管理,从中倾注了极大的热情和高度负责的精神。半个多世纪以来,他先后历任教务长、代理校长、副校长、系科主任、副院长等职,耗费了大量的精力和时间,处理了大量的行政管理工作,积累了极为丰富的经验。但是他却从不炫耀自己,从不放弃原则,从不计较个人名利。他数十年如一日,始终是那样勤勤恳恳,兢兢业业,一丝不苟,毫不懈怠。他像蜡烛一样,默默地燃烧着自己,照亮了别人。抗日战争时期,刘海粟教授去南洋等筹集抗日捐款,谢老接受委托,主持校政,率领上海美专师生,辗转于江浙闽北,在极为艰苦的条件下,坚持办学。解放后,他长期主持美术系工作,亲自组织教学方案的修订,组织各门课程的教学,筹建工艺

《鸟不宿》，1961年

美术专业，修改研究生培养方案……终日操劳，为着学校的发展，为着祖国艺术教育事业的繁荣，他鞠躬尽瘁，呕心沥血，贡献了自己的一切。他是当之无愧的现代艺术教育家。

当教授不易，做艺术教育的出色组织者和管理者更为艰难。如今，我们缅怀谢老，就是要向谢老学习，学习他的人品，学习他不为名、不为利、勇于自我牺牲的精神，学习他勤奋踏实的工作作风，学习他严谨治学的科学态度，为办好我们的学院，为发展我国的艺术教育事业而努力奋斗。

本文作者：原南京艺术学院院长、教授。

深入生活中的谢海燕（前排右一）和俞剑华（前排左一）等

默默献身终未悔，只知培溉不求名

邹建平

2010年3月16日是我国著名艺术教育家、国画家、美术史论家谢海燕先生诞辰100周年。在中国现代艺术教育史上，谢先生是一个无法绕开的独特存在，他的一生，亲身经历并见证了中国现代艺术教育的开拓、变革和发展；他在南京艺术学院辛勤耕耘六十载，桃李满天下，英才遍五洲，他的崇高德行更是南京艺术学院师生的楷模，是"人类灵魂工程师"的典范。

我在南艺求学、生活、工作三十余年，曾亲身感受亦常听到师友、学长谈及谢先生的嘉言懿行，追忆谢先生爱校如家、爱生如子的往事，他高尚的人格和丰厚的学识在

《金鱼睡莲》,1962 年

后人学子的心中树起了一座巍峨的丰碑,影响和塑造了一代又一代的南艺人。在从事艺术教育的六十年中,从抗战前的上海美专到抗日时期的东南联大,抗日大后方的重庆国立艺专;从抗战胜利后上海美专复校到解放后1952年的院系调整的华东艺专而南京艺术学院,他矢志不移,即使遭遇委屈和不公,仍无怨无悔,一生致力于艺术教育的开拓与创新;他秉承蔡元培先生"思想自由,兼收并蓄"的办学指导思想,在实践中提出"智美健群"的人才培养目标;他亲临教学第一线,把知识和技能无私地传授给学生,"默默献身终未悔,只知培溉不求名";他谦逊宽厚,关爱学生,以"大爱"深深影响了一代代学子的人生观、价值观,其高尚的师德堪为人表。

今天我们缅怀和颂扬谢先生,就是要学习他的精神。学习他淡泊名利、心系祖国的爱国情怀;学习他勇于探索、求新求变的创新精神;学习他治学严谨、提掖后进的无私风尚。他的这种精神,给了我们今天的艺术教育工作者一种重要的精神激励、高尚的榜样示范和丰富的思想启迪。他的精神和品格,必将穿越历史、穿越时空,推动南艺走向更加辉煌的明天。

本文作者:南京艺术学院院长。

60年代全家照片

谢海燕从教六十年志庆

张 望

红颜鹤发翁,苗圃长者流。
教龄六十过,艺苑美称"牛"。
拓荒苦为乐,忘身事易谋。
汗雨化甘霖,弟子遍神州。
深爱贫家子,解囊助学优。
体魁语和蔼,慈心亮若眸。
博采众家长,融合古今由。
教改精益善,技艺面环球。
兴来腾画笔,钢成绕指柔。
潮汕云海阔,天高鹰翅愁。
晴窗写松柏,黄山笔底收。
郑评"邃典雅",潘赞"深劲遒"。[1]
海翁慧眼识,"别具玄旷"幽。[2]
四海争珍藏,吾师鼎名留。[3]
二老相炳焕,海上"耀高丘"。
园丁老益壮,桃李喜悠悠。

注释

[1]郑:郑午昌教授;潘:潘天寿教授。
[2]海翁:指刘海粟教授。
[3]吾师鼎名留:借鲁迅名句。

本文作者:原鲁迅美术学院院长。

高山可仰，清芬可挹
——祝贺谢海燕老师从事艺术教育六十周年

陈大羽

海燕同志比我大三岁，是我的老师。

我在上海美专读书时，海燕同志已是教务长，只有26岁。他刚从日本回来不久，少年英俊，很有抱负，得到刘海粟校长的信任，遂请来学校主持教学的全盘工作，在当时社会颇受瞩目。忆及那时的上海美专，人才济济，教师中，除前辈黄宾虹、李健诸先生外，还有年轻、才气洋溢的刘抗、陈仁浩、吴文质等人。而师生年龄反差的现象可说是司空见惯，也许这就是学校的传统。如第一届毕业生朱屺老就比刘海粟校长大几岁，刘抗教授也比他画室内的学生年轻得多。同学中的议论，就认为这体现了韩愈的闻道有先后，师生不必有贵贱、长幼之分的办学思想。海燕老师虽然年轻，但关心同学、平易近人，还经常到教室看看。他没有上过我们国画专业的课，而同学们都很尊敬他。只是我们对他还不甚了解，仅简单地把他看作工作兢兢业业、克己奉公、勤于职守而已。

转瞬，海燕同志从事艺术教育六十年了。这是坚守艺术教育岗位不折不扣的六十年，也是艰难辛苦的六十年。从抗战前的上海美专到抗日时期的东南联大，抗日大后方的重庆国立艺专；从抗战胜利后上海美专复校到解放后1952年院系调整的华东艺专而南京艺术学院，他整个身心都扑腾在学校的教学领导岗位上，为学校的发展建设和培养人才奔波操劳。他的工作从教务长到副校长，又转为创作研究室主任，美术系主任到副院长，几经变动，而没有怨言，坚毅不拔，始终如一地作出奉献。海燕同志学过油画，东渡专攻西洋美术史，学有所长，学有所专，是位治学严谨的学者。但是当他一旦受到海粟校长的重托，便以心相许，默契配合，把自己的专业投诸有着光荣历史传统的我国第一所美术学校——上海美专的教育事业上来。他的工作是得力的，领导规划、组织管理

1982年2月，谢海燕在汕头市元宵画会开幕式上致辞（左二为汕头市委书记郭春，左三为文化局长杨影）

谢海燕夫妇和陈大羽教授等在上海

教学,细致周到,井井有条,充分显示出他的领导才干来。事实上长年来他亲临第一线,贯彻蔡元培先生以美育代宗教、学术自由、兼容并包的办学方针,不拘一格为国家和社会培养造就艺术人才。上海美专逐步发展到西洋画、中国画、音乐、艺教、图案等系科,有这样的规模,也都有着海燕同志的一份功劳。

抗日战争时期学校转移到大后方以至抗战胜利复员,那是艰苦的日子,特别在私立学校经费短缺的情况下,仍支撑着,具体主持学校工作,学校除了成美艺术师范(美专附属中等师范学校)停办外,其余都沿旧制,原有的图案科改为工商美术科,目标更明确了。解放初,扩大对社会的服务,当时社会需要绘制领袖像与面广量大的美术宣传任务,也是为补助学校经费的不足,他坚持请来王挺奇同志主持学校的美术工厂,效果很好,其意义不仅仅是单纯为解决学校经费问题,从教学与社会实践结合,而且加强学校教育为政治、为人民服务的观点来看也是对的。如当时结合政治,动员师生参加,搞了个"抗美援朝街道展览会",把整条石门路都布置了起来,气氛热烈,宣传鼓动作用极大,以后其他单位跟着也效仿起来。而

1960年谢海燕在黄山疗养

当时还有不少教师不理解,误以为是"做生意",不该是学校的办学方针。

1952年底学校院系调整,上海美专并到无锡华东艺专来。海燕同志办学是积累有丰富经验的,在我国美术界享有声望,是艺术教育的专家,照理他可以也应该发挥更大作用的。但在当时的历史条件下,艺术教育也是向苏联一边倒,民族虚无主义占主导地位,党是绝对领导,很难想象会去听取"习惯于资产阶级一套的专家知识分子"意见的。结果海燕同志被安排到"创作研究室"当主任,所谓"创作研究室",实际上是对原来搞中国画和美术史论的老教师投闲置散的机构而已,并没有发挥其在教学中的作用。假如稍有远见,保留工商美术和艺教这两个现在都十分必需的系科是完全可能的。回忆起来,十分可笑,那时不仅教学大纲完全照抄苏联的,连课间吃一个馒头点心也都照搬了来。尽管这样,海燕同志还是以艺术教育为重,兢兢业业,任劳任怨,充满着使命感、责任感,努力发挥自己的组织才干,为学校的工作出主意,推动教学和科研的发展。

海燕同志身上具有艺术教育家的诸多优秀品质,无论处事为人还是做学问,讲究原则,诚恳负责,严谨认真,一丝不苟。我的感受很深,而且也多次听到海粟校长、李可染、张安治等师友的称道。多少年来,海燕同志在名、利、职称、工资面前总是让而不争,先考虑别人,也从不背后议论他人的长短,这是大家公认的。偶尔听到有人议论,"海燕同志属于正人君子型的,老夫子味道十足,因此嘛斗争性不强,疾恶不深,在当今这个时代是不合时宜的"。他们对海燕同志并不理解。说海燕同志"正人君子",我赞成,这是必须肯定的。尽管50年代末他才加入了共产党,但他的事业心,做人的道德规范和许多优点,却不是入党之后才有的。作为一位艺术教育家,一位领导者,他是楷模,言传身教,给人一种潜移默化的影响,工作有原则,敢负责任,就不能一味讲斗争的。这使我想起十年浩劫中关在牛棚里发生的一件"小事",那时我们面临着造反派凶残打手动辄挨打受罚的威胁,为了一丁点的事又来找茬了。海燕同志不是把事推给别人,而是勇于承担责任去受罚,而那些以一贯正确自居斗争性强的人,为个人利益畏缩后退了。相比之下,高卑自见! 海燕同志君子之风坦坦然,有的人却暴露了丑恶面目,令人作呕。所以我认为在当今时代仍然要讲做人的道德规范。无疑海燕同志在这方面是起了表率作用。

　　南艺的领导换来换去,可谓多矣。但是过去,有的人是领受使命而来,"上级叫我来管你们的",并不热心学校教育事业的建设和发展,到时候,拍拍屁股一走了之。而老一辈的艺术教育家,像海燕同志一样,有一种责无旁贷的使命感和责任感,将个人和学校的事业联系在一起,开拓前进,荣辱相始终。近些年来,这些老同志、老教师退下来了,但仍关心着学校的工作,积极出主意,撰写文章,奖掖新人,发光发热,令人敬佩。而我们有些同志走上领导岗位,担心影响自己的专业,心不全扑到工作上,当然个人的专业应该得到尊重和充分的发挥,但是在位就应兢兢业业地做出奉献。在这方面海燕同志给我们树立了典范。我相信如果我们都能像海燕同志这样,把个人专业和艺术教育事业联系在一起,我们南艺的事业就能发展光大。

　　海燕同志献身艺术教育的六十年,是光荣的六十年,我祝愿海燕同志余热仍炽,健康长寿。

　　本文作者:原南京艺术学院美术系主任、名誉系主任,中国著名花鸟画画家。

1982年5月,谢海燕在广州东方宾馆与关山月(中)、侯宝林(右)亲切交谈

绝配——刘海粟谢海燕

赵绪成

人世间不管大事小事,要想取得成功,天时、地利、人和等综合因素是一个都不能少的。而就其"人和"而言,不同类型人的互补、组合更是非常重要的。

中华民族20世纪救亡建国大业,没有毛泽东、朱德、刘少奇、周恩来、彭德怀、邓小平等万千民族精英的团结奋斗是不可能完成的,而其中又以毛泽东的"帅才"与周恩来的"相才"之"绝配"成为人类文明史上的绝佳唱响。"刘邓大军"之"刘邓配",也是"绝配"。刘伯承元帅之"举轻若重"与邓小平政委之"举重若轻",也是人类文明史上互补组合的绝佳例证。

想南京艺术学院之成长、发展至今天的规模与成就,当然是几代人、很多人共同奋斗的结集。而其中刘海粟老与谢海燕老之"绝配"是有目共睹和功不可没的。海老大气磅礴,披荆斩棘,功不可没;燕老精心策划,循循善诱,付诸实施,也功不可没。两个功不可没,缺一不可。正像黑离不开白,外离不了内一样,它们是相辅相成、相生相克的整体而不能说哪个更重要。而人类往往看重海老式的功不可没,而不够重视燕老式的功不可没,这是很值得加以反思的……

本文作者:原江苏省文化厅副厅长,原江苏省国画院院长。

共事一周星　缅怀忆故人

孙　瑜

　　1958年1月1日下午,我从南京赶到在无锡的华东艺术专科学校报到。我要求去美术系工作,领导立即分配我去美术系担任党支部书记。学校搬进南京后不久,改为南京艺术学院,成立党委会,我是党委委员。

　　在美术系和系主任谢海燕教授共同工作,将近六年,这是我工作四十多年最舒畅、最愉快也许是最有成效的时间。

　　1960年初,省委宣传部突然召我去,说我丈夫老徐患的是癌症,省委决定去上海华东医院,要我陪同,第二天,我就离开了学校和家。同年六月,老徐去世,当我冷静地用右手抹下他的圆睁的双眼时,我没有哭泣,没有眼泪,只有一个感觉:迷茫。我不知道今后怎么过,开追悼会时,学校派党委会秘书来慰问我,这时,我似乎觉得来了亲人,哭了起来,但眼泪不能解决我的迷茫。这时秘书从袋里拿出一封信给我,说是谢海燕教授给我的信。我打开来看了一看,这里写着这样两句话:"孙瑜同志,你回来吧,我们需要你,教师和学生都需要你!"这时,我的心突然一惊,好像一盏明灯照亮了我的心,我立时想起:我需要工作,我是共产党员,我离开工作整整半年了,立即回去,立即回去工作。第三天,我捧了老徐的骨灰盒回到南京。到家时,九个孩子(上面三个是老徐前妻所出)站在我面前,我又一惊,对,我有这么多的孩子,孩子们需要我,我要把他们培养成才。我送走了陪我回来的母亲,走进了学院党委办公室,我向党委书记说:"我回来了",书记和院长站起来迎接我,我没有再讲话就走出办公室,回到我离开了半年的那么熟悉、那么亲切的美术系。我很平静,我开始了我该做的工作。

　　这就是谢海燕同志,他深深地知道怎么去安慰一个遭受不幸的同志,他用肺腑之言使对方回归安定。他话不多,但亲切、友好、平易近人,使人由衷地信任他。

《鱼乐图》,1977 年

谢海燕在美术系展厅

在他弥留之时,(我因病未能及早去探望他)我走到他病床边,他的女儿燕淞对他爸说:"爸,孙阿姨来看你了。"这时,那紧闭的双目,张着嘴仰卧的谢老突然张开了眼睛,看看我抬起手来。我握着他的手,叫了一声:"谢老"。燕淞喊:"爸,和孙阿姨说说话。"谢老又一次睁开眼睛,说了一句话,很含糊,我听不清,燕淞"翻译"说:他说"有千言万语……"但他把千言万语含在嘴里,再没有开口,也再没有睁开眼睛。我等了半个多钟头,只得闷闷地离开了他的病床。

这千言万语是什么话?我知道,我深深地知道。我进系二年不到,党委讨论决定发展谢老为党员,我知道他对党的忠诚。在共同工作中,我们配合默契,顺利地渡过了那个时期的风风雨雨,最终完成了党交给我们的任务——培育新一代的画家和工艺美术家。

海燕同志对党的忠诚是很突出的。1959年上级要美术系办成工艺美术系(后改设工艺美术专业)这事一宣布,全系顿起风波,大部分教师,几乎全部学生都不同意,他们是怕改变自己的专业,作为画家和美术理论家的谢,他坚决表示支持,表示坚决执行,坚决服从。在第一次全系大会上,他说明解放后的国家和人民急需工艺美术,而工艺美术品是我国的传统产品。我们也有条件办工艺美术专业。这时会场上静静地没有人表态。散会后谢老不声不响地做了许多谈心活动,这是人们不知道的,在第二次全系大会上,理论教研室讲师罗卡子先生第一个表示要在两个月内写一部中国工艺美术史,这对教师们是一很大的鼓励,也有教师站出来表示服从祖国需要,领导工艺美术专业。散会后,谢老又不声不响地考虑,先到社会上做调查研究,然后考虑教师个人的专业特长,安排各人任课专业;又按学生的个人特长,其发展的可能性,分配专业,这大大地减轻了我这支部书记的担子。

1990年冬,谢海燕正在创作国画《根深叶茂》

专业确定了,教师也安排妥当了,课上起来了,平静了不多几天,省手工业管理局要求我们办工艺美术专修课。因为有了上述的心理准备,我们答应了,管理局立即从各工艺厂调出73个工人来系报到,年大的有30来岁,小的只有17岁,文化水平自然不高,我们在没有增加教师、没有增加校舍的条件下,开课了。试想,许多年老的教授,如孙文林、朱士杰和蒋仁等教授竟愉快地去教相当于小学水平的学生,而情绪却十分安定。

由此可见谢海燕同志对党的任务的执行是不折不扣的。

海燕同志自26岁开始从事美术教育,不久担任了领导工作。在工作之余,他坚持中国画创作和研究美术史论。

他画作留下的并不很多(当然也不算少),但件件是精品,可以说都是形神兼备,神采奕奕。如他画的金鱼,在那静静流淌的水中,金鱼的长尾轻轻地飘荡,突出的双目炯炯有神;他可以把极为普通的苞菜(1960年画的《园边》),画得比花还美,画面的苞菜丰满含翠,清淡而有层次,看了真想把它摘下来置于案上欣赏把玩。

他从事研究外国美术史多年。有一天,他看到我创办的《南艺学报》,很赞赏,说:"我有一部外国美术史,想在学报上连载。"我很高兴,因为我深知他拿出来的画和史论稿,都是经过他悉心斟酌过的,肯定是很好的。但史稿没有拿出来,我也向他索要,他总说:"等等,等等",最后还是没有拿出来,我知道,这一时期,请求他代写前言的人很多,什么跋呀,有关历史呀和传记呀等等,其中有潘天寿、姜丹书、俞剑华等教授二十几人,都是他的老朋友,推却不了,而秉性认真、谨慎的他会一字一字地扣,一句一句地斟酌,不到恰到好处,对不起老朋友,他是决不罢休的。这就花费了他的许多精力和时间。另外,同一

《蕉花群兔》,1978 年

时期外国美术史出版的版本渐多,有的作者原本就是教外国美术史的教师、学者,这更使他难于拿出文稿来,只得压在书箱里了。

海燕同志为人谦逊、和善,对任何人都平易近人。按说,他文章超人,艺术才华骄人,身为教授、系主任,后任学院副院长,但他从不露锋芒,从不以高人一等待人,这是人们怀念他、拥护他、尊敬他、信任他的原因。

有一件事,凸显了他的这一优良品格。

我校是在1952年全国院系调整时由三校合并而成。这三个学校是上海美术专科学校、苏州美术专科学校和山东大学艺术系合并后在无锡成立华东艺术专科学校。迁进南京后成立南京艺术学院,院领导多是省派的。海老一直是美术系主任。试想,艺术本来是各有特色、自成风格的,三校一并,各校的校风更是不同,领导风格各异的高等美术专业实在是很难办的,这需要互相理解,互相认同,互相信任,互相尊重。以海老的人格魅力,大家融合在一起。我到系里工作后没有发现有互相猜忌、互不服气的气氛,全系工作有序而顺利地进行着,这使我由衷的钦佩,也减轻了我不熟悉环境的压力。

谢老辞世近七年了,我也早已离休居家二十多年,有时想起他很感到难过,总觉得我们共同工作(在美术系)的时间过得太快了。

写道这里,我借史金城同志在我院校刊上发表的一首《七律》来表达我对海燕同志的永恒的怀念。

1991年,与夫人张嘉言摄于1946年结婚后居住过三年的杭州西湖蒋庄

悼海老
道德文章两俱超,先生丹绘不轻描。
省身不肯爽毫发,虚左还能让寸苗。
立雪游杨垂典范,及门桃李领风骚。
树人授业经纬事,一代贤师法后曹。

本文作者:原南京艺术学院副院长。

"以学养求其画者佳"

——恭读谢海翁的画

王伯敏

明人左光斗（浮邱）论画曰："有以术求其画者,亦有以笔求其画者,唯以学养求其画者佳。"谢海燕先生的画,正以其知识渊博,学有素养而取胜。谢先生不只是以画艺称家,而且是著名的美术教育家和美术史论家。谢先生从事美术教育六十年,为国家培养美术人才,呕心沥血,在近现代的艺术教育史上,不愧为辛勤的开拓者。他在办学、教学之余,又热心于美术史论的研究,他的《西洋美术史》和《名画家评传》等,都是有很高学术价值的专著。谢先生的难得,还在于长期坚持绘画创作,勤勤恳恳,数十年如一日。在我们美术界老一辈的学者中,像谢先生那样,竟以多种专能汇集一身而又都作出贡献者,能有几人。

1947年,我毕业于上海美专,当时的校长是刘海粟先生,副校长便是谢先生。我在读书期间,谢先生经常开导我们。他说："学画不是容易的事,既要读万卷书,还要行万里路,两者不可偏废。"在我快要毕业之际,谢先生还教诫道："要想学好画,必须读书明理。书是读不完的,要读一辈子。你要进行美术理论的研究,千万千万不能放弃美术实践。否则,没有实际的创作体会,讨论创作,只能空话连篇,于己无益,人家受害。"对于这些,谢先生本人是身体力行者,所以他的这些教导,在我们同学中影响极大。而今,我这个学生,年岁也过花甲,数十年来,我在美术史论教学与研究之余,所以能作画不辍,这与谢先生的教导是分不开的。如果,我这样坚持下来是应该的,这就要归功于谢海燕老师了。

谢先生的中国画,有他自己的风采。所画兼工带写而偏于写。他的作品,国内各地展览外,还在许多国家展出。他的绘画,情韵连绵,平中有奇趣。每于常见的题材中寓其深意,又于平凡的画材中,深化其主题。1943年秋

《菜花群兔》，
1978年

《大叶君子兰》,1979年

天,谢先生在福建东南联大任教,所画《骊龙》以篆笔写柏,苍劲而富生意;又画《千松图卷》,百态千姿,表现松的奇倔郁拔,凛傲风霜的气质。潘天寿先生评其"浑古遒劲,力能扛鼎"。当时是抗日战争时期,这位热爱祖国、热爱民族的画家,正以古柏劲松来象征屹立在大后方人民的豪迈气概。翌年,他又画《旭日苍松》,意示中国人民在帝国主义侵略下,虽然历尽苦难,将在不久,就可以见到光明,并以此激励正在战斗的前方将士。解放前夕,他画过《冰消》、《解冻》之类的作品,欢呼新中国将要诞生,人民将得到幸福的生活。建国以后,谢先生画兴更高,精神更饱满。他还带领师生,深入生活。以劲健的画笔,描绘了如《磨子潭工地》、《春临江南》、《绍兴大禹陵》等有教育意义、又能鼓舞人心的大量作品,反映了社会主义社会的新道德、新风尚,以及在建设上的新成就。

谢先生画得较多的还是花鸟画,使其自由地抒发了真挚的感情,反映了他对生活的热爱和理解。"登山则情满于山,观海则意溢于海"。诗人,画家,一切艺术家,应该富于情感。设无"满于山"、"溢于海"的情意,怎么能创作出有生命、有活力而又能打动读者心弦的作品。谢先生的特点,他的激情是内在的,在他的创作中也是这样。他画的花草鱼虫,除了注意形象的可爱与生动外,在艺术处理上,更多地以含蓄的魅力来诱发读者的情思。1962年,谢先生创作的《金鱼睡莲图》,可谓"得动静两极之变巧"。这幅画,睡莲静,作者用笔用色因此而沉着;金鱼动,作者用笔因此而流畅,尤其尾部的几条长弧线,使

《铁树开花》,
1979年

游鱼呈现出活泼泼的美妙舞姿。这幅画早由中国美术馆收藏,后来以此复制,又由江苏美术馆收藏。类似这样的睡莲金鱼图,我算有幸,曾承谢老师画赠一幅。幅子虽然不大,画面很开阔。所画一花一叶,两条金鱼而已。在艺术上,画得简而不少,这便是上品。反之,画得多而嫌少,这便失去"明一而现千万"的效果。作画,就是要以有限来表现无限,以"有知数达到无知数",从而给读者在美的享受上以充分的满足。凡有修养的艺术家,往往讲求几个"天地宽"。例如,"心如天地宽",这是强调主观精神的能动作用。"一览众山小",其实,众山并不小,诗人、画家的心胸一开朗,把三江五岳都贮藏到胸中了。又如"黑墨团中天地宽",像黄宾虹先生的山水画,就是在黑墨团团中显出它的"天地宽"。更如"三五笔中天地宽",谢海燕老师晚年的许多作品,都具有这个特点。这种"天地宽",固然可以用技巧来求得,而更重要的,还要以高度的学养,宽广的心胸去求得,也就是左光斗所谓的"以学养求其画者佳"。在谢先生的佳构中,还有一副《园边》,这是别饶意趣而又刻画入微的花鸟画。画中有三只小青蛙嬉于叶丛之下,其上有两只向下飞来似乎要寻觅小青蛙的小蜻蜓。稚拙的小青蛙,又好像故意与小蜻蜓逗着玩,忙于寻找躲藏的地方。画中这些小生命的凑趣,使人看了,不由得不引起童年生活的回忆。这样的作品,本就是老画家以儿时真情作出来的写意画,所以赋予更多的情趣。当我读这幅作品时,不禁使我想起了我的另一位老师黄宾虹,我曾在《黄宾虹的花鸟画》一文中,有过这样的记述:"1952年,黄宾虹年已八十九,住杭州栖霞岭。在他画室前面的小院子里,种些花木,他的小孙子高让,常与邻居还在那里捉蝴蝶、蟋蟀等。老人每次出来散步,看见孩子们捉小虫,高兴得很。孩子们知道老爷爷喜欢小虫,所以捉到了一定送给他看。有一次,他的小孙和另一个小孩,捉到了一只螳螂,就送到老人的画室中,那时老人正伏案作画,但他看到孩子们送小虫来,立即放下画笔,与孩子们玩起来,老人张开无牙的小口,非常天真地微笑着,一只小虫,居然把一位九十岁老人的童心苏复了。"也正如西欧19世纪画家古斯塔夫·摩劳在他的一幅《小黄雀试飞》完成后对朋友所说的那样:"儿童的兴趣,儿童的真情,儿童的单纯心理,可以让画家构成一幅无邪而美丽无比的画幅";他还说:"一个画家的牙齿摇落了,耳朵也不管用了,脸上、手背上都有了一条条明显的皱纹,

1980年与潘天寿、吴弗之遗属合影于杭州大华饭店

尽管衰老到这样,但是,在老画家的笔底下,永远是青春常在的"。摩劳说出了艺术生命不老的真谛,这在东西方的画家中,都具有同样的感受。在谢先生所作的《马蹄莲》《熊猫嬉仔图》《风信子蜗牛》等一系列作品中,都可以看到他那"青春长在"的艺术表现。

我还很喜欢谢先生画的《天鹅图》,这幅画,不只在笔墨上有创意,在疏密、聚散的处理上也很得体。四只浮游于水上的天鹅,意到情适,妙造自然,生动可爱。明人高濂在《燕闲清赏笺》中说:"画当以天趣、人趣、物趣取之。"他还解释:"天趣者神是也,人趣者生是也,物趣者形似是也。"谢先生的这幅《天鹅图》,正是"三趣合一,令人耐看"。在谢先生的佳构中,还有一幅包含着一定哲理的花鸟画。这幅画的题目与画中的题句是一致的,即所谓"红绿黑白谱新歌"。这幅画,通过动植物的色调对比,体现了客观现实中有着"各具其美"的相互影响作用。不是吗?"红花需要绿叶衬托,绿叶也因为有了红花而更显";又在这幅画中,黑、白两猫相依,"你受到我的黑显得更白;我受到你的白显得更黑"。正是"各极其是"。这样的创作,只要联系谢先生的平日为人,可知谢先生正以"宽厚正直"的心胸,反映了他对这些事物的公允看法。

至于谢先生的绘画风格,早期秀雅,后渐变化。他的花鸟画,善藏妙露,笔简意赅。即使以不多的笔墨画一只花,也可以从它的婀娜之中,见到它的生新峭拔之势。孔明的"空城计",用在军事上,取得了胜利,成为千古佳话。我们在艺术上,同样可用"空城计"来取胜。"画了鱼儿不画水,此间亦自有波涛",又"长河无点墨,似见笔纵横",这都是"空城计"。谢先生在作画时"善藏",他就是"空城计"的表现。艺术家的这种智慧,就是使社会的精神财富得以不断地创造。1982年春他回广东,在汕头元宵画会上,他有感地画《夜鹰图》,为益鸟平反,塑造夜鹰机警除害的生动形象;又画《双鹫图》和《三鹫图》,把雄赳赳的鹫禽置于巉岩上,俯仰涧底海空,似欲一击。刘海粟先生在题识中,认为谢先生的画,"气势豪雄,别有玄旷之致",这是一句非常有概括性的评语,就以刘大师这句话作为本文的结语。

最后以五绝两首,赞美谢先生的画:

万蕊千花笑,无声胜有声。
燕翁功力到,画里见真情。

大耄磨新瓦,疏楼尽日忙。
寻常三五笔,妙处善深藏。

本文作者:中国美术学院教授。

一 盏 明 灯

——为谢海燕教授从艺六十周年而作

徐 风

谢海燕先生是我的老师,去年我们在南京会面,他仍与五十年前一样热情、亲切、无话不谈。这种真挚的感情,在师生之间真是难能可贵!我是先生五十年前的学生,又曾两度跟随先生工作,解放前我们在上海美专朝夕相见,他对我的工作和生活关怀备至。1951年我和洪青先生(原上海美专图案系主任)支援大西北离开上海时,先生专为我们设宴饯行,如今三十七年过去了,虽然我们相隔千里之遥,很少机会见面,但先生高大慈祥的形象,却时常浮现在我眼前,矗立在我心中。

谢海燕与刘海粟夫妇在一起

记得在1935年的夏天,听说学校来了一位新的教务长,是一位年轻的教授,同学们抱着好奇心争先恐后跑到办公室去,以先见为快。原来是早先在学校兼课的西洋美术史教授谢海燕先生。我们班还没有上过他的课,因此不认识。先生笑容可掬,谦逊、端庄的仪表,一开始就给我们留下了良好的印象。当时我是上海美专二年级的学生,先生担任我们的西洋美术史课,我们这些学画画的人,一般的对文史等公共课都不太感兴趣,加之有的老师用江浙地方方言讲课,这对我这个广东佬来说,简直是像听天书似的,窍不通,上课时往往是偷看小说或画速写。但先生讲课情况便大不一样,大家都很爱听,虽然他也带有轻微的广东潮州口音,一般同学都能听得懂,当然这不仅因为语言的关系,更吸引人的是讲课内容和教学方法。先生特别重视直观教学,在当时还没有电化教学设备的条件下,充分利用大量图片和一些黑白幻灯片,有时结合画面分析讲解有关的希腊神话和圣经故事,知识性与趣味性结合,课堂气氛生动活泼。从此我对西洋美术史产生了浓厚兴趣。也许出于巧遇,十八年后,我在西安美术学院由于工作需要,学校领导要我担任外国美术史课,当时资料缺乏,设备毫无,开设这门课程真是困难

艺术大师刘海粟、谢海燕

重重,特别是要我丢掉画笔去改行,心里真不是滋味,后来经过思想斗争,服从工作需要,我终于接受了这项艰巨的任务。在我这几十年的教学过程中,先生当年在课堂上的形象,经常忽隐忽现地出现在我的面前,激励着我,像一盏明灯照亮了我的心田。如果今天我在这方面有些成就的话,首先是先生给我的启示,先生当年耕耘的成果给我聚积的力量,使我在困难的条件中能够坚持下去。

学生喜欢哪一位老师,往往与他喜欢哪一门课程分不开,我爱接近谢先生,开始时可能也是因为这个缘故。当时先生的藏书很多,我常常到他宿舍里去翻翻画册,提提问题,谈谈自己的志趣,先生总是热情接待。那时我似乎还很不懂事,从没有想到经常去找老师会不会干扰他的工作,常人说:"出门观天色,进门看眼色",可是我每次进门,先生对我这个常客总是笑脸相迎,从没有厌恶之感,哪怕当时他正在忙于工作,也从不下逐客令,总是让我在他的书架上自由阅览。天长日久,师生的感情就这样融洽起来。据我了解,先生绝不是对我个人偏爱,他对所有的同学都是那样热情、诚恳、充满着爱,包括那些犯错误的学生,都首先从爱护出发,规劝、开导,再根据错误的性质,律之于校纪。所以在我们的同学中,谈起谢先生没有一个不肃然起敬的。今天我已年届七旬,在先生面前仍然像个小学生似的,打内心里尊敬他。"尊师重道"、"师道尊严",在过去是天经地义的事,是我国几千年来的传统观念,当时似乎还没有提出"尊师爱生"这个口号,可是先生在教育实践中已经这样做了,而且收到良好的效果。建国后提出了尊师爱生,这是比较全面、比较合理的提法,它既是继承了尊师的优秀传统,又批判了师道尊严中的一些封建色彩。我认为尊师和爱生两者是相辅相成的,要求无条件地尊师是不合理的,对于道德败坏、对学生不负责任、不称职的教师,是不值得尊敬的。要学生尊敬老师,首先老师对学生要有感情,要像父母爱自己的子女一样去爱学生,全心全意地关心他们的成长,做到为人师表,以身作则,认真备课,把自己所掌握的知识和技能无私地传授给学生。这样的老师,学生必然会尊敬他的。所以尊师爱生,其核心是爱生。教师是一个崇高的职业,教师之被誉为人类灵魂工程师,就是由于他们把自己的一切才智无私地奉献给学生,为国家培养人才,为人类的繁荣昌盛作出贡献。谢先生之所以得到广大学生的尊敬,正是他把自己的一切无私地奉献给学生。也正是由于他对学生充满着诚挚的爱,促使他全身心地为艺术教育事业呕心沥血,数十年如一日。这就是先生最崇高的职业道德。

1994年3月3日,谢海燕到上海欢迎一别五年的刘海粟自海外归来

先生在艺术教育上的贡献,不仅仅是把知识传授给学生,他作为教务长,在教学管理方面的建树是非常重要的。在我求学的年代,是以蔡元培先生为主席校董,以创办人刘海粟先生为校长的上海美专历史上繁荣时期之一。师资力量很强,毕业的学生分布全国,有的直到今天仍在美术界和艺术教育界起着领导作用。但是当时这个四五百学生的高等艺术院校,教职工人数只不过四五十人,除了教师之外,各处室的职员和教辅人员(包括教师兼职在内),不超过十五人。教务处是学校行政职能部门中最重要的一个部门,其工作人员也只有四个人,包括教务长在内都由教师兼任。就是他们这四个人,把全校的教学行政工作搞得井井有条。究竟他们是怎么工作的?我不甚清楚,但教务上排课、调课、教师配备、学生注册、学籍管理、成绩考核和各系的教学检查总结等工作是少不了的,平日我只见先生们上班时在办公室有秩序地、紧张地工作,或者到教室巡视,了解教学情况,及时解决问题,下班以后有的老师仍在工作,从没有见到懒散或消

《马蹄莲草虫》,1980年

极怠工的现象。上海美专是个私立学校,经费来源主要靠学生有限的学费收入,学校经费的拮据是可想而知的。然而,钱少能不能办好学校?上海美专的经验作了肯定的回答。他们以精兵简政的办法,一个人干三个人的事,讲求高速度、高效率,充分发挥工作人员的积极性,加强他们的责任感,帮助他们熟悉业务,提高工作能力。为此,先生身体力行,经常工作到深夜。尤其可贵的是事事都有计划,先生每制定一项计划,总要先把自己的设想和有关的同事们商量,征求意见或告示大家,使大家先有精神准备,群策群力。他一贯的工作作风朴实、民主,从不高高在上做官当老爷,处处以普通工作人员的身份出现。先生在主持行政工作的同时,致力帮助各系教师搞好教学第一线的工作,不断改进教学,提高教学质量。先生的领导艺术,首先是善于团结教师,从不把自己看作高于教师之上,从不把教务长与教师的关系看作是领导与被领导的关系,以教师的身份帮助教师解决教学上出现的问题,尽量发挥教师的积极性和主动性,其次对于各种不同

《风信子蜗牛》,1981年

的艺术风格和不同的学术观点,坚持民主作风。当时上海美专的国画系、西画系都设立专家画室,根据不同教授和不同画风设立"某某画室",二年级学生可以开始自选教授,教授的教学可尽量发挥自己的风格和特长。学校的画廊经常展出各种风格的新作;另外,学生的课外学术活动也非常活跃,各个画种的研究会如雨后春笋。先生做了很多工作,成绩显著,但他从不居功自傲,而且常常告诫同事,要把荣誉让给别人,把困难留给自己,他那高瞻远瞩的目光和宽厚开阔的胸怀,是搞好教学管理、办好学校的根本。这套教学管理经验和他那不计个人得失、一心为公的高尚道德品质,直至今天仍值得我们借鉴和学习。

谢先生既是一位忠实的教育实践家,同时又是一位卓越的教育思想家。这里只是就我所知提出两点:第一,办学应以师资为本。学校办得好坏,要看培养出来的学生质量如何,如同一个工厂办得好坏,要看生产出来的产

1994年9月28日,谢海燕、张嘉言和前来向南艺捐赠刘海粟绘画的夏伊乔先生合影

品优劣一样,培养高质量的学生,关键在于教师的素质。先生办学非常重视教师的思想水平和业务水平的提高。他经常鼓励教师要不断加强自己的全面修养,提高业务能力,多拿出作品参加各种展览会,向社会学习,向自己的教学对象学习,听取学生的意见,教学相长。注意聘请国内著名的画家和专家学者来校任教,重视国际文化交流,利用一切机会聘请外国专家教授讲学、任课。上海美专有一批基本的教师队伍,他们都是国内外著名的专家学者,西洋画教授大多是留法、留日的。对于一些不称职的教师坚决停聘。第二,提倡美育。先生对于蔡元培先生"以美育代宗教"的学说,十分赞赏,他创造性地发展了这一思想,把美育作为学校的教育纲领之一。他认为在重视智育、德育、体育的同时应重视美育,以提高学生的审美能力,包括对自然美、社会美和艺术美的感受与判断。他看到一些学生虽然能画出一手"好画",但生活上吊儿郎当,不修边幅,谈吐庸俗低级,如果一个学生只是掌握一般的文化知识和单纯的艺术技巧是不够的,必须培养学生具有高尚的道德情操和美的心灵。于是他提出"智美健群"的教育纲领。"智美健群"的提法,实际就是德智体美四育,"健"的要求,即要有健全的身心,强健的体魄;"群"者,即敬业乐群之意,也就是热爱共同事业,热爱本职,热爱祖国,热爱群众,不计个人得失,建立为人民服务的道德品质;美育的最高境界是培养美的心灵。先生这样说也是这样做,他平时十分注重校园的美化,同时在学校条件有限的情况下,还建立了美术馆、工艺馆,经常陈列珍贵文物和著名的书画作品、工艺美术品,在校内外经常举行展览会、音乐演唱会和戏剧演出等美育活动。他认为美育不但实施于学校,也实施于社会,深入到社会的各行各业和各个阶层,如美术展览、音乐会、戏剧、电影等文娱活动,乃至建筑、室内装饰、城市雕刻、工商业品的装潢、包装等等,一切以美感动人,以情动人的美感教育,都属于美育范畴。先生的教育思想和建国后我们的教育方针:受教育者应在德育、智育、体育三方面全面发展和近年来强调的"德智体美"以及"五讲"、"四美"活动的精神是完全一致的。可见当年先生的教育思想就如此先进,如此正确。

先生六十年来的光辉成就,对我国艺术教育事业的发展是具有不可磨灭的历史意义及其现实意义。遗憾的是,本文只限于本人在学生时代和两度跟随先生工作中

1982年春与霍英东先生在珠海

的片断回忆,解放后未能和先生在一起,这三十多年来,先生在认真贯彻党的教育方针和文艺方针政策,在新中国的条件下从事艺术教育和美术创作所作出的贡献,想必更为辉煌卓著,希望能加以总结,它将是一部珍贵的文献,载入我国的艺术教育史册。

本文作者西安美术学院外国美术史教授、原教务处长。

只知培溉不求名

——海燕师献身艺教六十年

黄葆芳

半个世纪前,我在上海美专求学,有一天上西洋美术史课,来了一位新教授。他年青,看来岁数和我很接近,比起班中大些的同学,不像师生,反而有点像他们的弟弟了。他一派文质彬彬的书生风度,稳重而自然。发言不徐不疾,态度平易近人;唯略带些潮州乡音。那天他讲的是"文艺复兴"期三大画家:米开朗琪罗、达·芬奇、拉斐尔的性格和作品相异处。条理分明,听来没有枯燥的感觉。从各同学面上的表情与教室的气氛看来,这位年轻教授肯定是受学生们欢迎的。他就是——一生献身艺术教育六十年、从未间断的谢海燕老师。

过了不久,学校宣布谢老师接任教务长之职。这个任务是相当繁重的,要发展、丰富教学的组织、设施和内容,必须要有改变,改变则先有成竹在胸,然后逐步调整。在这段期间是他最费心力的时候。他忙得茶饭无心;本来单薄的身体更加消瘦了。幸而他的人缘好,同事间相处得融洽,大家都能合作,遇有问题不难迎刃而解。于是加强教师阵容,对名重一时因年老不能每周按时前来授课的学者,如黄宾虹先生则安排专题讲座,集中学生听讲。同时,鼓励学生组织课外活动,提高研究气氛。这种种措施使美专更显得生气勃勃。那时课外活动就有管弦乐队、乒乓队、篮球队、潮乐队、摄影会、话剧团、书法篆刻会、京剧研究会、诗歌研究会等等。记得庆祝美专二十五周年晚会,京剧的演出,女同学徐悟音的青衣戏,无论唱做都不亚于科班演员,轰动一时。她是湖北人,大家都称之为汉口梅兰芳。

二十五周年为"银禧"之庆,决定出版一本纪念刊。要把二十五年来有关美专发展的资料编入,作为有系统的介绍。是时人手不足,几乎由谢师独当一面,事无大小都是亲力亲为。特刊封面,谢老师要我设计,我们在教务

《夜鹰图》，1982年

《珠海海棠》,1982年

处商量图案内容和颜色配搭等问题。

自谢老师主持教务以来,该是美专中兴的时期。艺术教育系设立"金工场"与"木工场",购入许多机械设备。除了刨床、钻机、车床之外,翻砂工作也在学习之中。化工的各种电镀当然也配合进行了。木工场的实习范围是一般性的,只限"细工作"与"圆木作",此外与木器有密切关系的漆器类加工而已。

当年南京教育部举办各省市中学劳作科教员暑期讲习会和劳作专修科,因上海美专的艺教系图工组办得很成功,设备也完善,故委托美专开办。学员由全国各省市教育厅局指派省立中学的美术、劳作教师来学习。美专受此重任,谢老师这个假期不但不能休息,反而比平时更要日夜忙碌了。要安排整个讲习班课程,并非易事。但经他多方联系与同事们的合作之下,终于顺利解决了。

劳作班主任讲师由何明斋先生担任,我帮助他编写教材及画工作图。有时晚上还要到何先生家中商量一些问题,怕有差错,一时来不及改正,恐会误事,所以这个时期我也感到很紧张。谢老师里里外外忙得团团转,真是无休无息。不料就在这个时候他接到母亲患了心脏病渴望与八年不见的爱子见一面的家信,只得把暑期工作妥善作了安排,匆促回粤探亲去了。

暑训班正将结束,谁知"八·一三"战争突然在上海爆发。这一阵炮声展开了全国抗战的序幕。这时,上课除租界外,四周炮火连天,华界难民大量涌入租界,人数多了,巡捕房关闭铁闸,哀声遍地,闻者心酸。

战争一发不可收拾。猛烈时双方海陆空一齐出动;晚上高射炮火光与探照灯光交织天空,形成一片恐怖图画。后来我方撤退,上海四周沦陷成为"孤岛"。

谢老师因交通阻断又因母病垂危,直

到次年才得回上海。上海美专的外地教师和学生也都不能回校上课,人数骤减,经济来源当然也受影响。这时美专开始步上艰难的时期。虽说上海地属租界,但环境逐渐恶劣。双方特务在租界内斗争,腥风血雨,剑影刀光,如机枪扫射银行宿舍,电灯杆上悬挂人头等等。

美专为筹款帮助伤病难民,举办师生作品义卖展,借大新公司画廊展出,收集书画数百件,此事也由谢老师协助刘校长负责筹划,以最快速的时间内完成工作,这个任务又使他忙个不停,有时还得亲自到老画家处接洽并领取作品。

1998年,谢海燕与家人合影(左一女儿谢燕淞、左二长子谢燕杭、左四夫人张嘉言、左五女婿陈世宁)

江苏省立上海中学地处郊区,校舍受战火破坏,学生千余人借用美专教室上课。两校合用一个校舍,有时学生间难免发生一些小问题,谢老师都能妥善地解决矛盾,安然相处。

这一年的冬天美专显得特别冷静。谢老师和我经常在教务处围着宜兴陶缸的炭炉谈天。那时我们不像师生,像从小相知的朋友;没有隔膜,没有虚伪,把心中想说的话尽情倾吐,觉得人间的温暖完全联系在我们的身上。有时虽是默默无言,而轻微的小动作,仍可见到精神的贯通。有一次我曾对老师说:你虚弱的体力,不应日夜过度操劳,必须争取休息,如果染上肺病那不是好玩的。"有肺病,那不是更有诗意吗?我早就领略过了。"他这样地答我。30年代人们对肺病是恐惧,等于现代的癌症。他那么从容,那么看得开,足见生死对他并不重视,他有更伟大的目标和胸怀。

一天谢师约我到教务处有事面谈,我依时前去。他说:要推荐我到新加坡一间大公司任设计师,那儿待遇很好,希望你不要错过。我说:这里还有许多同事,为什么不请他们去?谢老师说:因为他们都有家庭,远行不易。其次,你对工艺和设计有兴趣,也较有实际经验,能胜任这个工作。三,你是福建人,那儿乡亲多,当然要方便些。

其实,当时谢老师也没有结婚,虽然那时美专的经济情况似乎已到了难以为继的地步,但他不忍离开曾经沥下心血的学校,以及许多等待他培训的青年学子。

另一次,印度尼西亚首都巴城(现称雅加达)中华女子中学的校董、他在日本的老同学范小石先生致函谢老师,要聘请一位校长。他问我有无适当人才?后来我介绍陈露薇小姐和他见面,经谢老师推荐,一拍即成,没多久,即出国上任去了。到任年余,就与中国银行巴城分行

《天鹅湖》,1982年

的经理高先生结婚。说起来都是数十年前的旧事了。

　　谢老师一生与名利有关的事总是让与他人,或尽量避开。见困难艰苦的工作,则挺身而出,不落人后。在他六十年的艺术教育生涯中,历经多少沧桑,栽培过多少人才,受过多少艰辛,也遭遇病痛折磨,但始终奋勇向前,站稳岗位。不灰心,不消极,一边服药,一边办公,昨日住院,今日开会,这种因公忘私的精神,在我的长辈与同辈之中实属罕见。在我和他的多年接触中,无论对事对人,从未见过他疾言厉色,总是心平气和地对待一切。他正是:"默默献身终未悔,只知培溉不求名"。

　　本文作者:新加坡著名艺术家、中华美术研究会会长。

辛勤耕耘六十春
——祝贺谢海燕教授从事艺术教育六十周年

温肇桐

时光易逝,我国著名艺术教育家、国画家、美术史论家谢海燕教授成为我的挚友,已有半个世纪。今年,正值谢老从事艺术教育六十周年之际,把谢老长期共事给我的教益,作一回忆,聊代蟠桃,以资祝贺。

一、老成持重,平易近人

1937年2月,我由已故老友、名画家、美术理论家倪贻德教授引荐,得刘海粟校长聘请,到上海美专任教艺教系、艺师科《美术教学法》和各系科基础美术理论课。一到学校,第一个接待我的就是谢老。五十年之前,他只有28岁,少年英俊,老成持重,平易近人。他向我滔滔不绝地介绍上海美专的校史与在中国美术教育上的重要地位,并告诉我学校的长远规划。我听了之后,一方面使我自惭学识谫陋;另一方面,又使我增加勇气,想从此参加美术教育行列必须加强学习,为这个全国著名学府的教学工作作出努力。

当时,谢老是《西洋美术史》课教授,兼教务长。刘校长把一切校务,全交给谢老一人擘画。教务处,除了日常工作之外,比较麻烦的是每学期开学时编排各系科各年级上下学期的课程表。课程既要排得合于教学原则,又要照顾同一班级同一课程的合排和兼课教师的指定时间。我当时兼任教务处秘书工作,教务长完全可以交给我编排,可是谢老总是亲自动手,必要时才叫我协助。

在华东艺专时期,谢老除兼创作研究室和美术系主任外,还兼任学校的爱国卫生运动委员会的主委,经常可以看到他,穿上长筒套鞋,带领师生员工,为学校打扫卫生,消灭死角。到了南京,他继续当系主任,又担任副院长,也可以经常看到他一个人在校园大道扫落叶,绝无高人一等的官架子,因而师生员工都亲近他。这似乎是小事，但谢老能坚持不懈，给大家的印象，是平易近人。

二、先人后己，发挥众长

上海美专是一所私立的高等艺术学校，经费来源主要靠学费和校董资助。教职员工的工资比较菲薄。规定专任教师必须兼一项行政职务，才能支取全薪，不兼行政工作的教师，除极少数外一般以授课钟点计算工资，而且按常规一学期只发五个月。

谢老的风度，处处表现了先人后己的特色。在上海美专时，他由刘校长授权，决定专任教职员工的工资。他自己的工资应低于校长而高于他人，是完全应该的。可是谢老每次都决定，把在校工作时间较长、担任教务长的宋寿昌教授工资，高于他自己。并校后，每次评薪他总是放弃自己应得的份额让与他人。以身作则，解决矛盾。

谢老在院、校、系的领导工作中，善于从教师的长处来安排工作，不论教学、创作和研究都是如此，而且还注意从个人的实际与可能出发，然后加以鼓励和帮助。我历年所进行的研究课题，都是在他的领导下完成。就是俞剑华教授的几部巨著，无一不是在谢老的关心下成帙的。

1962年上半年，学校为了执行文化部颁布的高等美术院校系科课程设置规定，绘画系科必须开设《中外美术论文选读》课。谢老找我谈起这个问题，并把这门课程分配给我试开中国部分新课。我接受这一任务之后，就选定古代和现代的著名论文各五篇，对各篇撰写解题、作者介绍、选读目的、注释、复习提纲、辅助读物等项，作为这一新课的自编教材，送请谢老审阅后予以油印。是年秋季，正式开课，把这份教材发给同学，进行讲解。到学期结束进行总结时，自己认为选读讲解著名美术论文的方式，是仿照语文课教学来讲解的，不太适宜采用。

闻名国内外的中国绘画史论家老友俞剑华教授，于1979年间，身患重病。开设《中国画论》的任课教师，一时难以物色。虽然俞老在前一段时间中，曾经专心培养周积寅同志做他的接班人。美术系当时要开《中国画论》课，理应由积寅同志承担这一任务。可是积寅同志非常谦虚，自认没有教学经验，不敢贸然开课。谢老知道这件事，经过他缜密的考虑，决定把这一任务暂时交给我和积寅同志共同来完成。我从工作需要出发，欣然接受，我们吸取了《中国美术论文选读》教学的经验教训，对《中国

《黄山百合花》，1982年

画论》课作教学改革的尝试,即采用评介中国古代画论名著四十六种,企求使同学对中国画论这一丰富的民族美学遗产,获致较为全面的认识,然后分别对"气韵"、"形神"、"笔墨"等许多重要论点作讲解。不久,这门课即由积寅同志独立担任,系统而完整地精心教学,取得了很好的教学效果。他所编《中国画论辑要》一书出版后风行全国,被国家教育委员会评为高等学校优秀教材,荣获优秀奖状和奖金。

三、治学严谨 硕果累累

谢老在中华艺大时,是学油画的。去日本留学,又攻读美术史。当我到上海美专任教时,谢老任教《西洋美术史》课,每周授课一次。虽然他大部分精力都用在教学行政领导上面,可是为了上好课,总要挤出大量时间,甚至放弃晚间和星期日的休息,搜罗中外有关书籍图片,认真备课,编印讲义,在课堂上,除讲解之外,还陈列各种图片,放映幻灯。上海美专西洋美术史教学幻灯片,是傅雷任教时向巴黎订购的。数量不足,他便设法研制,加以补充,尽可能取得直观教学的效果。他还讲过《美术名作欣赏》,开过《名画家评传》课程,编写《西洋名画家评传》等教材。

李琦默写谢海燕像

院系调整以后,苏州美专大量西洋古典名雕翻制的石膏模型,都集中到华东艺专。谢老在并校之初,主持创作研究室的工作。他鉴于这批石膏模型,是国内绝无仅有的珍贵教学资料,为了充实和丰富素描教师的讲课内容,对每件石膏模型,从希腊、罗马、文艺复兴期迄19世纪这些著名雕刻的人物历史、性格特征、艺术风格和作者介绍,化了大量时间,查阅中外文献资料,旁征博引,编写成一部《古典名雕解说》。这部著作,不仅是素描教学上必要的参考书,而且还具有重大的学术价值。

谢老与倪贻德教授是有深交的。不幸得很,倪先生在十年动乱中被迫害含冤逝世。倪夫人刘苇教授,把倪先生所存油画、水彩、速写遗作,编为《倪贻德画集》,由上海人民美术出版社出版。这本画集的长篇序文,是谢老执笔的。对倪先生的一生经历、美学思想、艺术成就和学术地位,最了解的人,舍谢老莫属。他在写《序》过程中,曾经几次给我信,要我对倪先生的事迹和艺术活动作些回忆,并向我借去所藏倪先生《艺苑交游记》、《画人行

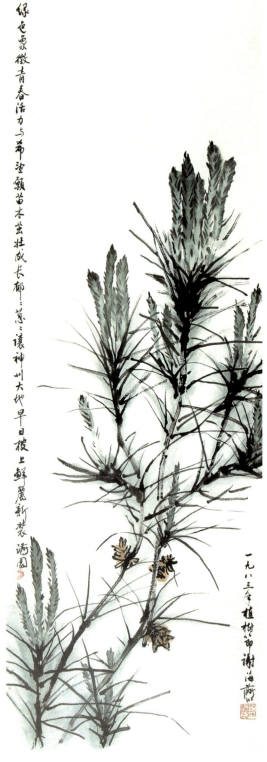

《愿苗木茁壮成长》，1983年

脚》《西画论丛》《现代十大画家》等十多种遗著，作为依据。今年上半年，为了撰写中国老一辈油画家、他的老师陈抱一先生的纪念文章，除他现有存书外，到图书馆寻找早年的《陈抱一画集》而不得，写信来要我提供陈先生已出版的著作，油画作品图录和他人所写评论文目。我虽在上海"孤岛"时期与陈先生有所接触，但不能满足谢老的要求。可是终于找到了一本印有陈先生油画彩色版人像和两三篇论及陈先生艺术专文的书借给了他。他是深知陈抱一先生的为人和艺术的，但还是多方搜集资料，征求意见。这些事例说明，谢老治学是非常严谨的。

谢老原来是学油画的，当我初到美专时，还看他宿舍里放置着油画箱、三脚架、画布框之类。除速写人像和一幅静物外，似乎我不曾看过其它的油画作品，这自然是教务课务的烦、重和他的兴趣逐渐转移到国画研究上来，致使他不能兼及油画创作。

谢老学养渊博，艺术天赋极富，加之长期以来在国内美术界交游甚广，过目很多民族美术遗迹，走遍汉唐故都，越三峡，登黄山，历浙闽两粤，横渡大海，踏上扶桑三岛，心领神会，且艺术造型功力深厚，因而建国以后，在国画创作上硕果累累，已经成为国内有名的国画家之一了。

谢老六十年来，从事艺术教育事业，认真负责，始终不渝，以校为家，先公后私，表现了一个光荣的共产党员应具有的优秀品质和献身精神。工作作风踏实，为人谦虚谨慎，乐于助人。学术成就尤著。我虽然比他年长一岁，但他是我学习的楷模和益友。这是我的肺腑之言。相信，和谢老有长时期交往的朋友与同志，也一定会产生和我相似的感觉与体会的。

本文作者：南京艺术学院教授、原华东艺专美术系副主任。

1984年朱屺瞻夫妇来宁
在谢海燕家中

爱真理　爱学生
—— 祝贺吾师谢爱燕
从事艺术教育六十周年

夏子颐　关　平

谢海燕老师是当代著名艺术教育家之一。我们有幸于40年代受业于老师门下，他的追求真理、爱护学生的精神，至今已过去四十余年，但仍影响着我们一代，为我们所崇敬，是我们的楷模。

1946年开始，上海美术专科学校进步同学为了反对国民党反动派破坏"双十协定"，重新燃起的内战之火，积极参加爱国民主运动，历时三载有余。当时，谢先生身为副校长，总揽全校教学和事务大权。他秉承伟大民主主

与刘老夫妇、韩培信、陈焕友在一起

义教育家蔡元培先生主张的"思想自由,兼收并蓄"的办学指导思想,以他的爱国精神和高深的道德修养,慈祥可亲的学者气度,在我们同学中有着崇高的威望。起初,他担心进步同学罢课上街游行积极参加学生运动会影响学业、出乱子。但是,严峻的现实和日益高涨的民主运动,激发了他的爱国热情和对真理的追求、探索,谢先生终于以满腔热情加入了我们的行列。

在三年的爱国学生运动中,谢先生留给了我们很深的印象。

1947年,学生运动进入高潮,学校内出现反动学生的非法组织,处处向进步同学挑衅和捣乱,谢先生态度十分鲜明,屡屡给予严厉斥责,全然不理睬反动组织的政治背景。同时,他还暗中支持进步同学创办《上海美专学生报》,给进步同学以极大鼓舞。

1948年"六·五"流血事件发生,上海美专进步同学和反动学生的斗争达到高峰,国民党反动派派遣大批全副武装的特务分子和本校反动学生联合包围校园,开始镇压,用铁棍和狼牙棒毒打进步同学数十人,并把七位学生会骨干打成重伤后逮捕入狱,社会舆论为之哗然。当时,谢先生因病在杭州疗养,当他接到进步学生的电报后,星夜赶回上海,参加流亡在校外的地下党主持的秘密会议,共商对策。之后,他又立即请刘海粟校长亲自出面向上海当局提出严正抗议,要求立即释放被捕学生,赔偿损失,严惩肇事凶手。接着,他又串联了刘海粟校长为首的五位本校知名教授,联袂前往提篮桥警察医院探望被捕同学,安慰被捕同学,痛斥反动分子的罪行,表示一定要继续向上海有关当局交涉,争取尽快释放,激励了被捕同学的斗志。在长时的监禁中,谢先生还给被捕同学送来营养品等,给被捕同学极大的安慰。当时,他全不理睬反动当局以高压手段强令学校非法宣布开除被捕同学和流亡在外的进步同学的学籍,于同年十月间,仍然为在狱中的吴树之、卢汉华两同学颁发"蔡孑民奖学金"。

70年代末全家福

谢先生一贯以蔡元培先生为榜样,培养人才,爱护青年,他对有志学艺、成绩优良的同学更是关怀备至。抗战胜利后的三年里由于国民党的反动统治,蒋管区经济处于全面崩溃,货币贬值,人民生活处于水深火热之中,上海美专经济十分拮据,谢先生协同刘校长日夜为此奔波操心。当学生会为贫寒同学发起助学运动时,他总是热心支持和帮助,他给许多同学解除了生活不下去的困难,1947年初吴树之和许敦乐两位同学交不起学费和伙食费,濒临停学之际,谢先生立即伸出了援助之手,请学校的总务处主任黄启元先生介绍到市郊一个小学兼课,使这两位同学摆脱了困境。

全国解放后,美术教育园地迎来了春天,谢先生这位耕耘美术教育数十年的可敬的老园丁,终于光荣地加入了中国共产党。

谢先生追求真理,热心培养新一代的精神,一直鼓舞着我们。"教师应该是道德卓越的优秀人物",我们的谢老师是当之无愧的。他对学生充满感情和爱,而且是"动之以情,晓之以理,以身立教"。他称得上是一位伟大的育才妙手!

"桃李不言,下自成蹊"。谢先生是我国美术教育事业开拓者之一,是一位德高望重的一代师表。值此欣逢老师从事艺术教育六十周年之际,我们谨以这段回忆,聊表对尊敬的老师的祝贺、敬仰、爱戴之情。

本文作者:夏子颐:版画家、国画家、中国美术学院副教授;吴平:版画家、浙江省出版总社副编审、浙江省装帧艺术研究会主任委员

谢海燕夫妇与新加坡美协
主席刘抗夫妇等在一起

海燕老师和国立艺专

张文俊　曹增明

  为了了解国立艺专的校史,1986年冬天,我们在中国第二档案馆翻阅有关存档,发现了两份考生的成绩表册,内容载明应试考生的各科得分和平均分数,考生姓名上有的盖有"取"或"备取"的印戳,个别姓名下面,在备注栏里,写明"考试作弊,取消考试资格"等字样。册末附当时的各科考卷,卷首并以校长潘天寿署名的呈文,是呈送当时教育部审批的。表册虽为草纸,但缮写端正,装订工整,使人一目了然。十数年案卷中,考生成绩表册,唯见此二册。年度是1944年和1945年,是接近抗日战争胜利的两年,恰恰是谢海燕先生担任国立艺专教务长的两年,也恰恰是我们两个先后考进国立艺专的这两年(文俊于1944年,增明于1945年先后考取)。看看表册中有我们的名字,有我们的分数,盖有蓝色"取"字印戳,又名列前茅,不免心动。想想是海燕先生亲手录取的,又觉得光荣。因而对四十年前的往事,神驰不已。从这两件表册上,可以窥见海燕先生为人风范的一斑。严肃认真,一丝不苟。景仰之情,油然而生。细节之谨严来自于大节之端方,而大节之端方来自于理想与抱负。近世的艺术教育家当中,海燕先生是一个楷模。他使我们忧患的母校在短短的两年中恢复了生机。而他在离去之后的四十多年中,还一直关怀着我们母校的成长。

国立艺专的前身是蔡元培先生在1928年创办的,由林风眠先生担任校长的国立艺术院——后改国立杭州艺专。这所学校是蔡先生本着"以艺术代宗教"伟大理想的具体体现,十年辛勤,成绩斐然。1937年日寇侵凌,林先生率领教职员三十余人,学生百余人,渡钱塘江初迁诸暨,再迁江西贵溪。1938年初并国立北平艺专师生四十余人于湖南沅陵,始改名国立艺术专科学校,简称国立艺专。合并之后,在教育部次长张道藩的指使下,风潮迭起。风眠先生痛"十年基础,毁于一旦",乃愤而去职。其后,滕固接任校长,长沙大火,而迁昆明,太平洋战争爆发,又内迁四川璧山。吕凤子先生接任,甫一载即辞职。陈之佛先生继任,迁于重庆沙坪坝对岸之磐溪,再一年,陈先生心力更疲,反复恳辞,教育部乃聘请潘天寿先生为校长,未到任前由李超士先生代理校长,时间是1944年初。此时国立艺专因搬迁无已,风潮不断,元气大伤。

海燕先生当时和潘天寿先生还在浙南山区的国立英士大学任教。潘先生受聘之始即商请谢先生出任教务长。他俩对这所有光荣历史又灾难深重的艺术学府是深为了解而又深深热爱的。潘先生受命之时是又忧又喜。忧的是国立艺专屡受摧残,历届校长均为窘迫无奈离任;喜的是抗战胜利在望,且有教学经验丰富的谢先生担任教务长,可以倚重。而且学校迁磐溪后,环境幽静,当时的重庆是陪都,罗聘教师较为方便。

海燕先生当时认为要恢复蔡孑民先生倡建这所学校的基础,必须本着兼容并蓄的办学方针,有针对性地抓好两件事:一是不遗余力地罗聘人才,形成一个坚强的高质量的教师阵容;二是狠抓学风。

原来国立艺专合并之前,师资力量是雄厚的,杭州、北平二校均汇集了南北国内著名艺术家,除了林风眠担任过两校校长外,北平艺专有常书鸿、李有行、王临乙、庞薰琹、王曼硕等,杭州艺专有林文铮、吴大羽、潘天寿、李

《山鹫图》,
1984 年

超士、雷圭元、刘开渠等,还有为数不少的外籍教授。抗战以后,外籍教授离去。合并之后,动荡不定,条件越来越艰苦,又有许多人纷纷离去,师资队伍不稳定,教学质量受到严重影响。所以在潘校长和他受命之后的第一件事,就是立即打电报敦请教育部就近聘请林风眠先生返校任教,以满足众望,安定人心。同时约请倪贻德、吴茀之两教授一同赴任。

1944年4月,潘、谢二人从浙江云和小顺出发,一路走走停停,经衡阳到桂林、柳州、贵阳,除了因道途交通阻隔和应邀讲学外,都是为了洽聘教员。跋涉八千里,历时两个月,风尘仆仆,于6月底抵达重庆南岸海棠溪。他们没有先去青木关教育部报到,而于第二天便乘了滑竿直奔弹子石专访林风眠先生,恳请风眠先生出山。风眠先生赋闲六载,此时已完全失业,每周上城买一次菜,孤独地过着清贫的生活,日夜潜心绘事,"与世无争"了。潘、谢动之以中国艺术前途,均遭婉言谢绝。但二人硬是不走,劝了两天,直等到风眠先生答允应聘,二人方始去教育部报到。接着他们二人又到重庆附近北碚等地奔走延聘教师。这年秋季开学,国立艺专便集聚了包括各种流派的教师阵容如次:

林风眠、潘天寿、谢海燕、李超士、倪贻德、吴良、方干民、吕霞光、丁衍镛、胡善余、赵无极、赵人麟、吴茀之、李可染、潘韵、高冠华、汪勗予、李长白、王临乙、程曼叔、曾竹韶、雷圭元、程尚仁、王道平、柴扉、邓白、袁迈、李朴园、高鸿缙、史岩、李长之、文金扬、张宗禹诸位先生。真是人才济济,极一时之盛。

上课以后,教学秩序渐入正轨,人心大定。海燕先生本着蔡元培先生"学术公开,思想自由,文学与美术上现实派与理想派兼容并蓄"的方针,对来自四面八方风格各异的教师,一视同仁,因此出现了百花争艳的局面。同时谢先生又采取上海美专的办法,实行"画室制"。即学生学完专业基础课后在本制(三年)二年级、新制(五年)三年级起,学生可任选一位教师做导师。当时西洋画系开设的画室有四个,即林风眠、李超士、方干民、吕霞光。画室制有利于不同流派在竞争中发展和促进,这在中国美术教育史上是一件大事。

海燕先生抓学风的改进是从抓新生入学考试抓起的。当时因为时局动荡,学校流动,学生来自全国各地,多数是经过流亡生活的,痛苦很深,有的不免行为放纵,

谢海燕像

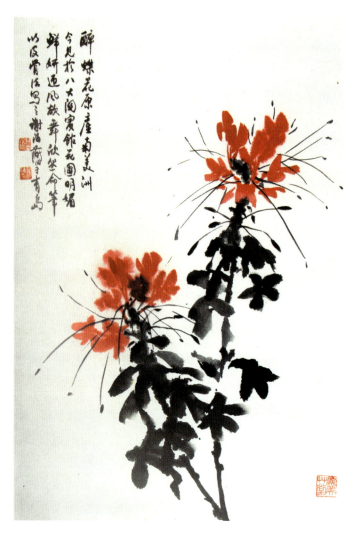

《醉蝶花》，1984 年

因此校纪比较松弛。当时考试舞弊风颇盛，有所谓"护航队"者，两个"枪手"和考生一起报名，一在前，一在后，这样，便总有一个"枪手"和考生同席，考时互调试卷，以谋幸取。海燕先生献身艺术教育事业是以"选拔良才，培育英才"为己任的。他认为，学艺术，首选要人品好。考场作弊，人格上有亏损，这种人不能要。因此，他主持考政，总是亲自监考，严格把关，一旦发现有作弊情事，便立即取消该作弊者的考试资格，决不姑宽。1945 年 8 月的招考，他一如既往亲自监考，在各考场巡视。当时有个考生在"护航"者的帮助下作弊，被监考人员发现，便立即逐出会场。那天正是 8 月 10 日，三天考试的最后一天，到了晚上，传来了日本投降的消息，在校师生欣喜若狂，点起火把，放起爆竹，敲着面盆，在操场上欢呼跳跃。这时有个老同学来到海燕先生面前，说，"今天大家都很高兴，可是有个人不高兴。"谢先生忙问是谁。他说,"就是那个今天被撵出考场的考生,他现在还在寝室里哭呢,他很后悔。谢先生是否可以援国家大庆典时宣布大赦令的先例,饶恕他这一次,让他重新补考吧。"谢先生沉思了一会儿,说,"不行。你的同情心我能理解。但我为整救学风,岂可出尔反尔,那个考生虽然画得不错,但既然作弊,应当受到应有教训。你还是去劝慰他,叫他向前看。"事后,谢先生为这件事耿耿于怀,常向老同学问起,"你们知道那个考生现在在哪里吗?也许他经过那次挫折,接受教训,从此发愤长进,因而有了成就也说不定"。事隔四十多年了,当时的情景,我们都还记忆犹新。

谢先生温文尔雅,雍容持重,对学生循循善诱,看见他使我们觉得如坐春风。但他绝不容忍为非作歹、败坏校风的事。那时学校经历九次搬迁,杭州艺专图书馆抢运出来的书籍画册已经损失很多,限于经费,新购图书极少,而且有钱也买不到,而这些弥足珍贵的图书,仍不时有被撕窃发生,弄得许多画册支离破碎,残缺不全,令人痛心。谢先生为此在大会上反复强调,要求爱护图书公物。一次,根据同学揭发,在一个行为不端学生的铺盖底下搜出了一百多张被撕下来的画页和开天窗割下来的插图,只好把这个学生开除了。这在当时也是不小的震动。

有了雄厚的师资阵容,有了日益端正的学风,我们的多灾多难的母校在迁到磐溪的后两年,出现了中兴气象。这种局面当然是和海燕先生襄助潘校长辛勤擘划分不开的。当时课堂教学步入正轨,课外活动也十分活跃,学术思想比较自由,学生自发成立的各种艺术群体恢复和成立起来,如木刻研究会、西画研究会、国画研究会、艺专剧社以及《嘉陵江》《漫话漫画》《雨蕾》等壁报也纷纷成立。艺专剧社演出话剧《雷雨》《日出》等,平剧社演出了京剧,李可染先生拉胡琴,关良、柴扉等先生和同学粉墨登场。学校还组织师生作品到重庆市内举办美展。我们考进艺专来到这么生机勃勃的学校,当然感到十分欣喜,十分幸福,因为那时我们饱受战争流亡之苦,身无分文,而又要学艺术,进了这样的学校,又吃上公费(当时叫"贷金"),又有久负盛名的师长教我们,哪能不高兴呢?

但是抗战虽是胜利了,内战的危机存在着,面对着国家的前途,每个人都要选择。国内的阶级矛盾,当然要反映到学校内部来。进步与反动的斗争自1945年以后,同学之间的对立,逐渐明朗化了。1946年1月政协会议召

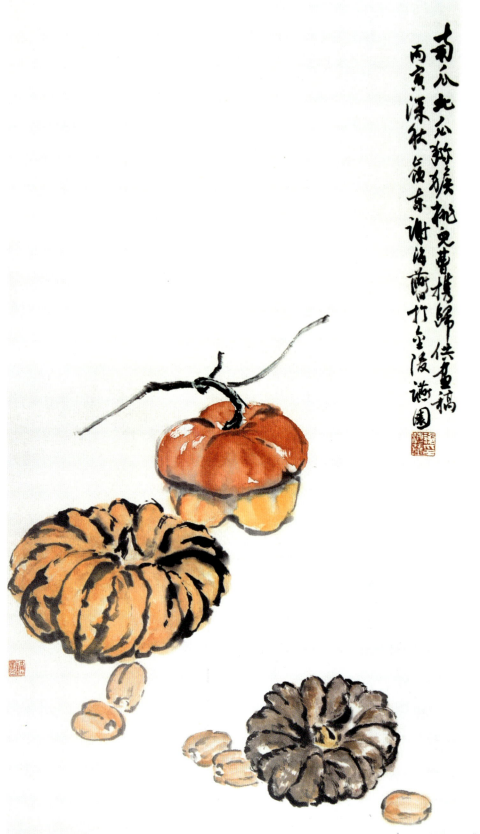

《南瓜北瓜》，
1986年

开期间,重庆大中学生开始了要求停止内战,实现国家民主化的请愿示威的"一·二五"大游行。艺专七十多名学生冲破反动封锁,参加了这次游行。游行前夕,游行同学的代表去找过倪贻德、李可染先生、潘校长和已经辞职等候飞机离渝的谢海燕先生,把我们组织参加爱国民主大游行的行动告诉他们,请求他们理解我们,支持我们。海燕先生和潘校长、倪贻德、李可染等老师都是爱国的有正义感的艺术家,他们是能明辨是非的,对我们的行动是同情的,但不便和同学一起参加游行,我们是理解的。我们的游行队伍出发之前,天还未亮,潘校长对我们讲话,说,"你们去,我不反对。但是你们要当心,不要冲在最前面。多少人出去要多少人回来,不许受伤,不许丢掉一个"。完全是一个长者或者父母的声气,至今我们仍然记得。海燕先生当时对我们的关怀心情也是一样的。这一天,我们见到了周恩来同志,并听到他代表党和同学一起反对内战争取民主的热情激昂的讲话,群情激动。深夜我们回来了,没丢一个,没伤一个。1946年2月10日发生了轰动国内外的重庆"校场口事件"之后,一部分"职业学生"秉承反动当局的旨意,在当时窃据总务主任职位的人直接指挥下,对进步同学开始有计划的迫害。海燕先生对此十分不满。谢先生凭他冷静的观察,平时的了解,认为参加进步活动的同学,都是品学兼优,对师长尊敬有礼的学生,而那些"职业学生"则飞扬跋扈,目无校纪,谢先生是很看不惯的,并对反动学生破坏校纪,加以训斥。谢先生初到重庆时,曾和潘校长一同到中苏友好协会参观过延安生活展览,对中国共产党领导下的抗日根据地有了感性认识,从此心向往之。他是一位有正义感的爱国的艺术教育家,他能分辨是非,因而后来当张道藩搞什么"反签名运动"的时候,他和潘天寿先生都拒绝签名。他的这些明辨是非的正义的行动,以及他平时同情支持进步同学、以校为家和学生密切联系、平易近人、和蔼可亲的态度,深受同学们的爱戴。

但是胜利后不久,海燕先生便提出辞职。因为抗战以前,他一直是上海美专的教务长,抗战爆发后,刘海粟先生远去南洋,由他代理校长在上海苦撑,太平洋战争开始,租界为日寇占领,他带领部分师生参加东南联大。抗战胜利他认为有责任重整上海美专,因此他要求复员上海。他当然舍不得国立艺专,潘校长和许多老师以及广大同学也都舍不得他离开。但他的主意已定,大家也无

与夫人及次子谢燕申合影

法挽留了。1946年元旦,学生自治会组织了文艺晚会,横幅上写着"庆祝元旦暨欢送海燕先生东归游艺大会",演出了话剧《日出》、京剧和其它精彩节目。师生们纷纷题诗送画,为他壮行。

海燕先生收拾行装准备动身了,住在重庆中国旅行社招待所等了一个月飞机仍然没有希望,轮船也等不着。后来只好改乘汽车到宝鸡转陇海路乘火车到陕州,火车不通了,骑马三天到洛阳,才又乘上火车回到上海,然后到杭州,会晤姜丹书先生,了解孤山校舍和校具的接收情况。住在潘先生家。长途劳顿,满身都是虱子,潘师母将他的衣服换下来放在锅里煮,结果把两件羊毛衫都煮坏了。

海燕先生和潘天寿先生之间有很深的友谊,临别时相约,国立艺专复员杭州后,每周潘先生到上海上一次课,谢先生每周来杭州上一次课。这样二人就可以同时兼顾两校了。因此,谢先生后来在杭州又教了一段时间美术史的课。

谢先生于1944年任国立艺专教务长年仅34岁,至1946年东归后才与张嘉言先生完婚,张嘉言老师在国立艺专图书馆工作,那时他们家住在西湖蒋庄。谢先生虽不做我们的教务长了,但和艺专还是保持着密切的联系。

1947年随着局势的变化,潘天寿先生被迫辞去了校长职务,继谢先生任教务长的吴茀之先生也提出辞职,专做教授了。在此动荡之际,进步同学曾提出请林风眠先生任校长,当时教育部对任命什么人为校长曾大费周章。开头是请陈树人先生来的。陈树人先生是岭南画派的创始人之一,原任侨务委员会委员长,为人正直,热心艺术教育。陈树人先生在岭南派画家、前上海美专教授容大块先生的陪同下到上海邀请谢海燕先生担任教务长,态度很诚恳。谢先生也很感动。但因当时谢先生刚在病后,便婉言谢绝。陈树人先生说,"我也老了,官也做够了,何必再当什么校长呢?"终未受命。之后教育部又请刚从美国回来的著名花鸟画画家张书旂先生担任校长,张书旂先生也来找谢先生担任教务长,也为谢先生谢绝了,并推荐孙福熙先生以自代,但都未实现。最后教育部任命汪日章先生为校长,雕塑家柳亚藩先生担任教务长。这时国内解放战争节节胜利,学生运动日益高涨,反动政府作垂死挣扎,进一步迫害进步力量。1948年夏,汪日章校长接受教育部指令,解聘进步教授倪贻德和蔡仪两先生,又开除金尚义等三位同学,激起了师生的反对,学校陷入

《学稼喜收成》,
1988年

《菜篮子》，1989年

动荡不安的局面。柳亚藩先生感到很为难。当时海燕先生正在蒋庄养病。汪日章先生亲自带着聘书曾先后四次到蒋庄请谢先生担任教务长，均为谢先生拒绝了。在杭州汪庄开办西湖艺术研究所的倪贻德和刘苇先生夫妇也曾劝说海燕先生就任，说"有你在艺专总比你不在艺专好"。海燕先生说，"你被开除了，我去了也难保不被开除"，终于没有接任。1949年5月3日，海燕先生和国立艺专的师生同时在杭州迎接解放。

解放以后近四十年海燕先生依然关心着我们母校的成长。解放后不久国立艺专改称中央美术学院华东分院，后易名浙江美术学院。今年是它的建校六十周年校庆，海燕先生被聘为校庆筹委会顾问。他将珍藏四十余年的一幅《磐溪艺苑图》赠给我们的母校作为献礼，以表示他对这所学校的热爱和祝愿。

这幅画装在一个锦袋里，外面还套着塑料袋。海燕先生保存的大量名迹书画，均在"文革"被一掠而空。唯此件及当时辞别艺专时许多老师所作的惜别书画册页巍然独存。这是一幅立轴山水，潘韵先生手迹，画的是我们母校在磐溪黑院墙的校舍全景，远景是逶迤的龙脊山；山麓丛树中的中景是果家园和苏家院子，简陋的草棚教室、瓦顶教室、教授宿舍的"艺邨"以及"邱胡子"饭店；近景是岩坡上两座立柱的校门，立柱上有潘天寿校长书写"国立艺专"四字，再往下便是汉渝公路了。画面潘韵先生的款识：

"《磐溪艺苑图》海燕先生尊兄存念。并希正之。
此写国立艺专所在景也。嘉陵江畔，龙脊山麓，极富山林之趣，诚研求艺事之乐园耳。
三十四年九月同客蜀中。
长兴潘韵并记（印）"

画面上极为难得的还有海燕先生请前后几任校长和代理校长的题辞和签名：
林风眠先生的遒劲洒脱的笔迹写着：

"林风眠
一九四六年一月（印）"

吕凤子先生以"凤体"书曰：

"之佛尝称道磐溪景色。览图果幽绝也。
凤先生题(印)"

陈之佛先生题曰：

"三十一年秋余忝长艺专,谋迁于磐溪之果家园。此地背山面水,林木蓊郁,景色清幽,足谢尘鞅,亦堪谓研求艺事之胜地。然以余愚,不二年而辞别,无所建树,诚愧对此佳山水矣。噫！
海燕先生属题　　　　　雪翁(印)"

李超士先生题曰：

"天然佳趣。亦堪令人留恋也。
李骧题(印)"

潘天寿先生题曰：

"艺园(二字篆书)
杭州艺专、北平艺专抗战之第二年合并于湘西沅陵,成立国立艺专。至冬迁滇中昆明。二十八年冬迁滇南呈贡县安江村。二十九年冬,迁东川璧山。三十年春,迁青木关松林岗。三十一年春,迁磐溪龙脊山麓果家园。龙脊山位于嘉陵江北岸,对江东南十余里即渝州。虽山乡僻壤,然峦壑优美,林木萧森,至为幽静。在特殊时期中,尚堪艺学研究之基地也。
乙酉芙蓉开候　　寿题记(印)"

海燕先生告诉我们,可惜的是当时滕固先生已故世,未能请他题辞。不然,就十分完美了。
海燕先生题的是：

"美哉磐溪,艺教基地。
桃李竞放,笑迎胜利。
谢海燕(印)"

这幅画不仅图写了我们母校在抗日战争中一个校址的景色,足供后人怀念不置,先贤们的题辞更足发人深

《种瓜喜得瓜》，1989年

思。当海燕先生前年决定将这件珍藏赠给我们母校的消息传出的时候，广大校友无不为之感动不已！写道此我们的心情是很不平静的，下面几句话，就是我们心情的流露：治图与题辞者，均吾辈师长，惜多已作古；存图者，海燕师也。艺苑之情深，亦海燕师也。忆前辈创业之艰辛，后来者何以继之，图也，情也，弥可珍耳。

在这里应当提一提海燕师的另一面，他在国立艺专任教务长期间，同时担任西洋美术史的教学，在工作教学之暇还从事创作。他画的巨幅《苍松》曾参加重庆美展。他的花鸟画清韵典雅、意趣隽永，富有生活气息。这与他笔墨功力之深分不开,也与他重视生活实践有关。1980年8月他应安徽省之邀陪同刘海粟老人到黄山写生。有一天吃过早饭他持手杖带着速写本沿桃花溪登山写生,至中午不见回宾馆,接待人员担心古稀之年的谢老的安全,派人到处寻找。他老人家至下午三四点钟才返回住处。我们理解谢老平时工作忙很少有时间外出写生,这次游黄山是一个难得的机会,非常珍惜。他画了一些速写,画得很认真。他重视自己的感受和景物的造型,他说在探索花卉与山水画的结合,创造一种新的艺术境界。他还很谦虚地征求当时在场的文俊的意见。

谢海燕教授与外孙女师悦在一起

谢老对工作、教学、创作,善于作合理的安排。他是艺术教育家、美术史论家、画家。在国立艺专时,由于工作忙很少动笔作画,以后的几十年他的创作也是在业余进行的。一旦有机会写生或创作,他不失时机,抓得很紧,如1980年那次到黄山,1982年回广东,1984年去青岛,除应酬之作外,他非常刻苦、勤奋,对大自然观察、体验。就是作小幅画也严肃认真、反复推敲。文俊当年在国立艺专没有学到的,那年在黄山谢老又给补上了一次写生课。

谢老的人品画品,不仅在四十多年前我们在校读书时,受到启迪。到了晚年,我们在他身边工作或登门请教,和当年一样继续受到教诲。

本文作者:张文俊,南京艺术学院教授,原美术系副主任;曹增明,南京部队画家。

我的艺术母亲谢海燕老师

张怀江

谢海燕教授,是我深受其恩的艺术母亲。

今天,当我由衷祝贺谢师从事艺术教育和美术创作活动六十周年之际,不禁回忆起四十多年前,谢师在上海美专内迁办学的艰苦岁月,在抗日和民主斗争的巨大洪流中,曾怀抱着我们去探求艺术和砥砺刻刀的种种情景。

那是1943年暮春,当我作为新生,负笈来到福建建阳东南联大艺术专修科报到时,第一位迎我迈向求艺之途的,就是当时艺专科主任谢海燕教授。那时谢师三十年华,风度潇洒、和蔼可亲地握着我这个穷小子的瘦手说:欢迎你来报到!只是这里条件很差。但能好好学习,定会学有所得;学画是不能怕苦的啊!想不到谢师当年对我寥寥数语的入学之教,却成为我此后坎坷求艺生涯中的一个奋斗信念:苦中图进!

是的,当时的学艺条件是很艰苦的。太平洋战争爆发后不久,素负盛名的上海美专,在代理校长谢海燕教授率领下,经过艰辛跋涉,内迁到闽北建阳,并为东南联大的艺专科。而建阳则是个战事纷乱、病疫流行的敌后山城。艺专科所能提供的教学条件,除有幸深得谢海燕、倪贻德、潘天寿、俞剑华等四位著名教授的悉心教导外,教室却是设在一个神农庙里,并只有一间由旧戏台改装的三面采光、四壁漏风的素描教室。没有石膏像,就画庙里泥菩萨,或由同学轮流做模特儿。再就是由倪贻德老师带我们外出画速写:画农民、铁匠、木工、猎户;也画茶馆、市集、马棚、猪舍。这时,谢师就常出现在我们身旁,鼓励我们要多画速写,说这是接触社会、了解民情,进行创作所必需的;并举米勒等的名画为例,对着几位爱搞木刻的同学说:你们更应多画点速写。当时谢、倪二师重视速写和速写教学,固与学习条件有关,但更根本的,是由于他们都具有强烈的爱国主义思想和开拓精神,深知艺专科是办在抗战的时代峰尖上,必须紧随时代而设计其教学

《幽谷双清》,1989年

结构:既重造型基础和理论基础的教学,又重创作基础和生活基础的教学,以求新兴艺术的成长。重视速写教学,正是让艺术走向时代、生活,让课堂教学和创作实践相结合的重要手段。同时,针对当时学生中有不少是爱搞木刻的,谢、倪二师就因势利导,成立了木刻班,让新兴木刻的观念和实践,灌注在艺专科的教学脉流中!我当时所刻的《放牧》,就是根据一幅课内速写加工而成,也是谢、倪二师扶植新兴版画的一点木迹。回顾自己一生偏爱木刻,未忘速写对于创作的重要作用,以及由此而初露我的求艺路子而走向未来,乃源于这一短暂的、艰苦的、处在

《木瓜树下》，1990年

时代激流中的建阳学习时期。

　　然而1943年秋,东南联大被迫停办了。上海美专师生也被迫迁至浙江云和县小顺镇,成为国立英士大学的艺专科。作为科主任的谢师,这时又是一番辛劳。只见他白天到处奔波,夜晚则在他昏暗楼房里挑灯筹措。他添聘了几位新老师,迎来了上海美专陆续内迁的教授,又迎来一批主要来自浙籍的新同学,扩大了办学规模,稳定了教学秩序。教学条件仍是十分艰苦的。教室设在离学生宿舍较远的一排傍山临江的平房里。逢风雪冰冻日子,谢师就在他的寝室里给我们讲课。他以温雅的语调传授其博学高见,使我们学不稍怠。谢师还经常深入学生宿舍,关心学生思想和生活,帮助经济困难的学生;耐心教育个别因失恋或其他缘故而影响学习的学生;对有位地下党员行动异常时,曾要我间接提醒他,以免遭到不测等等。谢师如斯亲如慈母的为师之道,不仅在当年深受所有学生的无限崇敬和爱戴;而且随着岁月的消失,如今都已年逾花甲的旧时同窗,每当相遇忆旧时,仍是念念不忘谢师当年慈祥的抚育之恩!而我,则在此后的执教生涯中,每每以谢师为学习楷模,力求当好一名人民教师。

　　尤使我难忘的:是谢师当时对我学习木刻的勉励和支持。我是抗战初期初涉木刻,并经建阳时期的木刻活动,到该年秋,我又在云和县城旧书摊买到一本《凯绥·珂勒惠支版画选集》,使我第一次瞻仰版画的艺术高峰,从而立志搞木刻后,就仿效珂氏的道路和刻风,凭着夜晚的微弱灯光,愿以刻刀去表现民族的、阶级的斗争现实。加上我经济拮据,还常为一些报刊刻些报楣题花,靠点稿费维生。谢师常是肯定我的刻作内容;认为木刻是进步艺术,有其特殊的宣传教育作用和艺术价值的。并说上海美专的传统精神就是敢于接受和发扬美术的新思潮!同时也很同情我的经济情况,说课余搞点稿费是可取的,但千万要注意身体等。我一生对黑白木刻的抉择是在英大学习时期。而这与谢师以新的思想激励我握紧刻刀是分不开的。

　　然而料想不到上海美专以英大艺专科名义,在这个山城穷乡办学还不到一年时间,在1944年初夏,谢师突然决定随同潘天寿教授赴重庆国立艺专出任教务长,推荐陈士文教授代理科主任。我们为学生的深知他此行的重要性;国立艺专是抗战时期唯一的美术专业学府,学校亟需潘天寿老教授去接办,而潘师则亟需谢师去协助,答

谢海燕与孙女谢欣在一起

应一年以后回来,我们只能含泪惜别。记得谢、潘二师那天离小顺去云和时,艺专科的全体师生,浩浩荡荡步行公路几十里,亲送二师进县城,并沿途高唱着当时曾由谢师为导师,以法学院的学生为主的绘画研究会和音乐研究会专门为谢师谱写的送别歌曲。千里送师去,一片感恩情,山花含泪,歌声伴着飞尘在飞扬!如斯挥泪惜别的情景,正是集中地体现了谢师在抗战的艰苦岁月中,为延续和发展艺术教育事业而付尽心血的感人事迹,是深得师生赞颂而永铭心田的!谢师含泪走了,带着师生们的真挚感情走了,也带着艺专科的学生送给他的一本由施文起同学设计封面、由女同学精心刺绣的、贴有各人照片、写有各人祝愿的纪念册走了!谢师后来写信告诉我:"这是多么可贵、多么令人感念不忘啊!可惜那首为我送行的歌曲(油印)和纪念册却在战乱中丢失了。但同学们的情意给我在艺术教育道路上以极大的鼓舞和无穷的力量!"谢师深念旧时情,不忘昔日景,乃是他一生以美术育人为己任的老园丁精神的必然流露;也是他对抗战烽烟和政治逆流中一批为他所悉心培育过的莘莘学子的无限怀念!

谢师赴渝后的1944年秋,又因日寇南侵,艺专科迁至浙江泰顺县的里光村续办了一年,并在那里迎来了抗战的胜利！艺专科师生由陈士文教授率领复员上海美专。胜利后的我，却因家贫而辍学一年，回乡去当中学教师了。在家乡，我怀念着谢师，向往着上海的学艺条件。当我欣悉谢师已回上海，即函请谢师能同意我赴沪复学。他来信不仅同意我的请求，还说将来如有机会，还可设法让我出国深造等。当时我是多么感激谢师，又是怀着多大的艺术憧憬，于1946年初秋回到母校的怀抱，去读完最后一个学期。

我回母校的当天，就去办公室拜候谢师。他仍是慈祥和至诚地勉我勤学。并说：由于艺专科时期学习条件不足，毕业后如欲继续学习，也可以研究生名义再留校学些日子，为争取出国留学做些准备。谢师对我的艺术前途如此关怀备至，我能不尊他为我的艺术母亲而永志难忘吗？

然而当时上海美专是站在争民主、反内战的学运前列的，我投入这场斗争了：参加游行、集会；赶制漫画、木刻……。这多少影响我的课堂学习。虽然当年冬我就毕业了，但幸蒙谢师同意我以研究生名义留住校内，又托教务长宋寿昌老师为我介绍到永嘉路中国中小学任美术教师，以解决我的生活问题。然而这样的日子太短暂了。1947年5月，当我得知自己已被列入当局的黑名单时，在浙南党驻沪同志的安排下，潜离上海回乡。当时限于形势，我愧未向谢师告别，向任课学校告辞，也未出国深造，只是带着几把刻刀，到浙南打游击去了！从此，一别谢师四十年。

四十年来，我因自愧艺不成器，路途坎坷，总感有负谢师而未敢干扰于他。然而谢师每来杭州，却常亲临我家，仍以一腔慈怀，对我关注弥笃，而不嫌我之不肖。我深知，我虽不肖，但谢师总以为我"是东南联大、英大、上海美专的老同学。我们共同学习，共同战斗，同我经历了学校三个历程的艰苦岁月，所以感情特别深厚"（摘谢师信），而仍爱我如子，亲同当初！对此，我是既羞惭又感恩，更加热爱着我的这位艺术母亲，更加崇敬着这位皓首慈颜而又艺骨铮铮的共产主义战士及其一生！

然而谢师对其一生成就，却是虚怀若谷。他以八十高龄在病榻上亲笔给我写信道："我一生庸庸碌碌，无若何成就。然而当我看到同学每一个进步和走上工作岗位后的每一个成就，都看成是自己的成就，并引以为慰。"这是谦语，又是实话。谢师作为现代美术教育的开拓者之

与夫人张嘉言在一起

《菇香菜鲜》,1990年

一，一生栽培了大批画坛高手和国家栋梁之材。当他年迈而遍视四海的芬芳桃李时，这能不使他慈颜慰然？这能不是他最大的成就？这能不是他对祖国的最大贡献？这怎么能说是"庸庸碌碌"的一生呢？更何况谢师在国画创作、美术史论上融会中西的高深造诣和灼见卓识，同样是别有建树，广获高度评价的。因此，谢师正是以其现代美术思想育人，以兼蓄古今创新，以深厚学识立论而成为我国当代著名的美术教育家、美术史论家和国画家的。

回顾我一生的学生生涯中，能有机会得坐春风于谢师，乃是我的一大幸运；然而我在艺途上几十年，却无能报师恩于万一时，惟翘首北望，撰此一文，聊志吾师的抚育之恩和爱生之情，聊表我对吾师从事美术教育和美术创作活动六十年的虔诚祝贺，祝贺吾师慈颜不老，艺事长青！

本文作者：中国美术学院教授、原教务处长。

高洁的人格　伟大的贡献

周积寅

谢海燕教授(1910—2001),我国著名的国画家、美术史论家、现代艺术教育的开拓者之一。

先生原名益先,曾用名海砚,因读高尔基名诗《海燕》,渴望自己成为呼唤暴风雨的强者,便以"海燕"为笔名,后以笔名行。广东揭阳榕城人。6岁入学,9岁开始从师学习中国画,曾临《芥子园画谱》。1926年就读于汕头轶士美术学校西洋画科,半年后即留校任教。1928年考入上海中华艺术大学西洋画课,受教于陈抱一、陈望道教授。1930年留学日本,在东京帝国美术学校(今武藏野美术大学),研习绘画和美术史,课余为上海报刊撰写美术评论。1931年任上海汉文正楷印书局编辑部主任,编译《西洋名画鉴赏》一书。1934年任《国画月刊》主编,开始中国画理论鉴赏的研究,兼任上海美专西洋美术史教授。1935年应聘任上海美专教授兼教务主任。1939年,因刘海粟校长赴东南亚巡回举行筹赈画展,支援抗战,出任代理校长。1941年至1943年,太平洋战争爆发,率师生内迁闽北建阳,参加东南联合大学,任东南联大及暨南大学、英士大学教授兼艺术专修科主任。1944年同潘天寿到重庆,出任国立艺专教授兼教务主任。抗战胜利后,复任上海美专副校长。1952年,全国高等学校院系调整,任华东艺专教授、创作研究室主任和美术系主任。1958年华东艺专由无锡迁来南京,改为南京艺专,第二年改建为南京艺术学院,仍任美术系主任。1958年起,任历届江苏省人民代表。1959年加入中国共产党。1960年出席江苏省第二次文代会;同时中国美术家协会江苏分会成立,傅抱石被选为主席,谢海燕与陈之佛、钱松嵒、吕斯百、亚明被选为副主席;斯年,出席第二次全国文代会,同时出席美代会,被选为中国美术家协会理事。1966年,"文革"开始,遭受批斗,被抄家,关进"牛棚"。1969年被解除"管制",开始恢复工作。1979年任南京艺术学院副院

与刘老夫妇在一起

《残荷》,1990年

长仍兼美术系主任、中国工艺美术学会常务理事、江苏省工艺美术学会名誉理事长。1981年任南京艺术学院学位评定委员会主任。

海燕先生在担任中国美术家协会江苏分会副主席期间,极力关心江苏美术和工艺美术事业的繁荣发展,做了大量的工作;1961年1月,他与吕斯百教授等代表的美协江苏分会到北京,在北海公园举行"江苏油画展",所作油画作品《金鱼》参加展出,并就油画民族化问题在座谈会上进行了交流;1964年,他出席美协江苏分会创作会议,做了《立足江苏面向全国放眼世界》的重要发言,主张保持江苏山水花鸟画的优势,大力推动人物画的发展;1980年,在江苏省第四次文代会上,做了《放眼四化,发展美术创作》的专题发言。在他主持下的南艺美术系的教师,不仅积极参加美协江苏分会组织的各种美术创作展览活动,而且积极参加各种学术活动。特别是在50年代末,60年代前半期,对历史画问题、文人画问题、花鸟画

《秋绕篱边似陶家》,1990 年

问题、扬州八怪问题、吴门四家问题、中国画传统继承与革新以及时代精神问题展开了热烈的学术争鸣。陈之佛、俞剑华、刘汝醴、罗尗子、林树中等专家学者成为了这一系列学术活动中的主要力量。

从上海美专到华东艺专到南京艺术学院,在艺术教育这块园地,谢海燕先生数十年如一日,披荆斩棘,历尽艰辛,努力耕耘,用全部的心血和汗水为培养艺术人才作出了不可磨灭的贡献。

在上海美专任教务长和副校长期间,他全力辅佐校政,成为刘海粟校长的左右手,为美专的中兴,放手进行一系列的教学改革。首先提出了著名的"智美健群"的教育纲领。"智"者,即向学生传授知识、技能,提高认识能力的教育;"美"者,即培养学生美的心灵;"健"者,要求学生要有健全的身心,强健的体魄;"群"者,即敬业乐群之意,使学生做到热爱共同事业、热爱本职、热爱祖国、热爱群众,不计较个人得失,建立为人民服务的道德品质。这和我们今天的教育方针应在德、智、体、美四方面全面发展的精神是完全相符合的,可见当年先生的教育思想的先进性和正确性。在华东艺专、南京艺术学院任系主任和副院长期间,根据中央的教育方针、培养目标、专业特点和南艺实际情况,确定了办学方针向实用美术发展,美术系增设装潢设计、染织美术和戏剧美术三个专业。亲自组织制定教学方案,组织各门课的教学及编写美术史论和技法教材。70 年代末 80 年代初,又为学院申请建立硕士、博士学位点授予权,日夜操劳,批准后,亲自参加招生,组织制定研究生培养方案和教学计划。50 年代教授评级,二级、三级,他主动放弃了,其后,几次调工资,他又主动地放弃了,皆让给了那些教学科研有突出贡献的老师,表现了一种毫无自私自利之心的无我精神。他爱校如家,爱生如子,对学生不仅传授知识,而且教给学生做学问的方法和做人的道理。1948 年,内战期间,上海美专学生在爱国民主运动中以艺术为武器,积极参加各大学反内战反迫害的斗争,遭到反动势力的武装袭击,造成"六·五"血案,有 7 名学生干部和进步学生被毒打逮捕,先生心如刀割,经过与刘校长协力营救,在地下党组织发动进步舆论和民主人士的抗议下,获释出狱,投军参加解放战争。他看到学生的进步,及时表扬,倍加鼓励;发现其不足,则循循善诱,说服教育。他始终真诚地关心和爱护着每个学生,经常深入教室、宿舍和师生下乡

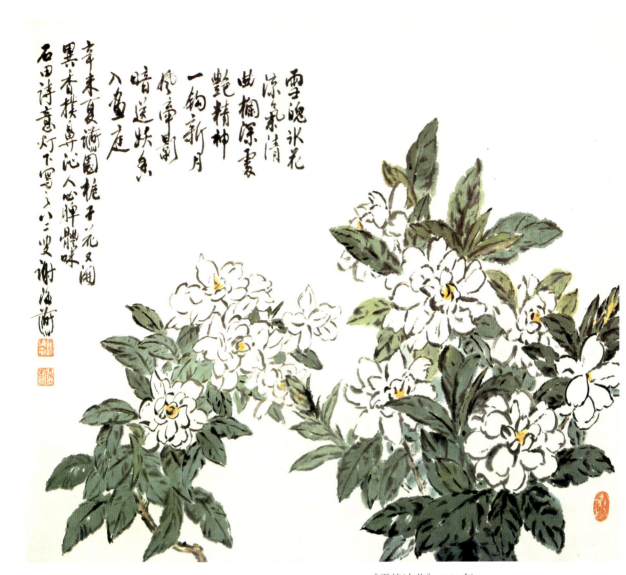

《雪魄冰花》，1991年

下厂实习地，看画听课，嘘寒问暖。对家境清寒而又好学的学生，更是关心备至，常从经济上予以资助，使之安心学习。1988年，南艺学报《艺苑》美术版第三期发表《谢海燕教授从事艺术教育60周年专辑》，有同事及弟子撰写的纪念文章13篇及题词5幅，称先生是"不倦的园丁"、"艺术教育的楷模"、"一盏明灯"、"爱真理，爱学生"、"只知培溉不求名"、"高山可仰，清芬可挹"、"情满艺苑，桃李芳菲"，给予了极高的评价。

长期以来，仅管理行政事务之繁忙，耗费了大量的精力和时间，他仍然利用业余时间进行艺术创作。他的中国画融合古今，独具一格。擅长山水、花鸟，尤精花鸟，兼工带写而偏于写。他的花鸟画继承优秀传统，汲取各家之长,在艺术实践中不断创造自己的绘画语言。章法善藏妙露,平中见奇,笔简意赅,惜墨如金,借物抒情,意境夺人,乃大家手笔。郑午昌评曰:"深邃典雅,一如其人。"潘天寿评曰:"以篆笔写古柏,得浑古之趣,可为吾辈取法。"刘海粟评曰:"笔墨意境,清新隽永,别有玄旷幽峭之致。"他的作品曾在许多国家和全国美展及各地展出,并为国家美术馆收藏。代表作有《骊龙》(1943)、《寒凌志》(1946)、《苍鹰》(1953)《园边》(1960)、《金鱼睡莲》(1962)、《蕉花群兔》(1978)、《夜鹰图》(1982)、《天鹅湖》(1982)、《腾飞万里》(1996)、《紫荆竞放庆回归》(1997)等。其中金鱼画得最具特色,明显区别于虚谷和吴作人诸家。王伯敏说:"谢先生创作的《金鱼睡莲》图(中国美术馆收藏),可谓'得动静两极之巧',这幅画,睡莲静,作者用笔用色因此而沉着;金鱼动,作者用笔用色因此而流畅,尤其尾部的几条弧线,使游鱼呈现出活泼的美妙舞姿。"我也特喜欢他的《蕉花群兔》,画面上,一株香蕉树结着幼嫩的果实,盛开的蕉花低下头来,向着群兔迎笑。蕉旁,黑母兔的周围,三四只黑白兔娃正嬉戏玩乐,有的接受妈妈的亲吻,十分惬意;有的舔着自己的身子,悠然自在;有的像发现了什么似的,准备扑向前方;有的立而仰望,正在欣赏那蕉花的美。整个画面充满了生机,给人以健康向上的力量。画家在章法上是经过一番刻苦琢磨的:一株香蕉树顶天立地,且取其局部,体现"景愈藏而境界越大"的效果,可以使我们想见其画外蕉林一片葱郁茂盛。背景大胆省去了许多无关紧要的东西,以空白为之,或作天地,或作阳光,因之,此白已非纸素之白,而"于无画处皆成妙境"。香蕉树与群兔形成高低、大小的局势,穿插有致,宾主呼应,静中见动,疏密相间,很有韵律感。画面笔墨娴熟酣畅,色调沉着高雅。以浓墨白描为主,画出了群兔灵活跳跃的特征和皮毛的质地。特别那母兔,用墨淋漓,笔笔见笔,笔笔无痕,精神能充于中,气韵自晕于外,似生实熟,圆转流畅。以色彩(花青、石绿、赭石)为主,调以淡墨,画香蕉树,没骨法与钩花点叶法相结合,表现了蕉叶的青翠和花苞的娇艳。他在最后用色钩蕉叶与花时,并不面面俱到,却能贯通一气,有笔断意连之趣。群兔周围,用淡墨青横扫数笔,不仅起衬托白兔的作用,而且将香蕉树与群兔凝成一体。黑与白、墨与色对比和谐,使水墨腾发,而愈见色彩斑斓,塑造出比实际生活更美的艺术形象。画家笔下的艺术形象,都是从生活中

《墨龙行》,1991年

来的。长期以来,他家中一直养着各种金鱼,默识心记。1956年,他在太湖之畔,看到了南国移来的香蕉树开花结果,便引起了他的乡思,当即画了很多速写;三年困难期间,他养了不少家兔,仔细观察、体验它们的生活习性,积累了不少素材。经过中得心源,有感而作,寄情画外。风格平和雅正,表现为优美、秀美的审美特征。

他知识渊博,精通中外美术史论、美学等多方面。在上海美专时,曾担任美术史论教学,撰写了《西洋美术史》和《名画家评传》等教材;院系调整之后,苏州美专大量西洋古典名雕翻制的石膏模型,都集中到华东艺专,是国内绝无仅有的珍贵教学资料。他对每件石膏模型,从希腊、罗马、文艺复兴迄19世纪这些著名雕刻中46位人物的历史、性格特征、艺术风格和作者介绍,花了大量的时间,查阅了中外文献资料,旁征博引,编写成一部《古典名雕解说》,它不仅是素描教学上必要的参考书,且具有重要的学术价值;他还为刘海粟、倪贻德、陈抱一、陈之佛、陈大羽、俞剑华、王个簃等人画集、书法篆刻集以及郑午

1992年重访日本时与张嘉言合影

昌、姜丹书、温肇桐画学史、艺术教育研究、画论解析著作等写序,还有其他一些评论,若收集起来,完全可以出一本颇有学术建树的美术文集。

1992年,国务院为表彰谢海燕教授对发展我国高等教育事业作出的突出贡献,颁发了荣誉证书和特殊津贴。

为了培养下一代,南京艺术学院遵照先生生前遗嘱,接受其一生积蓄的十万元捐款,设立了"谢海燕奖学金"。先生虽然离开了我们十年,但其一生之光辉业绩,将永远载入我国艺术教育史册。

本文作者:南京艺术学院教授,博士生导师。

永远的怀念
——忆谢海燕先生二三事

奚传绩

谢海燕先生离开我们已经七年了。但在我的心中,他似乎依然活着。尤其是这几年住在校外后,每当行走在黄瓜园的校园里,眼前常常浮起他那高大的身影和慈祥的面容,一些往事,虽很细小,但始终难以忘怀。

最难忘的是我刚调到南艺的时候。那时,为了解决因长期夫妻分居两地带来的种种家庭困难,不得已狠下决心从工作了近二十年的中央美术学院调到南艺美术系任教。当时,我对南艺十分陌生,除了在北京编教材时认识当时任南艺党委书记的龚惠山同志外,真可谓举目无亲,心里感到特别的无奈与孤独。特别是当时"文革"尚未结束,一下子进入一个完全陌生的环境,心里真是一股说不出的滋味。幸好一到南艺,美术系的领导(谢老也是领导之一),早已为我在黄瓜园东楼腾出了一间向阳的、而且打扫得干干净净的房间,我一到南艺就有了一个很好的住处。孤独的心灵一下子得到了一点安慰。不几天,我爱人从无锡带着孩子来看望我。她来的当天晚上,我们刚熄灯休息,突然听到有人敲门。一问,原来是谢老听说我爱人带着孩子来了,怕我们刚来南京,来不及置办蚊帐,就让他的大女儿燕泠给我们送来一顶蚊帐。当时,真让我们感动得不知说什么才好,使我一下子对南艺有了很好的了解。以后,每次见到他,他总是像慈祥的父亲那样问寒问暖,使我逐渐地融入南艺这个新环境。

不久,"四人帮"被打倒了。为了揭批"四人帮",我所在的美术史论教研室开会讨论写批判文章之事。为了一点不同意见,有人借题发挥,对我进行了莫须有的指责。本来就感到十分孤独的我,从未受过这样的委曲,忍不住哭了。在场的谢老见此情景立即制止了这种指责。第二天,谢老特地从黄瓜园赶到我当时在省教育学院的宿舍,一再安慰我,希望不要因此影响教师之间的团结和工作。我被他的真诚和关怀深深地感动了。当我送他出

1981年1月,与上海美专同事、新加坡著名画家刘抗夫妇相逢在香港刘海粟画展上(左起郭铁松、陈人宾、谢海燕、刘抗)

门,看着他缓缓而行的高大的身影,我的泪眶湿润了。

　　1977年7月,意大利佛罗伦萨工艺美术展览在南京举行。《新华日报》约请谢老写一篇评论文章,这对谢老来讲,是件驾轻就熟的事。但是,他特地找到我,希望我来写这篇文章。我觉得,从资历和社会地位,这一文章应当由谢老来写,所以,我没敢应承下来。可是,他坚持要由我来写,并说这是一种锻炼。这么一说,我就不能再推辞。答应先听听他对展览的评价,再由我整理成文,最后以他的名义发表。然而,文章发表时,他坚持也要署上我的名字。从这一小事使我感受到谢老不计个人名利、一心帮助别人的高贵品格。联想到他在上海美专长期从事教学管理,牺牲了自己的绘画创作与学术研究,全心全意帮助刘老办学、默默奉献的无私品格,他在我心目中的崇高形象显得更加清晰。

　　一转眼,我来南艺工作也已三十多年了。扪心自问,虽说不上有多大成就,但也没有虚废时光。这中间就有谢老对我的关怀和帮助,以及他默默奉献的精神对我的影响。今天,大家来纪念谢老,他是当之无愧的南艺的名师和南艺的重要奠基者之一。鲁迅先生说过:"死者倘不埋在活人的心中,那就真真死掉了。"我相信,谢老依然活在许多老南艺人的心中。我们永远怀念他。

　　本文作者:南京艺术学院教授、博士生导师。

情满艺苑　　桃李芳菲

——祝贺谢海燕教授从事艺术教育六十周年

蔡志坚　严鸿珍

年近八旬的谢海燕教授皓首银发，温文尔雅，一派典型的学者风度。他是我国著名的国画家、美术史论家和美术教育家，从事艺术教育和美术创作已有整整六十年了。六十年来，他披荆斩棘，历尽艰辛，用全部心血和汗水为培养艺术人才作出了不可磨灭的贡献，他是我国现代艺术教育的开拓者之一。

谢海燕在日本访问

一

谢海燕，1910年3月16日生于广东著名侨乡揭阳榕城。他家不是什么"书香门第"，父亲谢桂明是潮汕轮船公司行驶汕揭轮船的一个职工，学徒出身，家贫没有上过学，靠自学识几个大字，为人忠厚而有见识，酷爱艺术，能操"弦诗乐"主要乐器"二弦"，领奏过业余演出。母亲陈美娇是渔湖一家贫农的女儿，也没有上过学，从学唱潮州通俗歌册识字，后来竟成为章回小说迷，《水浒传》、《西游记》、《三国演义》、《东周列国志》、《镜花缘》、《儒林外史》、《红楼梦》、《聊斋志异》和《今古奇观》等，她都爱看，但只能讲，不能写，人们戏称她是"拜孔子奶奶"的。母亲贤惠明理，教子有方，受到邻里的尊敬。他的几个伯父、舅父和两个弟妹都因家贫到海外谋生，客死在南洋。

父亲吃了没有文化的亏，在轮船上接触到海外归侨和开明人士又多，决心省吃俭用，把他这个大儿子培养成为一个学有专长的知识分子。

谢海燕从小就爱读书，手不释卷。母亲读过的小说他都读过，还买了或借了一些新小说看，特别对小说的绣像插图最感兴趣，经常信手临摹。潮汕各县，音乐、戏剧、绘画、雕刻、建筑装饰都很发达，各有特色。大庙里常年挂着一列"灯橱"，裱有当地名家字画。最使他入迷的是元宵灯节，满街陈列着各种各样五彩缤纷的花灯，把他看

谢海燕在日本拜访加山又造先生

呆了,他细细揣摩,回来就画。他跟父亲一样,自幼便喜欢音乐,学会拉"椰胡",打扬琴。

他6岁入学,随堂大姐到竹巷静远女学幼年班读了一年,又在谢氏家塾读了两年"老书",如《幼学琼林》、《三字经》、《千字文》、《千家诗》之类。9岁入觉善小学,实际也是一个私塾,教师谢式文,古文根底很好,擅长书画,在揭阳颇有名气。除教他古文外,还教他写字画画,课余指导他临自己的作品和《芥子园》、《醉墨轩》画谱。13岁他进了英国长老会福音高等小学,次年又转入美国浸信会真理高等小学,插二年级。1924年真理高小改办中学,因此他这一班是旧三年制高小最后一班,又是真理中学的第一班。

福音、真理两个学校都是以《圣经》为必修课。福音读的是《旧约》,真理读的是《新约》,也看了很多宗教画,这给他以后研究西洋美术史提供了必要的知识。两个学校都是注重英文和国文的,而程度上真理比较高深些,校长是美国牧师纪德,和另一美国牧师侯拔先后担任他们的英文教师,读过《英文津逮》、《泰西五十轶事》和《鲁宾

谢海燕在日本东京日中友好会馆举办笔会

孙漂流记》等。国文教师福音是清末监生谢鹤年,真理是廪贡林拱棠,举人林家桂,教《古文观止》《史记》《诗经》和《孟子》等。图画课学过铅笔画、水彩画和色粉笔画。这些课他都很感兴趣。

15岁那一年,他家修了房子,86岁的祖母也在这一年去世,父亲耗尽了积蓄,还负了一笔债,他迫不得已停学一年,靠字典、辞书并向人请教,自学初中课程,同时不断作画,把新修的房子可以画的墙壁和小楼几扇门窗都画上了;还受托为人画扇面、帐楣、肖像和绣花样。第二年到真理中学复学。等到他深切体会到父亲收入少、弟妹多,生活困难,不可能供他读完中学大学时,才决定向绘画专业发展,到汕头学画。

1926年春,他进汕头轶士美术学院开始学艺生涯。轶士美术学校是一所不正规的商业美术性质的职业学校。创办人侯杰是若瑟中学美术教师,能画能书,写的一手"何绍基"。他学的是西洋画科,主要是临摹西洋画片,画舞台布景和照相布景,也画一些小幅风景画和肖像画。他在这里学习半年,机械地依样画葫芦,感到很不满足,买了当时能买到的美术书籍看,连续读了蔡元培、刘海粟、陈抱一和吕澂等的美学、美术史、绘画技法理论和艺术教育的论著、书刊和画册,孜孜研讨,逐渐懂得怎样做一个真正的画家,摸索着学静物风景和人像写生,很受侯杰老师的赞赏。只学半年,就被破格留校任教,当时才17岁。后来又鼓励他去上海深造,在日本留学时也常得到这位老师的资助。

1928年夏,谢海燕到上海,考入中华艺术大学西洋画科三年级毕业班。中华艺大以西洋画科和文学科最负盛名。教他这一班的是著名油画家、校务委员会主席兼西洋画科主任陈抱一教授,教美学的是文学科主任陈望道教授。在绘画实践和美术理论方面把他引上路的莫过于陈抱一和陈望道两位老师,特别是抱一老师了。

光阴荏苒,正当他的油画在名师的指导下初有进境,对美术理论学习渐有头绪的时候,梦一般地宣告毕业了。学然后知不足,深悔没有更多时光继续深造。当时汕头轶士美术学校校长侯杰老师希望他回汕重整旗鼓,把学校正规化,有的学校也要他去当美术教员,都被他婉言谢绝了。他征求父亲的同意,筹得一笔款,又得到侯杰老师和艺大同学黄臻芳等的热情资助,决心到日本留学。

1930年3月,他乘日本游船"长崎丸"东渡了。他先在东京第一外国语学校补习日语,秋间进了东京帝国美术学校西洋画科,学习绘画和美术史。这个学校是前一年才创办的。校长北吟吉,教务长是著名东方美术史论家金原省吾。西洋美术史权威板垣鹰穗和一氏义良都在那里任教,美术理论阵容很强。看了他们的著作,听了他们的课,谢海燕把兴趣引向西洋美术史的研究方面来。不幸第二年春,因过分劳顿、失眠、消瘦,出现肺结核症状,又因日本币制改为金本位,日汇猛涨,不得不中途辍学,带着大批书籍离开了东京,回到上海从事美术史的翻译研究,夜以继日,直到口吐鲜血。随后得到好友黄臻芳的帮助,去浙江普陀和定海舟山公园疗养,仍继续坚持研究工作,幸而逐渐恢复了健康。

就在1932年夏秋之交,上海美专校长刘海粟第一次欧游返国不久,在去普陀山写生归途中遇台风,暂避定海港,在舟山公园和谢海燕邂逅。书生少年,风华正茂,一见如故。他俩热烈地谈论着中国画和西洋画,探讨着艺术创作的道路,抒发着振兴祖国美术教育事业的理想和抱负。谢海燕不凡的谈吐,诚挚谦虚的风度,深为比他年长14岁的刘海粟所器重,刘海粟希望他能到上海美专任教。由于谢海燕与著名国画家、美术史论家郑午昌有约在先,身体一康复便到上海任汉文正楷印书局编辑部主任,兼《国画月刊》主编,随后还在上海美专兼课。1935年夏,刘海粟第二次欧游返国,商得郑午昌同意,调聘谢海燕到上海美专任教务长。谢海燕担心自己年纪轻,资历浅,学识经验都不足,未敢贸然应命。刘海粟体谅他的心情,乃自兼教务长,由谢海燕全权襄理。不到一个学期,刘海粟见他切实进行教学改革,工作一丝不苟,深受师生

谢海燕与夫人张嘉言在日本东京火车站

的爱戴,便放手让他正式担任了教务长,那时谢海燕26岁。1939年,刘海粟去东南亚举办筹赈画展,便把自己苦心经营20多年的学校托付给谢海燕,由谢海燕代理校长。

二

谢海燕从刘校长手里接过的是一副很不轻松的重担。当时上海租界的环境一天比一天恶化,上海美专是私立学校,经费来源短绌,此时向银行贷款已超过一万银洋。谢海燕一边处理繁忙的校务,一边四处奔走,筹措经费。为了配合和支持远涉南洋各地举行筹赈画展的刘校长,谢海燕在上海组织了一批又一批的书画作品寄给刘校长。此次筹赈画展,得款总计不下1200万元,悉由当地侨胞爱国组织汇归祖国,支援抗战。

1941年太平洋战争爆发,上海"孤岛"陆沉。谢海燕率上海美专部分师生内迁浙闽参加国立东南联合大学,先后任国立东南联大、国立暨南大学、国立英士大学

与刘老在展览会上

等校教授兼艺术专修科主任。在敌后坚持抗战教育,培养大批美术人才,谢海燕教授克服重重困难,吃尽千辛万苦。他率上海美专部分师生离开上海时,取道杭州萧山,一路经敌伪九道关哨,始得穿越游击区到达所前,换乘交通船沿浦阳江至安华,步行至大陈,改乘火车到金华。当时东南联大筹委会设在酒坊巷金华中学,谢海燕、倪贻德教授和暨南大学总务长杜佐周教授三人被任命为筹委会设计委员,谢海燕教授兼艺术专修科主任。他们刚到金华,正值日本东京第一次挨盟国飞机轰炸,因而疯狂发动了浙赣战争,矛头指向扼浙赣闽皖四省要冲的衢州飞机场,敌机不断轰炸衢州,金华吃紧。东南联大教职员工学生三百余人,最后撤离金华。经兰溪沿衢江到浙赣交界的江山,往南步行过仙霞岭入闽到浦城。一路上日机跟踪轰炸扫射。谢海燕教授等刚从浙闽边境廿八都前往浦城的早晨,九架重型轰炸机掠空而过,把浦城炸得遍地瓦砾,尸横处处。一连炸了三天,好容易买到几张到建阳的汽车票,刚到建阳的第二天,三架敌机便来轰炸建阳,弹落车站一带,死伤三十多人。建阳是福建西北的一个文化古城,以"宋版"书业闻名。清代以后迭遭荒歉,病疫流行,以致地广人稀。暨南大学在这里建立战时校址,东南联大也随之迁来,给沉寂的山城带来文化繁荣和生机。

由于浙赣战争,铁路沿线城市相继沦陷,水陆交通阻断,上海各大学师生未能继续内迁。何炳松校长当机立断,于1942年暑假对联大师生作了妥善安排:将文、理、商三学院师生与暨大原有的文、理、商三学院合并上课,另设法学院和艺术专修科,容纳联大有关院系的师生。教师一律由暨南大学致聘,既是联大教师,又是暨大教师。谢海燕教授作为暨大校委会成员参加校务会议。同时按高标准就地招收新生。

当时暨南大学艺术专修科教室设在建阳县城童游街西头的先农祠。开学时专任教授只有4人,谢海燕教授担任西洋美术史和艺术概论两门课程,倪贻德教授担任素描、色彩画和创作,潘天寿教授担任中国画和书法,俞剑华教授担任中国绘画史和美术技法理论。4人原来都是上海美专教授。当时教学设备和画具材料都很缺乏,基本练习没有石膏像就画庙里的泥塑菩萨,画附近农村的农民,画童游街的铁匠、木工和山沟里的畲族猎户,有时由学生轮流做模特儿。1944年,潘天寿教授被任命为国立艺专校长,坚邀谢海燕教授同去重庆,任国立艺术专

《故园春来早》，
1992年

科学校教授兼教务长。英大艺术科主任由教授陈士文代理。抗日战争胜利后，谢海燕教授复员上海美专，就任副校长职。

在新中国诞生前后的十多年间，尽管时事艰辛，国难当头，生活动荡不安，办学条件十分困难，但谢海燕为了祖国的艺术教育事业，不顾个人安危，披刺斩棘，迎难而上，其筚路蓝缕的开拓精神深得画界同道的赞扬。当谢海燕40岁生日的时候，刘海粟校长与国立艺专校长潘大寿教授（当时他应约在上海美专兼课）合作了一幅国画，为他祝贺。画面上是一只雄健的海鹰高踞在海滨巨石之上，傲视着波涛汹涌的大海。这海鹰正是在艺术海洋中搏击风浪的谢海燕的真实写照。

三

新中国诞生了，茫茫黑夜终于过去，灿烂的阳光普照大地，多少年的抱负可以得到充分施展，谢海燕为此欢欣鼓舞。1952年，全国高等学校院系调整，上海美专与山东

《绿化神州》,1992年

大学艺术系、苏州美专合并,在无锡建立华东艺术专科学校,谢海燕先后任建校委员、创作研究室主任和美术系主任。1958年,华东艺术专科学校迁校南京,1959年改名南京艺术学院,谢海燕任教授兼美术系主任、副院长。

谢海燕认为,从事美术教育工作的人一定要全心全意把学生教好,这是教师的天职。为人宽宏慈祥、和蔼可亲的谢海燕身体力行,始终真诚地关心和爱护着每一个学生。他经常深入教室和宿舍,看画听课,嘘寒问暖,为学生排忧解难。从学习到生活,他都细细过问,逐一了解。看到学生的进步,他打心底里感到高兴,及时表扬,倍加鼓励;看到学生的不足,则循循善诱,说服教育。他非常注意课堂秩序,保证学生有个良好的学习环境。有些学生早晨贪睡不出早操,他一早起床,亲自前去敲门督促,养成学生按时作息的习惯。

对家境清寒而又刻苦好学的学生,谢海燕教授更是关心备至。他常常慷慨解囊,从物质上给以资助,使他们安心学习。三年困难时期的一个暑假,美术系有几位学生没有回家度假,细心的谢海燕教授觉察到他们不回家的原因,便主动为他们考虑起勤工助学的事,使他们既得到了一定的经济收入,又在实践中增长了绘画才能。在上海美专和其他几个国立大专院校任教时也都如此。当年身受其惠的学生,至今记忆犹新,一谈起来仍是情溢言表。

在南京艺术学院,学生们都亲昵地称谢海燕教授为"谢老"。是啊,谢老是以性情温厚著称的,可他对学生思想品德和学习方面的要求却一向十分严格。谢老在重庆担任国立艺专教务长时,曾遇到过这样一件事:那是1945年8月10日,日寇投降,抗战胜利,举国上下,普天同庆。那天正巧是国立艺专招生考试结束的一天,校园里一片欢腾。有一位业务基础较好的考生却因作弊而被取消了录取资格。当时有一位老同学为这个考生求情,说是在这个大喜大庆的日子里,就给他一个"大赦"的机会吧,但谢海燕教授晓以纪律,坚决不同意。事隔数十年,此事还常常萦绕在他的心头。他说:"很可惜当时没有记下这个考生的名字,也许他从此丢弃了画笔,也许他接受了教训,现在已成了知名的画家,但我相信他决不会怪罪我的。"在谢老的领导下,南艺美术系对新生的入学质量一向十分重视,60年代前后考进去的学生都清楚地记得,著名教授俞剑华等都曾当过他们的"监考",谢老则每每亲自面试。

《瑞鳞起舞马蹄飘香》,1992年

为了提高教学质量,谢老坚持按艺术教育的规律办事。他引导学生深入实际,体验生活。经常同师生一起下乡下厂,或巡回到农村、厂矿视察教学情况,观摩创作素材和构图初稿以及设计制作的成果,并听取所在单位和工农群众的意见,这对师生是一个很大的鼓舞。他十分重视课堂教学,强调造型艺术基础训练的重要性。在华东艺专时代,他将所有的珍贵石膏模型,加以研究考证,写了《西洋古典名雕解说》一书,为素描教学石膏模型写生,理解对象人物的身世、性格和艺术特点提供参考。他一直坚持着对人体模特儿写生的基础教学。在"四人帮"横行时,不但人体模特儿再度被禁止使用,而且连石膏像也被砸毁,不准再用。南京艺术学院美术系招收的"73级"首批工农兵学员,在基本练习教学上,曾顶住过压力,坚持安排了三张石膏像和五张人体作业。一天,有一个兄弟院校的教师陪同一位女书记来校参观,看到挂在教室里的人体习作,像发现了什么,惊异地但带着赞赏的语调对书记说:"喏,他们还画模特儿!"意思是他们还画模特儿,我们为什么不画?当那位书记问到谢老时,谢老理直气壮地说:"学绘画,学雕塑,非画裸体模特儿不可。1965年7月18日毛泽东同志有过指示:'男女老少裸体模特儿是绘画和雕塑专业必须的基本功,不要不行。封建思想加以禁止是不妥的。即使有些坏事出现,也不要紧。为了艺术科学,不惜小有牺牲'。这就是依据。"但由于压力越来越大,南京艺术学院美术系1974级就没有再安排人体写生课,直到"四人帮"被粉碎,文化部再次重申毛泽东同志的批示,南京艺术学院才公开登报招考模特儿。回忆这段往事,谢老感叹说:"在'左'的路线的干扰下,我们为了按艺术教育的规律办事也只能在力所能及的范围内尽力去做。"

刘海粟在谢海燕青石村寓所

1974年南京艺术学院被指定为对外开放单位。当时其他艺术院校被"四人帮"糟蹋得不成样子,元气未能恢复,而南京艺术学院却因教学相对地正常些,所以到中国来的外宾想看一看艺术教育的,大多被介绍到南艺来。这件事正如50年代初,在各艺术院校迟迟未开美术史和美术技法理论课的情况下,成立不久的华东艺专根据教学的需要,不顾什么清规戒律,率先开设了这两门课一样,是值得一提的。

四

谢海燕教授以校为家,把全部心血倾注于美术教育工作,对自己的私事却很少考虑。他和夫人张嘉言相爱于30年代,到抗战胜利后才结婚。几十年来相敬如宾,是人人夸赞的一对贤伉俪。可是结婚前一个在浙南英士大学,一个在重庆国立艺专。1946年结婚后又是一个在上海美专,一个在杭州国立艺专。1951年张嘉言调到上海美专,可是她不愿同在一个单位工作,情愿任教于上海市第八女中。1952年上海美专合并于华东艺专,他俩又是一个去无锡,一个留上海,长期过着牛郎织女的生活,但他俩从没有把这事放在心里。到1958年华东艺专迁校南京,组织上没有打招呼,便不声不响地把张嘉言调到南京来,担任附中教师兼班主任。附中停办以后,调到装潢和染织专业任教,历任讲师、副教授,最近才退休。张嘉言老师早年毕业于上海美专,曾在南京中央大学艺术系进修国画和图案,擅长中国画、基础图案和工艺设计。先后被上海市评为优秀教师、先进工作者;到了南京又被评为南京市和江苏省先进工作者。在学校她是受学生尊

和挚友刘海粟先生亲切交谈

敬的优秀教师,在家里她是一个贤妻良母,处处言传身带注意教育好子女,无微不至地照顾多病而忙碌的谢老。

繁琐的行政事务耗费了谢老许多时间和精力,甚至影响了他的健康,经常病倒,但谢老对此并不介意。有人替他惋惜:如果把这些时间用来作画、写书,该出多少成果啊!他不是没有这方面的才华。谁都知道,谢老的中国画融合古今,独具匠心。郑午昌品评其画"深邃典雅,一如其人",潘天寿称赞他所画松柏"以篆笔入画,浑古遒劲,力能扛鼎",刘海粟尝为题识,称其作品"气势豪雄,别有玄旷之致"。他的作品曾在许多国家和全国美展及各地展出,并为国家美术馆收藏。主要作品有《金鱼睡莲》、《夜鹰图》、《蕉花群兔》、《千松图卷》等。除国画创作外,他写有《西洋美术史》、《名家评传》、《古典名雕解说》等教材专著。他为刘海粟、陈之佛、俞剑华、倪贻德等著名画家的大型画册和郑午昌、姜丹书等人的史论著作,写了长篇的前言和评论,也撰写过许多其他美术论文,整理出来完全可以出版一本有学术建树的文集。谢老在中国画、美术史论研究方面的成就由此可见一斑。

但谢老始终甘心情愿地把自己界定在艺术园丁的位置。他把师生的成就看作自己的成就,认为能多培养几个优秀的画家、工艺美术家和艺术教育家,就是对祖国的一大贡献。为了他所挚爱的美术教育事业,他宁可牺牲个人的名利乃至健康,日复一日,年复一年,为美术苗圃里的百花盛开不知疲倦地耕耘播种。"文革"中,他被打成"走资派"、"反动学术权威",抄家,挂黑牌,坐"喷气式",蹲"牛棚",下放劳动,拣牛粪,他收藏的许多书画名画册,包括刘海粟和潘天寿合作为他祝寿的那幅珍品都散失了。十年浩劫中的一次次打击并没有动摇他献身艺术教育的决心。"文革"前后,都有学生从海外来探望他,热泪盈眶地拥抱他。有位学生回去后在他主编的《南洋画报》为文深情地记述他会见老师的欢乐情景。有的学生知道他病在医院,汇款寄药,表达他们对老师健康的关怀。有个学生把他所在国总统为他授勋时给他的织有国徽的两条领带中的一条,万里迢迢寄给老师,让老师分享一份荣誉和喜悦。学生们的成就和敬意,给他带来无限的安慰。

"四人帮"被粉碎后,谢老重新焕发出艺术青春。他风趣地说:"刘海粟校长作画题款尚且说年方九三,我也不能算老吧,还可以把'文革'中失掉的时间夺回来!"1980年刘海粟教授去香港举办画展,谢老欣然陪同。香港画展盛况空前,观众人山人海,高潮时里三层外三层围得水泄不通。此情此景,一向对刘老推崇爱护的谢老禁不住激动得热泪盈眶。是啊,有谁能像谢老那样全面了解刘老的艺术发展道路,又有谁能像谢老那样深刻评价刘老的艺术成就呢!?半个多世纪的风风雨雨中,是共同的事业和理想,宛如一条牢不可破的纽带,把两颗赤诚的心始终紧紧地联结在一起。

六十年的教师生涯弹指而过,昔日的桃李成了国家的栋梁之材。如今谢海燕教授的学生遍布国内各省市以及欧美、东南亚各国和我国台湾、香港、澳门等地区,其中有许多蜚声中外的画家、教授、专家和美术院校负责人。当学生们怀着诚挚的敬意从远方前来探望他时,他像一位慈祥的母亲无限深情地同他们促膝谈心,他看到学生们事业上的进步和成就,看到自己用心血浇灌出来的累累硕果,脸上漾起一片欣慰的笑容。

情满艺苑,桃李芳菲。人们赞美您,诲人不倦的艺术园丁——德高望重的谢海燕教授!

本文作者:蔡志坚,南京工业大学教授。

师 情 似 海 深

——怀念恩师谢海燕

吴 平

谢海燕夫妇与外孙女师悦在动物园游园

记得 1988 年,为祝贺吾师谢海燕教授从事艺术教育六十周年,我和夏子颐学兄曾经写过"爱真理,爱学生"一文,以表我们对谢老师追求真理,支持反内战学生运动和重视艺术教育的崇敬之情。如今正逢盛世,可惜敬爱的谢老师已经作古,夏子颐学兄也已逝世。我于上海美专在上海复校至 1948 年 6 月 5 日因组织同学参加"反美扶日"运动,被国民党反动派镇压被捕入狱。我有幸得到敬爱的谢老师的深情教导达三年之久,以后,又与谢老师交往数十年的情景,犹历历在目,恩师之情,难以忘怀。

我从小喜欢画画,1940 年参加"中华全国木刻界抗敌协会",由于以木刻宣传抗日,交流作品,便与浙江的夏子颐等成了志同道合的朋友,1942 年他们均慕名就读在谢老师主持的东南联大艺术专修科,多次约我也进东南联大未果。1945 年抗战胜利后,上海美专在刘海粟、谢海燕共同努力下复校。1946 年初,夏子颐等回校复学。当时,我所就读的福建师专艺术科(今福建师范大学艺术系)的著名版画家宋秉恒老师常谈起 30 年代初在上海美专学习的情景,介绍了刘海粟校长秉承蔡元培先生主张的"思想自由,兼收并蓄"的办学指导思想,以及谢海燕老师的爱国精神和道德修养,慈祥可亲的学者风度,为老师之楷模。嘱咐我转学进上海美专深造,定能获益多多。于是,我便赶赴上海,考入插班西画系本科二年级,在考场上还遇到抗战时期木刻好朋友张怀江兄,经过严格考试,我们如愿成了上海美专学生。

这时,原中华全国木刻界抗敌协会的多位主持人,如著名版画家李桦、王琦、野夫等也汇聚上海,重组中国木刻协会,举办《抗战八年木刻展览会》,这就给了我们更多的学习机会。当时,我们多么渴望有个安定的好环境,把抗战时期损失的时间夺回来,得到更好的深造。不料,从 1946 年开始,国民党破坏《双十协定》,重新燃起内战。

《莲笑鳞舞》,1993 年

当然遭到上海各界人民奋起反抗。上海美专学生在地下党的领导下,成立了"学生自治会",积极参加"反内战"民主爱国运动。起初,谢老师虽然支持"反内战"学生运动,也怕我们参与全国全市的学生运动时间过多,影响学业,但是我们一面积极参加学生运动,同时抓住学习不放松,深得我们主要老师陈士文教授的称赞,谢老师也放心了。严峻的现实和深得民心的反内战的学生运动,使谢老师转而满腔热情地加入了我们的行列。

1947 年,在学生运动的高潮中,我被同学选任学生会主席,沈开逸同学为副主席,许敦乐同学任秘书长。国民党反动派急了,不断派进来一批批"职业学生",和学生会唱对台戏,组织北方同乡会搞反动活动。不久,为首分子谢毓川、李文汉、余文灿、赵心艺、赵源等人,又把同乡会变成为"上海美专学生戡乱建国委员会",公开挑衅破坏学生会的活动,学生会多次与这批反动分子展开了公开大辩论。在一次大辩论中,特务分子竟在校园内公然殴

《菊时》，1993 年

《鳜鱼与鲦鱼》，
1994

打进步同学。引起了全校同学的公愤，受到谢老师的严厉训斥。把这批"职业学生"嚣张的气焰压了下去。

当时，国民党反动统治正面临经济崩溃，货币贬值，人民生活处于水深火热之中，上海美专经济十分拮据，在谢老师热心支持和帮助下，我们开展了社会募捐活动，组织同学创作发售扇面等等，并由学生会邀请校内外著名音乐家，在兰心大戏院举办了助学音乐会。学生会还组织了学生膳食委员会自办食堂，聘请卢汉华同学为主任，帮助减轻生活困难学生的压力。这些"职业学生"常常是吃白饭不交费，我曾为食堂找"特务分子"余文灿讨钱，余文灿竟拿起美国军用玻璃杯猛摔到我脸上，一时，碎玻璃片炸得我左眼眉梢裂开，鲜血淋漓（至今还留下疤痕）。谢老师得知后，全然不理睬他的反动政治背景，责令他公开认错，赔偿全部医疗费，补交全部膳食费并警告他"如以后发生此类严重事件，定给予开除学籍处分"。为我们伸张了正义，同学们十分高兴。谢老师一贯以蔡元培先生为榜样，培养人才，爱护青年，严于治校，对有志学艺、成绩优秀的同学更是关怀备至。他帮助学生解除生活困难的事不胜枚举。如1947年初，许敦乐和我因交不起学费和膳费，濒临失学，谢老师得知后，便请会计室主任黄启源先生介绍到郊区一家小学去兼课，每周两人各任两个半天课，解决了我两人的燃眉之急。像这类事，谢老师做了许多。

在学生运动中,我们美专同学发挥了专长,创作了许多宣传画,纪念地下学联成立一周年大会上,夏子颐和我绘制过"争民主"、"要自由"为主题的巨幅宣传画,贴在大会门口,还在会场长廊上,夏子颐、许敦乐和我绘制过一百张白报纸连成的"反内战、反饥饿,反迫害"的巨幅宣传画,同学们自编自演活报剧,揭露四大家族捧着金饭碗向美帝"乞讨"的丑态。合唱团演唱反内战的革命歌曲等等。当时,上海美专被誉为学生运动的"坚强堡垒"和"排头兵",当然也成了国民党反动派的心腹之患。

1948年上海美专发生"6·5"流血事件,国民党反动派纠集了一大批武装特务,在本校特务分子赵心艺、李治平等带领下包围了学校。下午一时许,大批同学正准备出发参加全市大中学校学生"反美扶日"大示威游行。特务们带着铁棍、手枪,冲进校园毒打数十位进步同学,卢汉华在食堂被打得头破血流,昏倒在血泊中。特务们又冲进男女生宿舍搜捕毒打同学。并开枪示威,子弹从余恩溥同学头部擦过,鲜血直流。我被特务分子围住拳打脚踢,直到把我打晕,趁机抢走我的手表、钢笔和钱物。接着又把李凌云、陈力萍、姚白痕、林克松、刘鸣(女)等同学打成重伤,把我与余恩溥、卢汉华等八人一起抓进囚车,逮捕入狱。社会舆论为之哗然,受到各界民主人士的严正抗议。

当时,正在杭州养病的谢老师接到进步同学电报后,星夜赶回上海,参加流亡在外的我校学生地下党的营救秘密会议,一同起草了《上海美专"6·5"流血真相——敬告师长、校友、同学控诉书》向社会散发。请刘海粟校长出面向上海市当局提出抗议,要求立即释放被捕学生,惩处肇事者。接着串联刘校长和教务长宋寿昌、训导长王挺琦、洪青教授和徐风老师等,联袂前来提篮桥监狱探望我们,带来许多慰问品,嘱咐大家首先要治好伤,并痛斥反动分子的罪行,表示一定要继续向当局交涉,争取早日回校。老师们的亲切关怀,给了我们莫大的安慰和鼓励。

两周后,林克松、余恩溥被释放,我们托付林克松尽可能找史良大律师为我们伸张正义。不久,我们六人又被转押到伪上海市警察局拘留所,谢老师再次亲自来探望我们,要我们:"保护好身体,学校等着你们回来",何等亲切!第二天还收到谢老师叫人送来的牛奶、面包和营

《葫芦》,1994 年

养品。当时物价飞涨,谢老师生活也十分拮据,还为我们送了这么多营养品,这份师生情谊,令我们热泪盈眶!

有一天,一位中年难友塞给我一张反动报纸,我一看,报上头版通栏大红标题"上海美专匪首吴树之等一网打尽"的特大消息,反动派竟把我当"匪首",我感到事件的严重性,必须准备经受最残酷的考验了。果真,反动分子对我们进行了多次威吓利诱,但我们都顶住了。事后,我才知道送来那份报纸的人,是被捕的上海地下党一位领导人王中一同志,他提醒了我们狱中斗争的严酷性。

四十五天之后,反动派释放了姚白痕同学,又把我和李凌云、陈力萍、卢汉华、刘鸣等五人,关押进伪卢湾警察分局的地下监狱,达两百个日日夜夜。我们在狱中受尽磨难:吃的猪狗食,在水门汀上睡似沙丁鱼;地铺边挖个小坑当厕所,臭气冲天;天热了,没水冲澡,长满虱子,

《苦瓜》,1994年

抓得皮破肉烂,过着非人生活。如今反动派又把我们关进暗无天日的地下监牢,这日子真正难挨。王中一同志便带领我们同一道被关押的工人、学生一起斗争,争取冲洗、放风等,并秘密组织学习《新民主主义论》等,分析当时解放战争的大好形势,国民政府行将灭亡,大家都充满信心,抱着坚持斗争必胜的信念。同时,正因为刘、谢两位校长对我们蒙难同学的关爱,在我们长期被监禁期间,上海美专许多同学冒着危险来探监,不断送慰问信,送书报,送食品。施达德同学还主动担起和我老家的联系,和谢老师的联系,常常把书信、书报从贴地面的半扇窗缝中塞进来。特别是10月的一天,谢老师叫他送来"蔡子民奖学金":"吴树之一等奖拾万元;卢汉华二等奖捌万元"。这简直是"喜从天降!",我俩激动万分,李凌云、陈力萍、刘鸣等也非常高兴。事情是这样的:我们被捕后,反动当局把学校的训导长王挺琦老师撤换成特务冉熙任训导长,学生会被特务分子把持后,把我们和大批进步学生"开除"了。而刘校长和谢副校长却肯定了我们的爱国行动,评定我们是"上海美专的优秀学生,品学兼优的蔡元培奖学金的获得者"。坐牢算什么? 为祖国存亡而斗争,才是我们最大的荣誉! 刘、谢两位校长是真理的维护者!

经刘、谢两位校长协力营救,在地下党组织发动进步舆论和上海各界人士的抗议下,我们终于获释出狱。特别值得一提的是林克松同学不负所望,他先出狱后,千方百计找到上海律师公会,得到史良大律师的全力营救,替我们请了五位律师,为我们义务辩护。因为在12月初,伪"上海特种刑事法庭"经过半年多的审讯,终于宣告定于12月16日对我们宣判。此前,五位律师亲临监狱,一对一同我们细谈,并提醒:所谓"危害社会治安,企图颠覆政府"罪名成立,要判28年徒刑,而"反美扶日",是学生的爱国行动,"爱国"何罪之有。律师们在法庭上把反动法官批驳得"哑口无言",不得不最后宣布:"罪据不足,无罪释放"。反动派欲置我们于死地,真是痴心妄想。我们胜利了!

出狱后,我和李凌云、陈力萍、卢汉华四人,秘密地告别了刘校长、谢副校长及部分好友,投奔浙东人民解放军金萧游击支队,参加解放战争。刘鸣也参加了广东东江游击队。

解放初,我调到第三野战军第七兵团《华东前线报》任美术编辑和战地记者时,与谢老师取得了联系,我向他汇报了我们四人在游击队的情况:李凌云组织文工队,陈力萍在《金萧报》当美术编辑,卢汉华带兵打仗,我在前线做美术宣传工作。1949年初,又有几批上海美专同学,也来参加金萧支队,都在各条战线上努力工作。谢老师说:"你们这些人,都经过学生运动的锻炼,才能这么勇敢地参加游击队,你们都是好样的!"1952年,谢老师叫我们到学校领取毕业证书。1955年之后,李凌云调北京参加筹建军事博物馆工作,我也被抽调参加"军史画"创作,经常有机会去看谢老师,谢老师把我们当作自己的孩子,问长问短,充满慈爱。1957年,当他知道我们都有作品参加全军第一届美术展览,并有作品入选出国展览,倍加高兴。1958年,我从部队转业,安家杭州,参加创办《浙江画报》,担任主编,后来又接办浙江人民美术出版社。这时,谢老师已定居南京,我们往来更加密切。粉碎"四人帮"之后,谢老师还为被反动派"开除学籍"的数十位同学,补发了《学历证书》。他对学生的关怀真是无微不至。1991年,中国美术家协会和版画家协会联合在北京召开"新兴版画六十周年"纪念大会,我和夏子颐应邀参加。返程时,特地去探望谢老师,向他汇报了这次会议开得很隆重,胡乔木还为我发奖,我们两人被列入全国第一代六十位老版画家之中。谢老师听了之后,兴奋之情溢于言表。当他得知这一年我要在日本东京办个人画展,很快给我寄来了刘校长题的《吴平画展》和他题的《平尼画展》标题,使我激动万分,深深感到这是两位恩师对我的关怀与鞭策。

同时,两位校长十分关心祖国文化遗产的保护,得知我家乡一位明代文化名人林偕春太史创建的云山书院即将完成重修,刘校长特地题了"云山书院"四个大字,谢老师也题了"泽暨南国",大大地提高了书院的知名度,如今,成为国内外文化人士和旅游者访问家乡时必到之地。

谢老师一生非常珍惜友情,他大半辈子全心全意辅佐一代艺术教育宗师、画坛泰斗刘海粟校长,精心办好上海美专毫不动摇。他和潘天寿大师长期合作共事,结下了深厚情谊,亲如手足。潘天寿先生在"文革"中遭受严重迫害,含冤病逝。得到逝世消息后,他立即赶来杭州,祭奠故人,安慰家属。之后,多次专程来杭看望潘家,并约我陪他一起登山到潘天寿先生墓前献花凭吊,念念不忘故人深情。

当他每次来杭时,我们在杭工作的上海美专老同学

1995年汕头元宵画会和市领导交谈

1995年出席汕头元宵画会

王伯敏、夏子颐、张怀江、顾生岳、洪世清等等都要聚会欢迎,汇报各自工作、生活情况,当他每次听到我们和在中国美术学院任教的同学在教学和学术上都有许多成就时,他赞赏有加。

一天,当我们得知谢老师病重住院时,我立即约了几位老同学前往看望。我们和在上海戏剧学院任教的庄宝华同学,在南京师大工作的周富华一道赶到医院探望。这一次,谢老师特别激动,立即请家人扶他靠坐病床上,说了许多话,虽然言语不清,师母一旁翻译,她说:谢老师反复叮嘱,你们作画要努力创新,要注意身体健康等等。一番语重心长的勉励,使我们深受感动。我返杭后不几日,谢老师与世长辞,不想这次竟成永诀,我痛哭失声。连忙寄了挽幛:"德高望重,师之楷模",并给师母写了一封长信,以表我对恩师的悼念,并劝慰师母保重节哀。此后,我与师母通讯联系不断。

　　谢老师虽然离开了我们,但是他那热爱祖国、热爱真理、淡泊名利的品质;他全心全意献身艺术教育、热爱学生、为繁荣和发展祖国绘画艺术、培养人才,作出极大贡献;他正直诚信,对刘海粟、潘天寿两位大师之情终生不渝;他追求绘画,坚持创作,精益求精。谢老师生活俭朴,平易近人,深受学生爱戴。一代宗师,德艺双馨,堪为后人楷模。

　　恩师之风,山高水长;恩师之情,深似海洋!

　　本文作者:上海美专毕业生,曾主持浙江人民美术出版社工作。

亲情、真情、恩情——
追思谢海燕校长

许敦乐

一晃十年,正是 1998 年我偕内子同到南京宴园,拜访我们的老师、尊长、乡贤——我们亲切而敬爱的谢校长,亦正是那一天得到谢校长的关爱,他老人家亲自题款、惠赐新出版《谢海燕国画选集》,礼重(精装本足五六斤重)情更深,六十多年来终于盼到谢师心血巨构,并亲笔题款,真是如获珍宝,永志难忘。

这十年来每次拜读谢师大作,都有不同程度的感受和体会,除了佩服谢师博大高深的艺术造诣,更使我难以忘怀的是谢师真挚的隆情、恩情。每次闭目追忆,往事历历重现脑际。

反美反蒋火线上感受师生情

六十年前的今天正是国内学生运动如火如荼,南(南京、上海、广州)北(北京、天津)呼应的时节,上海的大中学生也都投入这个运动中,上海美专同学自更义不容辞,学生会在地下党组织领导下,除了发动同学参加"6.5 反美扶日"、"反内战、反迫害"等游行示威外,更担负起全市街头漫画和制作标语口号等宣传品的任务,在马路边、里弄张贴和派发,结果当然引起当时反动派的仇视和监视,他们派了职业学生,在美专成立什么"戡乱建国队"专为压制进步学生,并在反动政府指使下以警车载满打手暴徒,手握铁尺、警棍等,于 6 月 5 日中午光天化日在学校内直接向手无寸铁学生自治会成员血腥地打,血洗"存天阁",并将吴树之、卢汉华、沈韵娟等同学非法拘捕,噩耗突如其来,残酷的政治现实告诉我们,再也不能沉溺在象牙塔中,专门研究艺术了,很多平时不问政治的同学也被打得头破血流,觉醒起来,参加战斗!谢校长当时因病在杭州疗养,听到这个消息,立刻赶到上海和刘校长一起参

1995 年在汕头和副市长
郑瑁在一起

谢海燕在广东揭阳家乡笔会上挥毫

加上海各界营救被捕学生。

6月的太阳猛烈似火,晌午,谢校长只身穿白色西装,头戴"白通帽",到南市的一个贫民棚屋约我和另一个避难的同学,不禁使我十分惊愕,平时温文恭让的斯文形象,此刻已换上雄赳赳戎装,但又很机警、镇定,他听了我们汇报,了解六·五当天血洒顺昌路美专校舍的情况,立刻和我们商量如何营救被捕、被囚禁的同学,以及如何和他们取得联系,输送食品、药物。当时我已离开学校被列在追缉黑名单中,行踪不定,有时避在亲友家中,有时则潜住复兴岛,而谢校长以其刚复原之身不避艰险,千方百计,四处奔跑关爱受难的同学,他那仁慈、殷切、无微不至的爱心使我们深受感动。

六、七、八三个多月,美专被捕同学从广慈医院拘留所,转到提篮桥监狱,到四川路警察局拘留所,最后投入卢家湾警局监房,谢校长不时和其他教授前往探监送衣物,送精神食粮,更重要的是给在黑狱中受难的同学精神上的极大鼓舞。另一方面还筹划如何营救同学们出狱,除了敦请各界具代表性民主人士出面向国民党当局交涉外,还请海上社会人士伸张正义奔走营救。其中更有一段怪异的插曲:有一位姓俞的国民党退伍军官,他的儿子

在广东揭阳家乡作画题字

也是参加学生运动被捕的,他老人家既爱子心切,也对同遭劫难的同学抱同情心,我亲自和俞将军见面,听取他的高见,当时他亲自接触吴国桢(市长)部下,了解到警方扣押各校同学经审讯后均无法将被捕同学入罪,即想通过"横手"以缴交罚金了事,但因索价太高(每人两根条子),所以没有达成"交易"。事实上被捕同学家属多在外省,哪能筹集那么巨额的罚金,何况他们根本没有犯法,何罪之有。谢校长当时即慨然拒绝他们的无理要求。

同年8月中旬,地下领导紧急通知我当晚乘太古轮船离开上海到香港,由市警局中的地下同志午夜陪我到外滩十六铺上船,我连与谢校长道别的机会亦都免了。回想起不免怅然。

贵人相助　恩师提携

回忆往事:

那是1945年8月,日本军国主义投降,国共在重庆和平谈判停止内战。我们在敌后的游击队员要复员了,有的同志调到闽、粤、赣解放区参加新四军,有的分派到泰国(潮汕人家大都在泰国有亲友,可以安置工作或进侨校教书,参加当地地下行动),我因为从小喜欢美术,在敌后干地下宣传工作,编印油印小报"自由韩江",故由组织分配我去上海读美专,继续深造。公私兼顾,正合自己心意。但因为泰国外汇中断尚未恢复,经费未有着落,家中自有祖母张罗筹措路费,当时太古轮船公司刚好有小客货轮从汕头港直放上海,所以就买了一张四等舱(坐"帆布椅")的叫统仓票,像去南洋的猪仔,吃屙都挤在一起,

与臧云远等在上海美专老校友俞云阶、朱怀新夫妇画展上

不意船驶到台湾海峡突遇上暴风,一时风狂雨暴、电闪雷鸣,乘客大多不惯海浪颠簸,呕吐大作,台风过后船往基隆港,烈日炎炎似火,幸好当时年轻,而且已有八年抗战敌后逃难和打游击的磨炼。还幸遇到乡贤张竞生博士,和当时任侨务委员会的陈主席,他们都在头等舱,见我是知识青年只身无助,可能也是出于爱心吧,所以在船泊台湾期间以及往后续航到上海,从上码头到找寻旅馆到找学校都得到两位长者的照顾,至今未能忘怀。更难得的是来到上海滩找到上海美专这座慕名已久的艺术学府,兼又遇上恩师谢校长,他看看我粗糙不堪的习作,了解我渴求艺术的愿望,立刻就表示收容我为上海美专的学生,那时我真的大喜过望,俗语说:"在乡靠父母,出外靠朋友",正是真言。可是正视现实,并不那么简单。接下来的缴交学费、宿费、膳费……还有课本、文房用品,件件都要用钱,怎么办呢?虽说立志克服一切艰难困苦,但现实的问题并不那么简单。还不是有了谢师的启发和鼓励,拿准主意。上海美专是私立学校,一切靠收学费维持,这是大原则。记得当时是复员初期,百物腾贵,国民党统治

和学生在一起

区的国币贬值,物价一日涨几次,朝夕相差甚远,而学费每学期就缴交 78 万元,得到谢校长的恩准打个半折也要 39 万元。但谢校长以勤工俭学的办法启示了我,并替我解决了学费宿费的难题,除了课余在南市一间小学兼课赚些零用之外,更难能可贵的是凭校长的关系介绍我到当时上海一间名牌益丰搪瓷厂当特约设计师,那位老板姓张也挺善良,他把厂出品瓷器和用户要求一一向我详加介绍之外,并指导我有关"花样"设计的种类、技巧,如此这般每次画出来的牡丹、芍药、玫瑰、百合从"意头"、色彩、各式各样顾客的心理和爱好都交代得很具体,而且我可以不去工厂上班,将在学校绘出的花样交到厂里,如果能用得上,印在面盆上的,每件可得 15 万元,适合在口杯上的 8 万元,如果用在痰盂或水壶上的有 10 万至 12 万

在公园写生

元不等。如此一来学费、宿费即有着落,膳费呢,战时美军储藏在上海的物资牛肉猪肉罐头、面粉、奶粉作为救济物资由基督教青年会负责分派给上海大专以上院校膳堂,学生如合条件可以申请免费定量供应,每日三餐都是高丽菜煮猪牛罐头,用口杯装上,加上每餐叮领一磅重的面包,对胃纳特大的小伙子也已足够,而饭后还有朱古力供应,营养很充分。就这样在谢老师无微不至的关怀和提携下,度过了整整三个年头的大专生涯。所以时至今日一回想谢师的隆厚恩情,心灵无比激动。

刘校长画展来港开幕校友欢庆

1949年至1978年近三十年中,母校经历并校、迁移等变革,特别在"反右"和"文革"的日子里,刘校长被错划为右派,整整二十个年头被这顶大帽子压着,很多在沪

在广东看刘老作画

美专校友也都受到不同程度的迫害和遭遇,谢校长和许多名教授的情况,也不会好到哪里去,我们自然和谢校长中断了联系,只有默默祷告:"好人自有好报"。我深知谢校长的为人处事,始终抱有信心,但没有机会相见诉说离情,令人十分惆怅。

打倒"四人帮"之后,刘校长摘了右派帽子,恢复在南京艺术学院院长之职,并获准可以来港开画展,沪、杭和海外校友莫不欢欣鼓舞,尤其谢海燕副校长陪同来港参与盛会,更是喜出望外。

刘海粟大师画展在香港大会堂底座展厅盛大开幕,此消息一出,全港上层社会十分轰动,以刘校长崇高的艺术造诣和在艺坛的知名度,自然引起香港和海外华人社会的重视,新闻界、文化界、教育界、美术界以及工商界知名人士争相捧场,各方好友招呼周到,大小宴会排期紧密自不在话下,期间最大型而具高规格的有二:其一是以新鸿基集团老板冯炳熙为首的名流以其私家游艇出海游河酒会,邀集各界知名人士出席;其二是中文大学为刘校长安排专题讲座,最为"巴闭"(粤语方言,意即热烈之至)。而中外报刊、电台、电视特别访问,更不在话下。但刘校

速写《野花》1989年

速写《家乡荔枝》,1989 年

长最感兴趣的是私下走访本港书画收藏家刘作筹别号虚白的私人藏品,其中尤以八大、石涛上人、唐寅、文征明、郑板桥等以及宋、明、清各朝代表作令海粟老人赞叹不已。

谢校长对于酬酢方面可免则免,但是探访在港美术行家、潮汕乡亲、老朋友却绝不"怠慢"。他拜访上海美专同事我们的西洋画系教授陈士文先生、新加坡上海美专校友刘抗先生、扬名国际的香港摄影学会会长陈复礼先生等等,友辈对谢校长印象深刻,认为他老人家既有我国古代文人传统、彬彬君子风度,对友情的珍惜令人敬仰、钦佩。

家乡真味　引起乡思

作为学生和后辈的我,既了解谢校长的爱好,又充分发挥海港特有资源,增添独特创意。商得谢校长同意,我安排在草舍来一次家宴,款待恩师,主题是亲自下厨煮鱼腩粥(潮州粥底加鱼露腌制的鲩鱼头腩,另加配料肉碎、天津冬菜、芫荽、胡椒粉等等)助以五香卤水鹅颈、肾、翼、脚等,加上明虾清炒黄瓜,并有"贡菜"一小碟,十足潮州乡下家庭风味,没想到谢校长再三赞叹是"来香港后最美味的一顿",因为他战前离开潮州家乡已几十年,没有尝过如此地道粗菜,但胜在原汁原味。谢校长回到酒店,即将"秘密"公开,立即引起刘师母夏伊乔女士的责备,说我偏心,没照顾刘校长夫妇,要罚我补偿,我推说乡下土产怕大都市的上海人吃不惯,而且草舍是旧式楼房,太简陋,没有电梯要爬上五层楼,怕高龄(时已 83)的刘校长行动不便,但夏师母坚持,亦就只能应命了。此事以后每次谢校长来信都反复提及(详信),令人汗颜。

保留名牌　发挥优势

上世纪 50 年代,传说中的上海美专母校,又合并、又迁移……不尽不实,乘两位校长来港正好探过究竟。

但我们海外(包括战前和战后在上海美专毕业)的校友一直为母校并迁的事感到惋惜和不好理解。因为上海美专从 20 世纪初开始,已是上海"名牌",加上当时的教育部长又是北大校长蔡元培先生出面支持。

年轻有为的刘海粟校长冲出封建禁区提倡人体写

生，令海内外人士刮目相看，上海美专招牌震动遐迩，"研究艺术就到上海投考美专"已是战前战后大江南北和南洋各处家喻户晓且带有传奇性的口碑，一直到抗战胜利之后还是作如是说，如果不是因为解放后反复并迁，不是因政治运动频仍，这"上海美专"金字招牌早已成为中国高级美术的殿堂了。

还有这座坐落于上海南市顺昌路(旧菜市路)560号的存天阁——上海美专主楼，"存天阁"三个大字是当时教育部总长蔡元培的题字，其中包括行政楼、中国画系、西洋画系(素描画、油画、水彩画)、音乐系、学生膳堂……虽没有广阔校园、操场、花圃，但胜在小巧玲珑。如果能保存原来面貌加以翻修，说不定作为上海独有的文化旅游景点，文化产业的台柱，吸引到国内外尤其海外七千万华人社会慕名而来的游客。

当然在上世纪的80年代刚刚开放的年代，不但谢副校长笑而不答，不愿表态，而刘老亦或许有啼笑皆非之感，暗示余等幼稚，痴人说梦话。

本文作者：上海美专毕业生，香港南方影业有限公司名誉董事长。

速写《月季》，1989年

深深的怀念

金士钦

　　谢海燕老师是五十八年前我在上海美专上学时的老师和校长,他也是我与他从师生关系到同事关系以来相处年数最为长远的师长和领导。当年上海美专的校长名义上是刘海粟先生,而实际上学校上上下下具体行政领导与教学组织均由身为副校长的谢老一人担当。我从进上海美专学画到华东艺专毕业留校工作的数十年以来,谢老是一位我十分崇敬和尊重的老师和领导。在美术教育界的先辈当中,德高望重的他为人处事,待人接物总是和颜悦色,人品高尚,谦恭礼貌待人,凡与他一起商量研究工作时,他总是面带笑容耐心倾听你的意见,然后不急不忙由轻渐强沉稳而有力地表述他的意见;即便如此,谢老也还会时时凝视对方,随时准备倾听你的不同见解。谢老思考问题和工作作风都非常细微和周密,同样表现在他创作构思的全过程也是十分缜密、严谨和周到,一丝不苟就是他工作一生的特点。

　　上世纪 60 年代初我结婚,谢老要送我一幅画,我对谢老说:"谢主任(当时他是系主任)画的金鱼睡莲恬静雅淡,十分优美。"谢老笑着说:"是啊!你们的爱情如鱼得水是满好咯,不过我想给你画一幅松柏图,以象征你们爱情的坚贞与常青,你看好吗?"谢老想的是那么的深刻和周到,蕴含着他对我婚姻的真诚祝福。过不几天,谢老就给我画好了一幅题款为《松柏迎阳》的国画,画面上高耸的松柏相依矗立,墨色凝重,枝干挺拔苍劲,画幅下方一轮红日正冉冉升起,画面充满了无限的力量和生机。三年之后的 1966 年,有一位谢老的老朋友应野平先生(上海的画家)从上海来南京看望他,谢老一改不事张扬的习惯,特地领着老画家应先生到我家作客,谢老很兴奋地向我介绍了应野平先生,说要让应先生看看他画的松柏迎阳图,当时我家墙上正张挂着谢老和丁吉甫二位老师(丁

速写《菖兰》，1989年

也是美术系主任）分别赠送给我作为结婚礼物的两幅国画，我欣然迎接了他们，当时应先生一边赏画，一边点头赞许谢老的佳作，并且对我说谢老师这幅画很珍贵啊！墙面容易泛潮，最好装在镜框里才好。谢老一生都比较谦虚谨慎，很少特意请人去欣赏他个人的作品（当然公开的画展除外），这也说明谢老对他自己这幅作品是十分在意和喜爱的，这件事给我留下了十分美好和深刻的印象。

谢老作为一代名师和美术教育界元老级的人物，是备受人们敬仰和尊重的，我们将深深地怀念他！学习他！

本文作者：原南京艺术学院教授，工艺美术系首任主任，院党委副书记。

速写《栀子花》,
1989 年

忆 谢 老

石中光

上个世纪 50 年代末,我从上海来"南艺"工作,当时,学校校址在丁家桥,规模很小,只有音乐、美术两个系,教职工不足百人,因人数较少,虽系别不同但都互相认识,记得第一次见到谢老时,我还是一个二十几岁的小青年,谢老当时给我的感觉是一位儒雅的君子，一位慈蔼的长者，印象很深，以后在南艺工作的岁月中，经常能遇见他，每次见面谢老都会仔细地问起我的近况，关怀之情，倍感亲切。

谢老的一些画作，我有幸欣赏过，画风清新高雅，诗意盎然，真是画如其人。

"文革"期间，我和谢老曾一起在"牛棚"呆过，无论是学习、检查，还是在田间劳动，谢老那认真的态度，专注的神情，同样给我留下很深的印象，不愧是一位典型的中国知识分子。

谢老是中国现代美术教育奠基人之一，是一位值得人们回忆、值得人们敬重的大家。

为人师表，风范长存！

本文作者：南京艺术学院教授，中国著名音乐指挥家。

速写《苦瓜》，1989年

温厚儒雅　淡泊高洁
——追忆一代名师谢海燕教授

沈行工

当我得知于 1998 年出版的《谢海燕中国画选集》是谢老的第一本个人绘画作品专集时,我曾十分惊讶,因为当时谢老已年近九旬,怎么会是第一本?然而震惊之余是由衷的崇敬,我深知正是由于谢老数十年间为艺术教育事业倾注了全部心血,才无暇顾及自己个人的绘画创作。其实作为一位学养深厚、志存高远的美术教育家和画家,尤其是像谢老这样德高望重的知名教授,举办一次个人画展,出版一本作品专集,并非难事,只是长久以来谢老始终对于个人的名利毫不在意,在他的心目中人才的培育、学院的发展是最为重要的。这是一种什么精神?是一种牺牲自我、甘为人梯的无私奉献精神。这种精神令我深为钦佩和感动,回想起来在我内心中很早就默默地将谢老奉之为自己的人生楷模。

记得最早见到谢老是在我读南艺附中的时候,距今该有五十年了。在一个十六七岁的高中生眼里,谢海燕教授有着非常典型的学者风度,仪态端庄,沉稳儒雅。附中的学生总是从远处向上方望着这位美术系的系主任的,谢老的形象显得既高大又似乎有点难以企及。上了本科之后,有了较多近距离接触谢老的机会。由于主要精力放在教学管理及行政事务方面,谢老较少担任具体的课程教学,但他经常走进各年级教室,与学生交谈,了解教学的实际状况。他会很仔细地观看学生的作业,有时还作些评点,提出十分中肯的意见和建议,令人感到既可敬又可亲。我相信,正是在那段时间他对我的学习情况和专业能力有了初步的印象。

作为 1966 届的毕业生,相对而言还是比较幸运的,至少能够完整地读完四年大学课程。然后是在校等待分配,再去部队农场劳动锻炼,以至于等到我去南通市文化局报到上班,已是 1970 年年初了。此后的七八年间,我任职于南通市创作办公室,一方面担负群众美术的组织

速写《蔬果》,1989 年

速写《百合花》,1998 年

速写《莲藕》,1989 年

与辅导工作,一方面自己还可以从事绘画创作。当时有不少作品入选全国和江苏省的一些重要美术展览,相当一部分也由北京、上海、南京等地出版发行,产生了一定的社会影响。在这个时期与谢老联系的机会不多,但偶有见面言谈之中总能感觉到他对于我的关注和勉励。

1978 年迎来了教育事业重建与发展的大好春光,国内高校恢复正常招生。这时各高校面临的最严峻的问题是师资队伍青黄不接,尤其是缺少一线的骨干教师。"文革"十年,高等院校元气大伤,急需补充新生力量,南艺同样如此。为了吸纳合适的人才,学校派出了教师和干部前往各地调研,谢老不顾自己年事已高,加入其中四处奔忙。那时因工作需要我也常来南京,曾多次与谢老见面,他总是询问我能否回到母校任教,但由于南通方面一直

速写《莲蓬》,1989 年

以来对我很是器重,给予了很好的工作条件,若是单方面提出工作调动,难度较大。而此时也恰好得知国家将于当年秋季首次招收艺术类专业的研究生,谢老极力主张我积极报考应试,认为研究生毕业后将会顺理成章留校任教。我遵从了谢老的建议,于是我便开始了整整三十年在南艺的学习、工作和生活。现在回首往事,会觉得那是自己一生中的一次重要抉择和重大转折。当然,首先从内心来说是希望能找到更有利于发挥自身能力的工作岗位,以求在专业方面取得更大的进展,这是主观上的缘由。但如果没有谢老的信任、鼓励和推荐,或许我未必会下决心完成这一改变。

1981 年我完成研究生学业留校任教,在此后我所从事的教学、科研创作及行政管理工作的过程中,谢老始终给予了关心和支持。1987年人民美术出版社出版的《油画选辑》第12期发表介绍了我的油画作品,谢老亲自撰文点评推介,给了我很大的鼓励。事实上自从回到南艺学习和工作之后,就有了较多的机会得以聆听谢老的教诲。我和妻子曾多次去拜望谢老和张嘉言老师,每逢春节只要没离开南京我们总会登门贺年。记得在我读研期间,谢老和张老师曾邀请我们去他们家作客。在青石村的谢老寓所,朴素的室内陈设、可口的家常饭菜和温馨的师生情谊令人至今难忘。在我印象中,屋内墙上挂着不多的几幅画,有一幅油画是倪贻德先生的作品,颇具现代画派的风采,与法国画家马尔开的运笔铺色有异曲同工之妙。我觉得一方面从中可以看出前辈艺术家之间相互欣赏与敬慕的友情,另一方面让我深有感触的是谢老他们那一代老艺术家在绘画创作和鉴赏上所秉持的高品位、高格调。我相信,有时候老师对于学生的影响力并不仅仅在于直接的教导,所谓言传身教,其实往往身教重于言传。谢老治学严谨而又谦和通达,他对教育事业的忠诚与坚持,对年青学子的提携与勉励,包括他平日的为人处事,无一不在起着示范作用。

或许正是由于自身的丰厚学养和个性的沉稳内敛,谢老笔下的水墨画作品简约而清新,浑朴之中不失飘逸,郑午昌先生称之为"深邃典雅,一如其人"。谢老留下的画作数量不多,但都相当精美。我很喜欢他以一些小动物为题材的水墨作品,无论是灵动的金鱼,还是活泼的群兔,不只是形态可爱,富于意趣,更难得的是我总觉得在这些画面里蕴涵着一缕温情,一种令人感动的真情。谢老的画是含蓄的、意境深远的,随着时间的流逝它们的内在价值将会更加充分地显示出来,它们是珍贵的传统文化财富,相信会有美术理论工作者对此进行深入的专门研究。

谢老离开我们已近9年了。在记忆之中他的形象似乎仍然如此清晰,他的温厚儒雅,他的淡泊高洁,以至于他的仪表风度,一一存留在我们心中,那么的平和,那么的亲切……

本文作者:原南京艺术学院副院长、教授。

速写《西瓜》,1989年

速写《睡莲》,1989 年

我心中的谢老

周京新

1980年5月底,我只身来南京参加南京艺术学院美术系中国画专业本科招生考试,那也是我第一次走进南艺校园,眼前的一切都很陌生、很神秘,在美术系一楼走廊西头排队等候口试的时候,我除了紧张就是茫然。这时,一位身材高大、举止儒雅的长者缓步从我们面前走过,他身着青灰色中山装,拄着一根手杖,慈祥的面容带着微笑,用和蔼的目光与每一个考生打招呼。我被他儒雅和蔼的风度深深吸引,在心里猜测这位长者身份的同时,紧绷着的情绪也松弛了许多。轮到我口试的时候,我在考场内又见到了这位儒雅长者,他安静地坐在主考席后排,十分专注地关注着口试的情况,慈祥的面容依然带着微笑。考试结束后我才得知,他就是南京艺术学院的元老、著名美术教育家谢海燕教授。

毕业后我虽然留校做了教师,与谢老接触却并不算很多,但只要有机会见到他,聆听他的教诲,我的内心就立刻会产生一种沐浴甘露般的惬意,那真是一种难以言表的享受。谢老的举止总是从从容容、安安静静、不慌不忙的,在他那谦谦君子式的儒雅风度里,没有丝毫的威严霸气,但是只要他一出现,周围就会立刻安静下来。谢老的言谈总是谦和而亲善的,他从来没有前辈师长、名流学者的做派和腔调,从他平静温和的话语里,我感受到的是一种博大的胸襟与宽厚的仁爱。

记得有一次,我与几位同事去谢老位于青石村的家里拜访,那是一幢很旧的二层小楼,谢老的家占了其中一个单元,面积不大,光线也不好,生活陈设全是旧的,木质楼梯、地板还会吱呀作响,简朴的条件出乎我们的预料。谢老和师母张老师十分热情地接待我们,让座沏茶之后,张老师还兴致勃勃地领着我们到各屋参观。客厅里除了挂在墙上的名家字画,最吸引我们的就是各式各样的非洲木雕,它们造型特异,神情奇拙,让谢老的家有了一种

速写《海棠花》,1989年

鲜活的异国情调。

　　谢老的书房不到 10 平方米，很旧很旧的书橱里面、顶上甚至侧旁，都排满了书籍和画册。同样很旧的书桌上，除了堆放了许多书籍、画册之外，中间留有一小块空间，摆着"文房四宝"和一颗很新鲜的大白菜。张老师告诉我们，那是谢老写生用的，她拿出了谢老尚未完成的一幅四尺三开的大白菜水墨写生给我们看。谢老画如其人，他的水墨写意语言一贯朴实简洁，气净神闲，看似平淡无华，却能凸显出与众不同的艺术风格。我还是第一次见到谢老未完成的水墨写生作品，被那种自然纯净、真切朴实、平中寓奇的艺术境界所打动。

　　在与我们聊天的时候，谢老最关心学校的教学情况，他嘱咐要让学生多学传统，多搞写生，提高创作水平。在和蔼亲切的谢老和师母张老师面前，我们这些晚辈学生没有丝毫拘束的感觉，大家都很放松很开心，时间不知不觉就过去了。

　　谢老搬进黄瓜园以后，与他见面的机会多了。2002 年，我策划编撰出版一部《中国画教学大图典》，邀请年逾九旬的谢老任总主编，他欣然应允，并在总序文字撰写、分册类别定位、传统经典挑选、图版印刷质量等方面热情积极地提出主导意见，指导我们的编辑工作，在那段给谢老做助手的时间里，我真是获益匪浅。一天晚饭后，我去谢老家汇报总序的文字修改情况，谢老对每一个字句都认真推敲，每一段史料都严格求证。在交谈中，他总是以商量的口气与我这个晚辈学生交换意见，对我所做的工作也总是十分鼓励。看了我根据谢老的要求在总序中增加的一些新内容之后，谢老对我说："我很佩服你啊，能画画还能写文章"。惶恐之余，我更为谢老谦逊豁达的人格魅力所折服。因为担心谈的时间久了会影响谢老休息，我坚持告辞，答应按照谢老的要求认真修改，择日再来汇报。谁料，我走后谢老临时又想到了几处须修改，竟然在当晚近十一点的时候给我打电话一一交代，他说若不即刻安排好今晚会睡不着觉，拖到明天也恐怕忘记。我们在电话里谈了近一个小时，结束前谢老还向我致歉："打搅你休息了"，令我既惭愧又感动！

　　《中国画教学大图典》出版后，我将样书送到谢老面前，他非常开心，对我们的工作十分满意，并当即拿钱要我再替他购买几套寄赠友人。后来这部《中国画教学大图典》被教育部审定为全国美术院校专业教材，被许多美

速写《铁树》,1989 年

术类院校在专业教学中采用,因为广受欢迎还一度脱销,这让我感到欣慰。与谢老相处的这一段经历令我终身难忘,我也因此有了许多感触、许多反省、许多惭愧和许多激励。谢老严谨的治学态度与谦和的人格魅力,深深地震撼了我的心灵,令我真切地体验到了崇高师德的楷模风范。每当因琐事缠杂而心生燥气,我就会想起谢老,想起他那永恒的谦和与平静;每当因客观困难意欲消极懈怠,我也会想起谢老,想起他那超然的宽容与坚实的执着。在我心里谢老是一面清澈高洁的明镜,在这面永恒的明镜照射下,我会时常得到反省、修正、勉励与鞭策。

  我怀念谢老,也时常会在心底里感激谢老给予了我受用不尽的教益。敬爱的谢老不朽!

  本文作者:江苏省国画院院长,南京艺术学院教授、博士生导师,江苏省美术家协会副主席。

感念谢海燕老师

张友宪

他站在那里,气宇轩昂,朴素的展厅中由是添加了庄重之气,让我们这些未出茅庐的艺术青年也多了几份好奇。这老人是谁?这位像守护孩子一样看护展品的老人到底是谁?在当时稚嫩的我看来,那整洁的中山装,显溢的是典雅、是深邃;那满头的银发,飘逸的是书香、是文章。当他用极为和蔼的声音讲解这"文革"后期南艺举办的学生毕业作品展,并鼓励我们报考南艺时,正做着画家梦的我们不禁对他油然生出敬意。

这是 1976 年夏天发生在南京山西路军人俱乐部的一件往事,这是我第一次见到谢海燕老人的情景。

但那时,我不知道这位像教工一样看守展品的老人竟是我两年后考取就读的南京艺术学院美术系主任,也不知道他有着光耀美术史的不凡经历,更不知道他将对我以后从艺做人影响至深。

速写《铁树》,1989 年

作为文革后南艺报考的首届美术系的学生,我们当时的思想单纯,循规蹈矩,带着那个时代的特有烙印。这时候,谢老以他跨越几个时代的阅历赋予的胆识,告诉我们破除禁锢,敢为人先的可贵。印象较深的一件事是,在大家对"金钱"二字都还讳莫如深的时候,他却向我们谈起这样的话题:学艺术不要忌讳钱,艺术品有了艺术价值,才会有真正的经济价值,要有本领把别人口袋里的钱赚进你自己的口袋里来,就要让自己的作品达到别人愿意花钱买的程度,如此来为国家创造经济效益。这番话在当时不说是振聋发聩,也是鲜有所闻。更多的时候,他是以轻松、风趣而又充满睿智的语言传道解惑,譬如他把兴趣的"趣"字拆解开来,一边用手比划着一边告诉同学们:一个人兴趣的养成要靠自己,要有走上去拿的意识,你们看,只要"走"过来"取",就有了兴"趣",等等,寓教于乐,让我记忆犹新。

"蔼然仁者,即之也温;相与晤对,如坐春风。"凡是

速写《美人蕉》,1989 年

与谢老接触过的人,都会感受到他的人格魅力。而我真正有机会领教他的耳提面命,则是我毕业留校任教多年以后。1991年初我的第一本个人画集《友宪素描》由艺术家出版社正式出版,拿到样书,我便鼓起勇气给谢老送去,请求赐教。谢老接过画册,认真翻看,面露欣喜之色,给了我莫大的鼓舞。翌年,南艺在筹办80周年校庆活动,适逢我的第二次个人画展先期在上海美术馆兴办,当我向谢老汇报展事,他表示支持之意后,向我交办了一个比较"荣耀"的任务:给时任上海画院院长的程十发先生送信,同时取回程先生贺赠母校的画作。我十分愉快地怀揣着谢老的信函乘上了去沪的列车。10月22日,我的画展在上海美术馆如期开幕,恰巧主办方请程十发先生前来出席并主持剪彩,我借机向程先生说明此意,程先生当即留下了地址和电话,向我发出邀请:"你过两天到我家来吧"。两天后我如约而至程府,程先生一边展读谢老的信一边对我说:"谢老是我读上海美专时的老师啊!"说时仿佛回到了青年时代,甚是兴奋。然后铺开信笺,提笔给谢老复信;在抬头处,程先生恭恭敬敬地写下"海燕老师,嘉言师母",边写边笑谈:"谢老是我老师,嘉言却是我同学。那时候,谢老师在讲台上授课,嘉言同学就在下面听,我们知道,他(她)们俩人是师生恋啊!"说罢取出一幅四尺整纸的设色花鸟画赠送给南艺,又兴致勃勃地在我带去的《聚蕉图卷》上题诗:"怀素书蕉,友宪画蕉,六法精粹,使吾拜倒。"程先生此时用此语,与其说是对我的褒扬,毋宁说是他对谢老的尊敬和爱戴以及他对母校的眷念之情。

  研究南艺乃至中国美术发展史,恐怕任谁都不能忽略谢海燕这个名字,恐怕也只有屈指可数的几个人能与之比肩。数十年来,他和刘海粟相知相携,既掌教鞭,又事管理,共同为中国现代艺术教育戳力耕耘,开创出一片绮丽河山。如果说刘海粟是美术教育王国的杰出战略家,那么谢海燕就可以被称之为高明的战术家;如果说刘海粟粗笔排宕地为南艺泼写出了"不息变动"的蓝图,那么谢海燕就是用工笔精墨皴染出了南艺"稳步推进"的细节实景。以我浅陋的中国近现代美术教育史知识,我很难再找出第二对,从人品到艺品都如此高度一致的最佳搭档来。谢老的守经达权、负重致远,谢老的朝乾夕惕、任劳任怨,谢老为南艺所作的那些"大块文章",自有人记写,还有谢老在美术史上的学术成果、研究贡献,以及

速写《凌霄花》,1989 年

他作为一位艺术家挥洒出的格高气清之笔墨种种，也自有人评述，就我个人感受而言，在诸多染翰的美术史论家中，谢老的翰墨水平当持其牛耳。何耶？技而能进乎道者也！试举所画《金鱼睡莲》为例：汁绿色的莲叶在谢老的笔下被点写出那份绒厚和沉静，以墨破色的叶脉，悄然浑化，自然融入进夏日荷塘那片翠色的质感里并同时散发出怡人心肺的艺术清香，而游弋着的几尾金鱼更是被谢老勾写得宛若翩然下凡的仙子一般，这种"令人沉醉"的境界，是如何被营构出来的？莫非正合着老舍先生所谓"找到自然之美与艺术之美的联结处"？现如今，这个"最使人心醉的地方"在谢老笔下竟能天然相接。以此而论，《金鱼睡莲》在中国美术史册同类型题材作品中焉能再做第二人想？

在杭州潘天寿纪念馆（左起厉国仪、谢海燕、刘苇、潘公凯、张嘉言）

在我院"中国画技法课程"被评为国家级精品课程的今天，我们不能忘记谢老当年在购买二玄社仿真印刷品一事上所做的进言。那是上世纪90年代，台北故宫藏"中国历代名画"仿真印刷品到南京展览，南艺中国画教师去看了，一致认为这批珍品下真迹一等，十分可贵，对于中国画教学将会起到至关重要的作用。可是谈及购买，面对在当时堪为巨资的费用，学院领导一时举棋不定。这时，已退休的谢老得知此情，不顾年事已高，当即出面鼓努为力，终于促成此事。后来的教学实践证明，这批画作作用巨大，效果卓显。

上世纪90年代末，由江苏省政府斥资，江苏美术出版社编辑的大型画集《刘海粟》付梓在即，我清楚地记得，是在一个晚上，参与该项工程的人们齐聚在谢老家温馨的客厅里，地板上摆放着数百幅大大小小的图片，谢老以九旬高龄，不言劳累，和大家一道讨论商议着每项细节……2002年10月下旬，当我飞赴深圳临印该画册时，读着谢老1996年初夏为《刘海粟》所作的洋洋两三万字的前言，我的心不禁倏然而动，痛惜于诸多方面的原因，该画册的出版一拖再拖，竟至未能亲呈谢老过目！

岁月不居，时光如流，梳理我对谢老的所知所感，回瞻谢老在南艺的所作所言，我忽然想起呕心沥血的周恩来总理，想起鞠躬尽瘁的诸葛丞相，一个慈父般的身影久久矗立在眼前。他宽厚、谦和、仁善；他豁达、磊落、明敏；他学识充盈，智怀广大；他爱人以德，诲人不倦。他的情怀、风范，他的道德文章、美学观点，深深感染着我，给我极有益的启示。所谓"经师易求，人师难得"，从他身上，

速写《凌霄花》,1989 年

我读到了很多书本上没有的东西,悟到了很多艺术人生的哲理。2001 年,在全体南艺人深情悼念谢老辞世的日子里,我遇见谢老的女婿陈世宁,他告诉我,近日在整理谢老遗物时,看到我的那本素描集,还静静地摆放在谢老经常翻阅的书柜里。听到这,我的心再次倏然而动,为一位尊师对后学的关爱,为一位老人对晚生的嘉勉,一时竟至无言。

几天前看到亚里士多德的诗句涌上脑际心头:

在众人中他是唯一也是最初
在生活中与作品里
他都清楚而又明白指出
惟有善良才是幸福
这样的人啊,如今已无处寻觅

本文作者:南京艺术学院美术学院院长,教授。

永远怀念谢海老

刘 蟾

  谢海老,他那白发苍苍、温柔敦厚的笑容,时时在我的脑海中浮现。

  我有幸于2000年去南艺进修绘画时,可以有更多的时间去拜望他老人家。他总是像慈父般地关心我的学习进程。谈笑风生又谦和的神态,让我每一次看到他,都肃然起敬。

  父亲以往常给我讲"上海美专"的故事,必定要谈到谢海老。因为谢海老在"上海美专"任职后,便起着非常重要的作用。如果说刘海粟是"上海美专"的父亲,那么谢海老便是"上海美专"的母亲。父亲在谈起那些往事时,那激动之情很自然地就流露出来了。

  1932年夏秋间,父亲与谢海老在浙江舟山相遇,谢海老诚恳、谦和的品格,父亲从心底感到喜悦,一见如故,说来也巧合他们是同月同日生。父亲比他大了十几岁。谢海老早期考入日本帝国美术学校,研修绘画与美术史。后虽然因病辍学归国,但也继续研究与翻译美术史论。后又开始中国画理论、鉴赏的研究。谢海老于1934年兼职于"上海美专"西洋美术史教授。他对工作的热忱执著及严谨的学术态度,深为父亲所折服,父亲力邀谢海老担任上海美专教授兼教务主任,自此他们成为莫逆之交,共事达六十年之久。

  1937年"8·13"日军进攻上海,淞沪战争爆发。国家、学校都经历着漫长又艰苦的时期。当时的"上海美专"经费奇绌,教授薪酬已四月发不出,学生伙食因此很差,我父忍痛割爱将珍藏"黄石斋松石图卷"卖出,以济"上海美专"经费之绌。而国家又处于水深火热之中。虽然学校如此困境,但以国为重,忧国忧民。学校由谢海老协助,不断组织各种展览活动;上海美专师生救济难民书画展览会,共捐画400幅,悉数售罄,捐与难童教养院建筑院舍3幢。又发起"中国历代书画展览会",所得款捐助

速写《无花果》,1989年

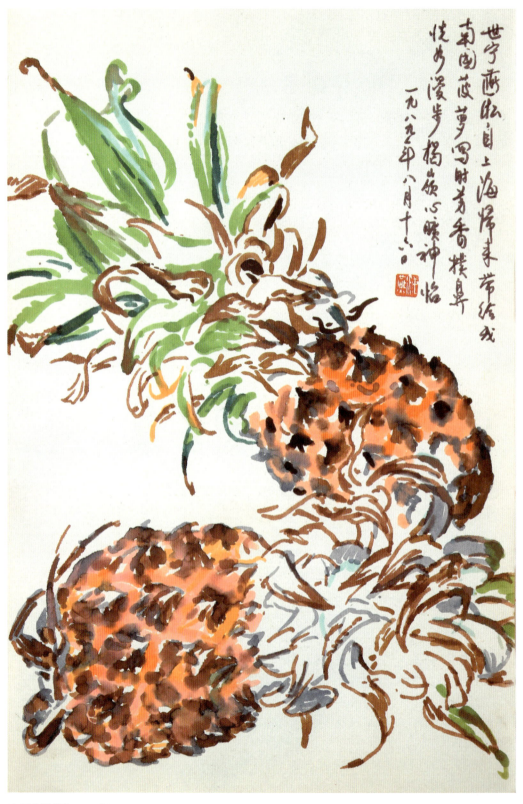

速写《菠萝》,1989 年

上海医师公会作为医药救护队经费。这样与我父同甘苦,很艰辛地支撑着风雨飘摇的"上海美专"。

在此,我特别要写的是看来是件小事,也鲜为人知的家事。事情的经过要从1939年11月讲起。那时,父亲将赴东南亚巡回举行筹赈画展,支援抗战。他得到谢老精神上的支持,答应出任代理校长。我父非常信任谢海老,临走前将校事、家事都托付于他。我父把所收藏古代书画作品的保管箱及钥匙交付于谢海老,请他保管,然后才安心地离开上海赴南洋。筹赈画展在巴城、泗水、垅川、万隆等地共筹得国币四十余万,少数由各地慈善会直接汇寄贵阳万国红十字会。谢海老闻之喜如雀跃,感到欣慰。正当继续进行筹赈展时,不幸发生太平洋战争,父亲在南洋的巡回展只得中断。日军占领新加坡,旋又向印尼发动进攻,炮声连天,信息中断,父亲归不得上海,学校又陷于停顿。父亲心急如焚。最不幸的是,又发生了家变。妻子成某在上海,正闹着要离婚,经常对谢海老无理取闹,要谢海老将父亲托付于他的保管箱钥匙交出来,但谢老不怕威逼(因成某当时确实有些大官衔的朋友)。他言正词严地告诉成某:"不管什么理由,我都不会交出钥匙来,除了刘校长。他信任我,我也尊重刘校长,我要对他负责任。"此后,成某甚觉无奈而不了了之。直到父亲回沪,抗日战争结束。谢海老将所托之钥匙及藏品一一清点,交代清楚。我父大为感动。谢海老功德无量。我父逝世前就将这些藏品捐赠于国家,而能让更多的艺术爱好者欣赏,造福于民。后来我见到谢海老,曾谈起此事,他只一笑置之。我从心底里敬仰他老人家,德高望重。太平洋战争爆发,"上海美专"陷于停顿,谢海老积极筹划内迁,在敌后坚持抗战教育。1944年上半年潘天寿被任命为国立艺术专科学校校长,坚邀谢海老出任教授兼教务主任。初夏同去重庆。潘天寿、谢海老到职,着力罗聘人才,团结全校师生,丕振学风,如火如荼开展各项艺术活动。直到1945年8月,抗日战争胜利。9月父亲到"上海美专"准备复员工作,以谋复兴。谢海老为践履对"上海美专"的历史交接,恳辞国立艺专教职。1946年3月,绕道西北返抵"上海美专"。试想他放弃了国立艺专的高厚待遇,而到困难重重的私立"上海美专"。他做出了如此大的牺牲,而毫无怨言。谢海老的身体是虚弱多病的,但他的意志是坚强的。内战期间,上海美专学生在爱国民主运动中,以艺术为武器,积极参加各大学反内战反迫

速写《葡萄和梨》,1989年

速写《石蒜》，1989 年

害的斗争，遭到反动势力的武器袭击，造成"六五血案"。有七名学生干部和进步学生被遭毒打逮捕。经我父与谢海老协力营救，在党地下组织发动进步舆论和民主人士的抗议下，获释出狱，投军参加解放战争。

谢海老，他淡泊明志，忧国忧民，为振兴民族文化，培养艺术人才，扛起了教育事业的千鼎之重任，为中国美术教育事业作出了杰出的贡献。

谢海老，我们永远怀念您。

本文作者：刘海粟大师的女儿。

速写《炮仗红》，1989年

谢老一席话，胜读十年书

徐建明

1978年的我在谢海燕老先生面前，是一个刚刚进入南京艺术学院美术系中国画专业学习的青年学生，而在学习的开始阶段就得到谢老的谆谆教诲，使我终生不忘。

当时，我们国画班10名同学，在美术系二楼的一间朝南教室里开始了为期四年的大学学习生活。最先上的

速写《百合花》,
1989 年

课是马承镳老师的素描课,马老师是从画石膏几何形体入手的,他让我们用准确而又简练的线条画出几何形体的形状,结构构图和相互的组合关系。虽然大家都有一定造型能力,但初画之下还是毛病百出,从而显露出我们对形的把握还不到位,但当时对此并不以为然,很想快些进入国画专业课的学习。

　　有一天,谢海燕先生慢慢地走进我们国画班,面色和善,衣着清整,两鬓如霜,他先看了我们的画稿,似乎是有意地来做我们的思想工作,讲了许多画画的道理,其中有一句话最清晰地印在我的脑海中,他说:"学画要像造金字塔,塔基越大,塔尖越高。""不能忽视造型基础训练,以及文、史、哲各方面的修养,要多画,多看,多读书,打好基础,才能提高。"他还讲了南艺史论前辈俞剑华先生的四万人生,即行万里路,读万卷书,画万幅画,著万言书。当时我们听了谢老的这段话,并没有立刻理解话中的内涵,只当是谢老的一段教导,而随着时间的推移,在学习的过程中慢慢领悟到这段话的意思是包含了学习的规律,学画的必然之路。从基础做起,夯出一个大而实的"塔基",这个塔基中有造型基础、艺术理论、文史知识、哲学理念、专业技法,以及对传统文化的情感,对生活的情感等等。总之包含着人生的轨迹,铺出大块的基石,正如当年为上海美专题写校训的蔡元培先生所书的"闳约深美"一样,"闳"就是宏大的意思,没有一个宏大基础,后面构建和塑造就会很难,如同豆芽一样不能长高长大。金字塔的造型特征是塔基闳大而渐渐升高的,学画的过程若无像金字塔一般的宏大的塔基,是不可能有较高的画艺的。这一点在谢老平淡而又形象的比喻中,道出了深刻的道理。并且还用俞剑华先生的成就做榜样,因俞剑华先生是我院老一辈史论家,是一位"苦学派",在他的一生中,做学问用功异常,成就斐然,在史论界有很高的声誉,创立了俞剑华学派。谢老用他的治学特点来激发我们的学习激情。当时我们心胸激荡,立志要像谢老所教导的一样,努力奋发,打下宽大的"塔基",以利今后的深入学习。就是这一次谈话,谢老把他的学习理念、学习要素交给了我们,我们正年青,正如饥似渴地学习中国画,有谢老这一席话,真是胜读十年书! 这虽然有点夸张,但细想一点都不过份,因为有谢老这样的良师,有当年南京艺术学院的学习氛围,才有我们在日后的艺术道路上取得的一点进步。艺无止境,艺塔无尖,但基础是一定要打好的。这难道不是谢老的良苦用心之所在吗?

想到我在毕业后留校执教二十多年,当了二十多年的老师,而老师成为良师是不易做到的,最简单的就像知识店里的伙计一样,搬运一些成品知识灌输给学生,而不从本质上去思考,从艺术教育的规律上去梳理,从中感悟到和总结出能够让学生终生有用的鲜活的知识,谢老的伟大就在于他能用他的人格力量,用精辟的知识去教导人。出言儒雅大度,平静中的超然,总使我们从他那里获得许多终生有用的知识,伴随我们在艺术之路上行进。

本文作者:原南京艺术学院美术学院副院长,江苏省国画院艺术委员会副主任。

速写《一品红》,1990 年

哲人已逝　德艺长存

——忆谢海老

史金城

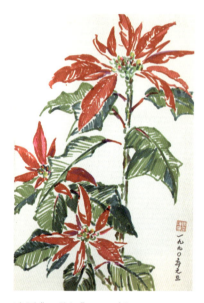

速写《一品红》，1990年

海燕长者，离开我们已七年了，他留给我们的德艺财富是永远铭记在我们的心中。海老德高望重，虚怀若谷，真是谦谦君子、长者之风。他对同志是那样的和蔼可亲，平易近人，他的高尚品德，身教言教，忘我的工作，实在是后来者的楷模。他对工作任劳任怨，不计得失，考虑周详，一丝不苟，从不马虎。他从不以长者自居，以领导临下。无论是在美术系工作，或者是担任院领导工作，他总是那样一步一个脚印。有了成绩，他不归功自己；有了闪失，他不诿让别人。他从事艺术教育六十多年，26岁时，就担任上海美专教务主任，培养了一代又一代的艺术人才，在我国近现代艺术教育史上，他是开拓者、创造者、育人者、后己者。他逝世后，留给我们的是两袖清风，然而在我国艺术教育的土地上，他是丰收者。我与谢海老接触不多，但就是这不多的记忆，却深深铭刻在我的脑海中。

传授诗书画　三绝不可缺

我与谢海老交往不多，除了因工作关系有几次接触外，平时很少交谈。但尽管如此，其在我印象中却是十分深刻的。记得是1981年秋初，开学不久，我因高血压症住进省中医院。其时，谢海老先我住在省中医院，他住在二楼的干部病房，我住在一楼。在此之前，我与谢海老很少接触。当他获悉我也住进来了，第三天下午，他即亲自来我病房看望我，并带来了水果和糖果。他坐在椅子上，问我在未到南艺前是不是也是教师？我说：我是读法律的，解放后，做过中级人民法院刑庭审判员和师范学校的文学、历史教师。他简要地谈了南艺的悠久历史和强项专业，并告诉我他就住在二楼病房。他谈吐很慢，语调不高。经过这次接触，他给我的第一印象是和蔼近人，既是

速写《花束》，
1990 年

长者，又是学者，既是艺术界前辈，又不以长者自居。第二天下午，我到他病房作礼节性的回访。在住院的十几天里，他到我病房多次，每次他来，都看我把病床当桌子，把凳子放倒，伏在床上写东西，床上放满了资料。有一次他轻轻地告诉我，医生对我有意见，说我不是来治病而是来工作的。他笑着对我说：既来之，则安之。专心治病，等病愈后再努力工作。经过一来一往的接触，我们距离拉近了。我也不再像起初那样的拘泥了。使我记忆犹新的是他和我谈到南艺的文学课程教学的内容。他建议文学课程最好能增开古诗词，让学生能懂得了解一些古诗词，进而能在画上题诗。他说：中国画号称诗、书、画三绝，这是中国文化的国粹，光会画而不能题上几句诗，画的意境有时就不能表现出来。他以扬州八怪之一的郑板桥，

速写《紫藤》,1990 年

在山东潍县做县令时画的一幅竹子为例,画面修长稀疏的淡雅几笔,如果不在画上题上"衙斋卧听萧萧竹,疑是民间疾苦声。些小吾曹州县吏,一枝一叶总关情",设想没有这首诗的补充,画家的崇高情怀,同情关心人民疾苦的最高境界,就凸显不出来。他语重心长地说,中国画的三绝,不能在我们这一代人手中湮没。他的话对我启发很大。我出院后,就在文学课程上加开了古诗词课,结合诗歌讲了古诗的平仄及声韵,同时对研究生也开了诗词课及如何调平仄。那时的研究生有董欣宾、张振华、简繁、黄惇等。但他们碰到的最大难题,一是古诗词读得太少,能背诵的寥寥无几;二是他们都学过现代汉语拼音,在现代汉语拼音里,没有入声字,而是把入声字变成了阴平阳平,无法辨清入声字,所以效果不大,除了黄惇学有所获,其余均未入门,到后来也就取消了诗词课。

易一字而窥全豹

我与刘海粟从未谋面,他到南艺来,可谓来也匆匆,去也匆匆。那时,我是南艺文学教研室文学教师兼《艺苑》编辑。文革后海粟老人平反了,他在高兴之余,曾不顾87岁高龄三上黄山,吟诗作画,留下了大量的画幅和诗稿,拟在《艺苑》上发表。有一天,谢老到编辑部找我,谈到海粟翁七上、八上黄山的壮举,要我拜访一下刘老,将他诗稿抄来,写几篇诗评,予以评析。我知道谢老与刘老的友谊,他们毕生相处,情高谊厚,也洞悉谢老甘为刘老做绿叶,处处关心他,因此,也就答应了。第二天,由当时任学报副主编王锡华同志陪我去刘老下榻的丁山宾馆。经王锡华同志介绍,并说明来意。刘老很健谈,声音洪亮,给我们讲了很多诗词典故。后来刘老叫夫人夏伊乔把他的诗稿交给我,我一一摘了下来。回来后,我一连写了《刘海粟七上黄山诗词初析》、《八上黄山诗词发微》和《读刘海粟南行诗草》。文章写好后,我送给谢老过目,他叫我留下来等他看过后再发稿。第二天下午,他打电话给我,叫我到他办公室来。我去后,他请我坐下,随即谦虚地说:你的文章我看过了,对海老诗歌的评析很中肯,很得要领,但有几处我提出不成熟意见,因为对于古诗我涉猎不多,提得不对,你仍按你原意不作更动。他对工作是极其认真细致,对我的文章也不例外,逐字逐句过目,连漏字和误字都用红笔标了出来。平时大家都说谢老工作认真、细致、负责,这次我深深体会到了。文章发表后,后来海翁又九上黄山,又写了一些诗。谢老又找我,对我说:刘老的诗词,你写了评析文章,我知道你会写古诗,是不是和刘老一首,以志壮举。我说和是可以和,但恐狗尾续貂,玷污了刘老诗歌,贻笑方家。他叫我不要客气,隔了一天我把和刘老的七律写好,送他过目。他反复斟酌,对我的原诗提出最好更改一个字。我的原诗是:

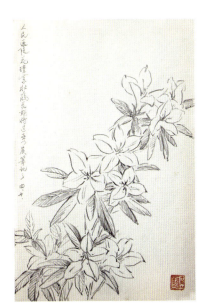

速写《杜鹃》,1990年

《和刘老七律》
兴废人寰亘古今,黟山几见耄登临。
业授桃李艳新宇,道贯庠序谱德音。
松竹傲寒凛晚节,藿葵倾日向天岑。
是非自有春秋笔,璞玉浑金赤子心。

速写《花卉》，1990年

他说这颔联第一句第六个字把晚节的晚更改一下。我说刘老的晚节是好的，但他在抗日期间稍有瑕疵，所以我用一个"晚"字。谢老说：看人要终其一生，不要拘泥于一时一事，刘老毕生从事艺术教育，对我国艺术教育的发展起了很大作用，贡献也是巨大的，不如把"晚"字更改为"大"字，这就全面了，这一改就把刘老毕生对艺术教育的贡献，全面体现出来了，真是易一字而窥全豹。

丰厚的物质财富和精神财富

谢老一生，默默耕耘在艺术教育岗位上，他留给我们的是丰厚的物质财富和精神财富。他谦虚寡言，与人为善，从不议论他人短长。他主持南艺美术系工作数十年，

速写《紫藤蜜蜂》，1990年

勤勤恳恳，一丝不苟，与同人之间，没有丝毫芥蒂。他以身作则，既是学生的师表，又是同志们的楷模。那时的美术系是由上海美专、苏州美专和山东大学艺术系三校合并而成，但谢老都一律平等对待，没有偏袒，不搞山头主义。师生之间，同志之间，团结得如一人。他从26岁当上海美专教务主任，直到南艺院领导，成绩斐然，为我国艺术教育事业培养了大量的艺术人才，他甘当绿叶，为他人作嫁衣裳。因此，他留下的画幅并不多见。他在1998年由北京人民美术出版社出版过一本《谢海燕国画选集》，收集作品57幅，他不是不能画，而是整天忙于工作，忙于给别人的著作写序、写传、写跋。我手头有一幅谢老和张嘉言教授合作的金鱼荷叶画幅照片，这是他为南京《新华日报》在南京发刊五十周年而创作的，水墨重彩，两

速写《菊花》，1990年

三枝荷叶,二三朵荷花,有的怒放,有的含苞,占了一半的画面,荷叶荷花亭亭孑立,显示出莲荷有出污泥而不染的情操,韵味十足。下面一对生机活泼的金鱼,一条用墨,一条用线,自由自在地相偎在一起,翱翔在空白的画面上,整个画面,用笔细腻严谨,画面的形式美感,简约的表现语言,看似信手拈来,却又匠心别具,得动静两极之妙。莲荷静,用笔用色因此沉着;金鱼动,用笔用色因此而简约流畅。画如其人,从这幅画中透露出谢老的人品和画品,不夸张,不媚俗。这只是我看到的谢老的一幅作品,至于谢老的众多画作,惜无缘识荆,至为一憾。

最后作七律一首,遥望南天,而奠仁者:

　　　艺苑耕耘六十年,风云捭阖一重天。
　　　懿行品德推师表,身教言传育隽贤。
　　　俯首甘为花绿叶,礼仁下士纳山川。
　　　哲人已逝道犹在,后辈吾侪励策鞭。

本文作者:南京艺术学院文学教研室古典文学副教授,离休干部。

谢海燕教授对我的
决定性的影响

陈履生

谢海燕教授对我的影响是让我至今难以忘怀的。

我1978年考取南京艺术学院时的兴奋心情,一直持续到跨进黄瓜园之后。此前,我在工厂做工人。高中毕业的时候,做梦也没有想到上大学,因为那是"文革"的年代。后来恢复高考,看到了希望,经过努力也实现了希望。

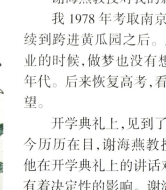

速写《白菊》,1990年

开学典礼上,见到了许多仰慕已久的老师,其情形至今历历在目,谢海燕教授是我记忆最深的一位。因为,他在开学典礼上的讲话对我后来的艺术发展和人生道路有着决定性的影响。谢海燕教授作为南京艺术学院的副院长,在开学典礼上给我们讲了很多,语重心长,有一些内容现在随着时间已经淡忘,但是,他在讲话中提到的关于美术史研究的现状和存在的问题时,说"敦煌在中国,研究在国外"却让我为之一震——怎么会是这样?想想也是,刚刚经历了"破四旧"的年代,这些属于"四旧"的东西还有人去研究?能够保留下来就已经是非常的不容易。当然,在当时我只是大约知道这是一个艺术宝库,也就是知道"敦煌"这个名字而已,更多的也不知道。因为我从小县城出来,见识基本上谈不到,此前也没有进过博物馆,也没有看到任何一本介绍中国古代艺术的图书。不是不看,因为没有。所以,谢院长的讲话给我的艺术思想留下了最初的记忆。谢院长还说,中国的美术史研究比较薄弱,只有屈指可数的数十人而已。他所指出的这一学科专业人才的严重不足,与我们庞大的美术家队伍形成了强烈的对照。因为当时还有这样一句调侃的话,"画画不成搞理论,理论不成搞行政"。所以,社会中对于美术理论的不重视是有目共睹的。谢院长的话深深地印在我的记忆中。因此,在我后来的学习过程中,就按照谢院长的这一提示,不仅努力学习美术史和其他文化课程,而且还选择了美术史专业作为我今后努力进取的方向。后来,在温肇桐教授的影响下,我从大学的三年级开始,基本上就决定了今后转向美术史的学习和研究。决定这一历史性转向的另外一个原因是,我确实不太喜欢染织这个专业。而之所以报考这个专业,则是因为我太想上大学了,可是,又怕考不上油画或国画专业,当年全部的美术专业只招96人,只好退而求其次。

在汕头市元宵画会上作画
（左起罗铭、赵世光、谢海燕、林耀、王兰若、黄独峰）

谢海燕教授风度翩翩,他的儒雅风度是我理想中的最标准的学者姿容,虽然,他没有直接给我们上课,可是,他偶尔会来到我们教室视察,每次来都会和我们谈一点有关的问题。他总是那样的耐心,像对待他的孩子,我们也感受到了他如同父亲般的慈祥、温暖。他的夫人张嘉言老师是我们染织教研室的任课老师,张老师是我们必修的基础图案课程的任课老师。或许是因为这样的关系,我们感觉到谢海燕教授像亲上加亲一样,因为我们都是把张嘉言老师看成是自己的亲人,而不仅仅是老师。张老师有一个不同于其他老师的习惯,不管是在教室上课,还是带学生在户外写生,口袋里总是带一些糖果。她不时地请我们吃一颗糖,有时还亲手剥给我们吃,令我们非常感动。我时常在想,师德风范在这一对学者夫妇中得到了充分体现。

当然,谢海燕教授对于学生的要求也是非常严格的,而且从一点一滴中关心和培养学生。记得有一次他到我们班上来视察,我们正在画水粉画,他看到一位同学在涮笔之后把水随手甩在地上。他很不高兴,但是,却和蔼地指出应该怎样,并亲自示范。我和我的同学们听了都是口服心服。虽然这是很小的事情,却可以从中看到谢海燕教授的严谨作风。

作为一位美术史家和画家,谢海燕教授的艺术成就被淹没在艺术教育的功勋之中。他以毕生的精力辅佐刘海粟院长来管理这所历史悠久的学校,从上海美专开始。他在他为教一生的历程中,把自己的名利置之度外。对于一位画家来说,能够放下自己的画笔来做行政工作,是非常不容易的。所以,他表现出来的高风亮节应该为师者所师。

因为我的导师温肇桐教授和谢海燕教授从上海美专开始的几十年的友谊,关于谢海燕教授的更多的了解则是从温肇桐教授的口中得知。温老告诉我,谢老从年轻的时候开始,身体就不好,但是,从上海美专到华东艺专、

速写《黄菊》,1990年

南艺一以贯之的呕心沥血。在我读研究生和离开学校的日子里,时常听到温老说,谢老又病了,如何如何。不过温老在关心之余又非常自信谢老不会有大碍,因为"他年轻的时候身体就不好",果真如此,他后来的高寿也是大家都没有想到的,而那位从小身体就好且后来连感冒都没有的温老却早他先去。

谢老为人的厚道,也是众口一词,否则,刘海粟院长不会把学校交给他。潘公凯先生也不会在几年前中国美术馆展出的"潘天寿画展"中,选择了潘天寿先生与谢老的合影,放大成巨幅的照片挂在展厅里。谢老与20世纪中国美术教育史有着重要的关联,对于20世纪中国美术教育的发展作出了重要的贡献。

1978年恢复招生,百废待兴,谢老实际承担了领导南艺的重任。刘海粟院长还像在上海美专一样,把南艺甩给了谢老。从恢复教学,设置系科,制定教案,到落实政策,安抚遗孤,培养教师,组织创作,无一不留下了他的心血和学术智慧。今天能有南艺的今天,谢老的功绩应该永远铭刻在南艺和20世纪中国美术教育史上。

我一直都以有像谢海燕教授这样的老师而感到自豪,感到万幸。我也希望在我的母校,在中国的美术教育中,有更多能让后人永远记住、不能忘怀的老师。

本文作者:中国国家博物馆副馆长。

我所敬慕的谢海燕教务长

周传青

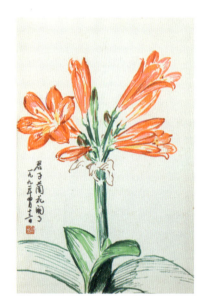

速写《君子》，1991 年

谢海燕先生是我六十三年前抗日战争时期的老师。

那是在 1945 年 8 月 15 日，骄阳似火的重庆，沙坪坝街头的国立艺专录取新生发榜。我居然榜上有名。我在榜前看了又看，生怕不是我的名字。我能考上这座最著名的高等艺术学府是多么光荣，多么幸运啊！

意想不到好事还在后面呢，不多一会儿就听到街上一阵狂欢，"号外！号外！日本天皇无条件投降了"，这可是梦想不到的大好快事！八年抗战胜利了，艰苦的日子终于熬出了头。凯旋之日就在今天，举国上下欢天喜地，到了晚上，沙坪坝的焰火取代了敌人狂轰滥炸的硝烟，它红遍了整个夜空。对我来说，更是双喜临门，快乐无边。

开学之日，我终于迈进了这高等艺术殿堂。谢海燕先生就是国立艺专的教务长，通过课外活动、日常生活受到了他的关怀。我们相处有一个学年，他给我留下了深刻的印象。

事隔六十年跨过了整整一轮甲子，直到今天，我已是 85 岁的老人，仍旧记得非常清楚。他那和蔼可亲的笑脸以及带有广东口音的言谈，在冬天温和的阳光下，他那米灰色的大衣随风飘起的衣角，风度翩翩。常见他在教务处门口，踱着方步，相当安闲。我本是来自港澳的流亡学子，对先生大有他乡遇故知的感觉，经常找他闲谈。

有些同学在课外组织了基督徒团契的，常在课余时间举行灵修晚会，唱唱赞美诗，读经祷告。也曾经举行过圣乐欣赏晚会，邀请老师、同学一同参加。先生也都支持，并为我们安排会议场所；此外先生还支持我们团契，在生活上和精神上帮助一位贫困孤单，患有精神病的李庆珍学长恢复健康。两个月之后他居然康复痊愈。又理发又洗澡，穿着我们为他编结拆洗的一件沾满了虱子卵的旧毛衣，新的样式是他自己设计，他焕然一新地出现在圣诞

速写《君子》,
1991年

节的庆祝会上。手里还拿着心爱的小提琴为会众伴奏赞美诗《平安夜》,看着他美妙悠闲的姿态,听着他悠扬动听的琴声,大家无不高兴得泪花涌出,心花怒放。

最后一个节日是摸彩交换圣诞礼物,大家最看重的要算是谢先生给的珍贵礼物,玻璃锦盒的精美银丝十字架,恰好也被李庆珍摸到。大家满怀希望地庆贺他圣诞快乐。而我却早就接受了先生给我的新砚台,那石板盖上所刻的石绿色的字,诗句我实在喜欢,"云山高,嘉陵长,爱如江山福无量"。其书法美妙无比,开头的那"云"字和"爱"字体较大,正如一朵白云高高的覆盖在嘉陵江高高的山峦之上,爱心福祐着所有的莘莘学子,有了它,我什么都不要了。六十多年漫长的岁月转瞬过去,它还是保存在我身旁,见物思人,无限沧桑。

速写《枇杷》，1991年

  1946年的暑假假期相当长久，国立艺专重新又分为两部分，师生可以自由选择，北部跟随李可染先生去了北平；南部仍旧跟潘天寿校长复员回到了杭州西子湖畔，旧址外西湖18号，也就是罗苑，平湖秋月。继续上课。那可是人间天堂，中国最最美丽的校址啊！而谢海燕先生却又被上海美专校长刘海粟先生千方百计请去，当上了副校长。

  光阴似箭，日月如梭，流年似水，笔下滑过，两手空空，时不待我。1948年我行将毕业，方知蹉跎。短短三年校园生活，西湖美景还没有看够，奈何奈何！正当惆怅徘徊之时，忽然谢先生交给我一件美差，原来是师母张嘉言老师快要临盆生产，谢先生身负重任，留沪工作不能离开。请我陪伴应急几天，对我而言，良机难得，更待何时。

速写《桃子》，
1991年

　　我当即应允"师母包在我身上，先生只管放心工作，千万莫要有后顾之忧，这本是学生求之不得光荣的义务，报答恩师师母的大好机会，相信学生定能完成"。

　　说干就干，次日一早走马上任，准备大干一番。到了蒋庄教师宿舍，柳暗花明，小桥流水，琼楼仙阁，雕栏玉砌，好一个名胜古迹。这个"宿舍"可非同一般，据说是安徽大茶商的别墅公馆。谢师母的卧房便是原主的正房。难怪我这头懒猪，倒下就睡，醒不过来。师母每天一早亲自下厨，管保三顿，还有我爱吃的炒螺蛳，而我每天饱食终日无所事事，每天登楼远眺湖山风光，美不胜收，优哉游哉。忽然，有一天睡梦苏醒，发现师母仍旧在我身旁，我大惊失色，急忙跳起，滚下床来，端着尿盆奔下楼去，请教楼下师母，她们都说恐怕要生了，赶快进医院，于是连

速写《南园栀子花》,1991年

忙扶着师母乘坐小船,咿呀咿呀的摇到涌金门妇产科医院。别人哪知我们焦急的心情,远看还以为我们是荡西湖的游客。那时师母行走已经不便,医生检查,立即住院待产,并对我们说:"你们胆子真大,万一孩子生在路上,该多危险"。我想怪不得师母在船上紧捏着我的手痛得厉害,竟不知这就是预产信号。潘天寿校长的夫人也闻讯赶来,叫我快打电报,被我拒绝,还说先生曾关照过"等生出来再打"。我生怕影响谢先生工作,于是又等了好几个钟头。又是一次糊涂胆大的行为,幸亏是头生。我一直陪在师母身边,她使劲捏我手,我却不敢叫出声来,恐怕影响她的情绪,我见她满头大汗,黄豆大的汗珠直往下流,就不停地为她擦拭。突然医生命令我们离开产房,我待在门外心急如焚,听见医生喊叫:"用力!用力!"可是师母的喘息声却越来越小,我不断地为她祷告。

忽听"哇"的一声，潘师母高兴地说："生了！"，不久医生叫我们"家属"进去，潘师母和我迫不及待地冲进产房，只见师母和襁褓中的婴孩平安地躺在床上，潘师母急问"是男的还是女的"？回答是："恭喜你们，是个男伢儿，大胖宝宝"。我悄悄地问潘师母，小伢儿怎么有点像红脸老太婆，她笑笑说，"傻瓜，初生小伢儿都是这样，脸越红将来就越白，懂得吗"？

我忽然想起打电报，立刻拔脚就跑，一口气跑到电报局，颤抖激动地写了"母子平安"，填好电报再去缴费。这才放心地回到师母的床边，看着新生儿正张着小嘴要吃奶，好不吃力的样子。

太阳西斜的时候，谢先生提着皮包，满脸笑容地奔进病房，坐在师母床头边交头接耳，我知道自己的任务完成了，便赶快走开，出得门来看见西天的灿烂晚霞，心情舒畅。这是我在学校毕业时做的最后一件事。

谢海燕先生不仅是一位热爱家庭的好丈夫，也是一位和蔼可亲、关心学生的教务长，他言传身教，耐心教导，诲人不倦，培养学生如何做人和助人为乐。他尊重人格，平等待人，他给学生民主自由。他善于引导，培养学生自我能力，勇敢向上，独立自主克服困难。他谦虚谨慎，平易近人，隐藏自己，做一个平凡的人。

谢海燕先生永远是我的老师。

本文作者：重庆国立艺专毕业生。

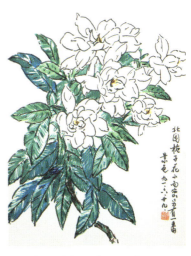

速写《北园栀子花》，1991年

驰骋画坛五十秋——
访画家谢海燕

周昭京

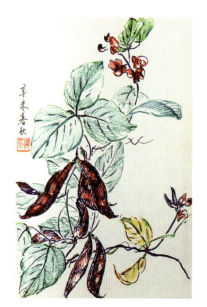

速写《豆角》,1991年

在南京某深巷的一所青藤盘墙的幽静庭院里,我见到了南京艺术学院副院长、著名国画家谢海燕。当我步入他的画室时,顿觉满堂生辉:珍贵的彩色陶瓷,栩栩如生的雕塑艺术品,姿态各异的树根、怪石,隶、楷、行、草书法的条幅,刘海粟大师的字画,四周整齐的书橱……床前一张铺满笔墨纸砚的书桌,是他挥毫奋笔的工作台。

谢海燕年过七旬,皓首银发,是一位慈祥、文雅、温厚的长者。他用乡音未改的潮州话告诉我:"前年自粤归宁后,大病刚好。你从上海远道而来,下午我特地向有关会议领导请假为你接风。"

我见他能说一口流利的潮州话,便问他:"谢老,你离故乡多久了?"

提起故乡,好像拨动了老人思乡的心弦,他那挂着文静微笑的脸顿时显得很兴奋。他动情地说:"离故乡40年了,只回去过两次,常做故乡梦啊!游子的心呀,什么最亲?家乡最亲!前年赴汕头参加元宵画会,坐在车中真是归心似箭,恨不得展翅飞到故乡母亲的身旁。生我者的母亲虽已不在人世,但哺我者是故乡的水。我搞国画艺术是从小受潮州民间艺术的影响。我回去是想看看故乡的变化,亲亲故乡芳香的泥土,吮吸故乡民间艺术的奶汁。我到了潮汕病也好了,人也爽了。"

望着这位年逾古稀而对南国故乡富有情感的老画家,我不禁想了解他的身世和走上画坛的艺术生涯。

他1910年3月16日生于揭阳榕城。父亲叫谢桂明,是行驶于汕头至揭阳一家轮船公司的一个职工,因家贫没上过学,只识得几个字,为人忠厚老实,喜爱潮州音乐,能操"二弦"。母亲叫陈美姣,是渔湖一家贫农的女儿,贤惠、善良、勤劳,也没上过学。但从学唱潮州歌后,却能看懂《三国演义》《水浒传》《聊斋志异》《东周列国》《镜花缘》《儒林外史》《红楼梦》《今古奇观》等章回小说。

速写《菊花》,1991年

只能读,不会写。亲属中的伯父、舅父和两个弟妹,都因家贫到海外谋生而客死在海外。父亲因自己没有文化,很想培养自己的儿子学有专长。谢海燕从小喜爱读书,更喜爱有插图的章回小说,经常临摹书中人物画像。潮汕的音乐、戏剧、绘画、雕刻都很发达,各具特色。元宵节五彩缤纷的花灯更使他喜爱。他从小学会拉椰胡、打扬琴。6岁入学,到竹巷静远女学幼年班读了一年,后在谢氏私塾读了二年"老书",如《幼学琼林》、《三字经》、《千家文》、《千家诗》等。9岁入觉新小学。老师谢式文是一位古文基础深厚而喜爱书画的师长,也是谢海燕幼年时书画的启蒙老师。他除教学外还常叫学生临摹自己的作品和画谱《芥子园》、《醉墨轩》等。13岁进英国长老会福音高等小学,第二年入美国浸信会真理高等小学当插班

速写《冬菊》,1991 年

生。1924年真理小学改为中学,他的班级成了真理中学第一班。福音、真理两所学校都以《圣经》为必修课,他又看了不少宗教画,这给他后来学西洋画史提供了基础知识。这两所学校都注重英文和国文。真理中学校长是美国牧师。他先后读过《英文津逮》《泰西五十轶事》《鲁滨孙漂流记》。福音学校教国文的是清末监生谢鹤年,真理中学是廪生林拱棠、举人林家桂。他们教《史记》《古文观止》《诗经》《孟子》等。图画课学铅笔画、色粉笔画、水彩画等。这些都是他感兴趣的课目。

15岁那年因祖母去世,家里又修了房子,父亲负债累累。他辍学了,在家自修,靠查字典辞书,向人请教自学初中课程。同时他又自学作画,为人家画扇面,画肖像,并把家里新修的房子四周的墙和窗都画上画。第二年又到真理中学复学。因家境无法给他念到大学,便从学画上发展,后来他到汕头学画。

1926年,他考进汕头轶士美术学校。这所学校是由一位中学美术教师侯杰所办。它是一所商业性质的不正规的职业学校。他学的是西洋画科,主要是临摹西洋画、舞台布景、照相布景等。为提高艺术水平,他买了不少有关美术方面的书来看,如蔡元培、刘海粟、吕澂、陈抱一等人著作的有关美术史、绘画、美学艺术教育等,使他初步懂得怎样做一个真正的画家,摸索着学画人像及写生和静物风景画。因此,很受侯杰老师的赏识和赞扬。他只学了半年,便被留下来任教。

1928年,他考进上海中华艺术大学西洋画科当三年级毕业班插班生。该校以西洋画科和文科闻名。该校校务委员会主席兼西洋画科主任陈抱一教西洋画。陈望道教美术理论课。为了深造,他婉言谢绝了汕头侯杰老师邀请他回汕头任教。在征得父亲同意后,父亲卖了一块田筹得一笔资金,又加上侯杰老师和艺大同学黄臻芳等的资助,东渡日本留学。

1930年3月,他乘日本邮船"长崎丸"赴日本。他先在东京第一外国语学校学日语,秋季便进东京帝国美术学校西洋画科,学习绘画和美术史。校长是北吟吉,教务长是著名东方美术史论家金原省吾。著名西洋美术史权威坂垣鹰穗和一氏义良也在这所学校任教。在他们的教导下,他把兴趣集中在美术史研究方面。第二年,他患了肺结核病,又因日本币制改为金本位,日汇猛涨,中日关系也恶化,不得不中途辍学回国。他带回来很多美术方

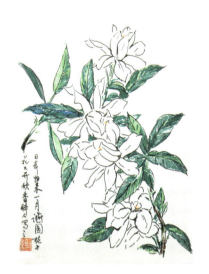

速写《栀子花》,1992年

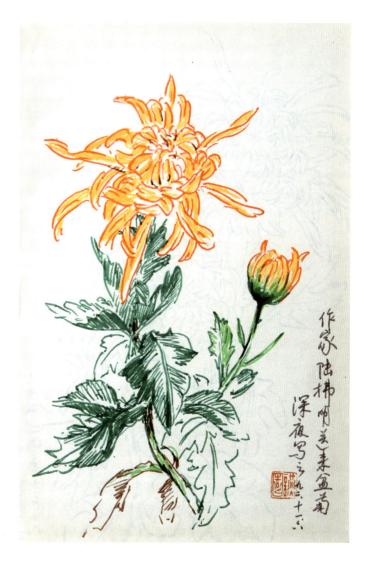

速写《盆菊》,
1992年

面书籍,回到上海后从事美术史方面研究。因日夜操劳,他旧病复发,口吐鲜血,在黄臻芳好友帮助下去浙江定海舢山公园疗养,并继续从事研究工作,健康有了好转。1932年夏秋之间,刘海粟第一次旅游欧洲后不久去普陀山写生,途中因遇台风,暂住定海港,在舢山公园和谢海燕邂逅。这也是一机遇。两人纵谈中国画、西洋画、艺术创作道路及中国美术教育事业等等。谢海燕在艺术上的造诣及其对事业追求的精神,深为刘海粟所赏识和器重。刘海粟希望他到上海美专任教。但由于谢海燕已受聘于郑午昌先生,答应身体康复后到上海汉文正楷印书局任编辑部主任,兼任《国画月刊》主编,只得以后在美专兼课。当时黄宾虹任《国画月刊》编委。

刘海粟回忆说:1934—1935年,我再次赴欧洲主持

速写《繁花》,
1993年

中国画展,谢海燕到"一品香"为我送行。我一回到上海便与郑午昌商量要他同意让谢海燕到上海美专主持教务工作。郑午昌见我诚意,也希望谢海燕有更广阔天地去施展抱负,便欣然应允。半年后谢海燕任上海美专教务长。由于他工作一丝不苟,深得学生爱戴。当时他只26岁。刘海粟回忆说:"1935年9月21日,蔡元培、叶恭绰两先生为我洗尘。我把海燕介绍给两位前辈以及同座的吴湖帆、王一亭等海上名人。1936年蔡元培70大庆,海燕与沈钧儒、黄炎培、陈树人、于右任、马寅初、许寿棠、张学良、林语堂、黄自、萧友梅、李四光等先生一起签名发起成立子民美育研究院。"

1937年,他回家乡探亲,因抗日战争爆发,交通受阻,母亲患病,未能返校,便任家乡蓝田小学校长。1938年暑

速写《草莓》,1993年

假接刘海粟电报后,即回上海美专执教,竭力维持在风雨飘摇中的上海美专的工作。1939年春,上海租界沦为孤岛。为了支援抗日前线,刘海粟与医师公会朱扬高、丁惠康,以及吴湖帆共同联络了13位收藏家举办《中国历代书画展览会》,展出宋、元、明、清历代名人书画珍品,如文天祥、史可法、黄道周、倪元璐、邓世昌、林则徐等人书画。展览会门口海报和会标写着"展览先民遗迹,表现民族精神",并发动上海的《文汇报》《大公报》出整版特刊宣传。许多人参观后,在忠烈遗迹面前赞叹不已,激发了民族精神,展览会万余元收入都购买药品,支援抗日。刘海粟又联络了王个簃、王一亭、吴东迈、诸闻韵、诸乐三等人举办《吴昌硕先生作品展览会》。上述展览会都由谢海燕具体协助。展览会结束不久,谢海燕陪同南洋华侨领袖范小石去看望刘海粟。谢海燕力主请刘海粟去南洋开大型画展,义卖抗日。刘海粟欣然应答。刘把上海美专托付给谢海燕,由他任代理校长。刘又把寄存在四行保险库的两大铁箱古画的钥匙和印鉴都交给他保管,并劝他住"海庐"家中,以便工余时作画休息。临别,刘海粟对他说:"学校可办则办,不可办就关门。家里有笔纸可作画。现在物价飞涨,筹款极难,这个担子太重了。"谢海燕对他说:"你安心去,我发动美专师生,源源不断地作画寄去,学校也不夭折,总要支撑下去,决不负重托。"1989年刘海粟回忆此事时,曾赋诗:"隐隐彤云动地来,离家去国不须哀,茫茫长夜宜珍重,各尽春回待怒雷!"刘海粟在新加坡、印尼的画展很成功,所得1200万元巨款寄回贵阳中国红十字会,支援抗日救国。1941年11月23日,谢海燕在上海美专建校30周年纪念会上,提议给刘校长写慰问信,全校师生都签名,这是刘海粟在南洋收到来自祖国的最后一封信。

1941年太平洋战争爆发,上海沦陷,谢海燕和上海美专部分师生取道杭州,赴金华参加国立东南联合大学。谢海燕先后任国立东南联大、国立暨南大学、国立英士大学教授兼艺术专修科主任。日军紧逼金华后,东南联大师生撤往福建北部建阳。建阳是福建西北一个文化古城,以"宋版"书业闻名。清朝时因瘟疫流行,地广人稀。暨南大学在此建立战时校址,随之东南联大也迁来。由于铁路沿线城市相继沦陷,水陆交通阻断,上海各大学师生未能内迁。1941年,何炳松校长暑期将联大文、理、商三院师生与原暨大文、理、商三院师生合并上课,另设法学院和艺术专修科。谢海燕作为暨大校委会成员参加校务会议。当时暨南大学艺术专修科教室设在建阳县城童游街西头的先农祠,任职教授只有4人。谢海燕教西洋美术史和艺术概论,倪贻德教素描、色彩画及创作,潘天寿教中国画和书法,俞剑华教中国绘画史和美术技法理论。四人原来都是上海美专教授。1944年潘天寿被任命为国立艺专校长,邀谢海燕同去重庆任国立艺专教授兼教务长。抗日胜利后,谢海燕回上海任上海美专副校长。谢海燕40岁生日时,刘海粟和潘天寿合作画一只雄健海鹰相赠。

50年代后他任华东艺术专科学校美术系主任,南京艺术学院副院长,全国美协常务理事,江苏省美协副主席等职。

他的学生遍布海内外,有的已蜚声画坛。他的作品隽永,意境清新,独具一格。郑午昌评其画"深邃典雅,一如其人"。潘天寿赞其画的松柏以篆笔入画,浑古遒劲,力能扛鼎。刘海粟称其作品"气势豪雄,别有玄旷之致"。他的一些作品曾在苏联、奥地利、伊朗等国展出。不少作品为国内外的博物馆、美术馆所收藏,他最近的新作《夜鹰图》被选送全国美展。

速写《兰花》,1993年

我请他谈谈对潮汕美术的看法。他说:"我在画坛上虚度了50多年,虽受了不少挫折,但对故乡的美术事业却一直挂在心上,惭愧的是没有贡献。当我在故乡见到不少后起之秀的青年画家时,内心抑不住喜悦。他们的作品有浓厚的南国侨乡生活气息,风格多样。潮汕是著名侨乡,也是艺术之乡。无论是潮州音乐、戏剧、彩瓷、木雕、石雕、剪纸、刺绣、泥塑、工艺美术等等,都有其独特的潮州风格。刘海粟大师曾说,潮汕名画家不少,在国画艺术风格上形成一个潮汕画派。"

谢老侃侃而谈,半天时间很快就过去了。当我依依不舍向他握别时,深深感到他的手上有一股催人向上的力量。

本文作者:潮籍作家、自由撰稿人。

谢海燕与夫人张嘉言

艺海苍茫一燕飞

——纪念揭籍著名美术家谢海燕诞辰100周年

卓素铭

上世纪三十年代,揭籍著名画家谢海燕从日本东京留学归国之后,应美术大师刘海粟之邀出任上海美术专科学校教务长、教授,后又任副校长、代校长,解放后历任南京艺术学院教授、副院长、中国美术家协会理事、中国美协江苏分会副主席。横跨大半个世纪,谢海燕教授辛勤地耕耘于我国艺术教育园地,呕心沥血,鞠躬尽瘁,将自己生命的全部光和热献给了艺术教育,为我国现代艺术教育事业作出了巨大贡献,是我国现代艺术教育的奠基人之一,他德高望重,闻名遐迩,在国内外享有极高的声誉。

六十年代,《美术》杂志上一幅"金鱼睡莲"的佳作,让我记住了一个光辉的名字——谢海燕。壬戌元宵,谢老应邀回汕头参加笔会,与黄独峰、罗铭、刘昌潮、王兰若等揭籍著名画家同时回到故乡,我与文艺界的朋友们在学宫门口迎接,又在榕江西湖聆听了谢老的美术讲座。第一次见面,他那平易近人、诲人不倦的风度给我留下了不可磨灭的印象。

庚午初春,樱花盛开的季节,我应日本中国青年美术家访日支援协会之邀,并经国家文化部批准,赴日本进行文化交流并举办个人画展的前夕,将自己的作品照片寄往南京请谢老教正,谢老收到作品及信件之后万分高兴,除来信鼓励之外,对我的作品题下了这样的评语:"中国画虎名手,唐有李渐,宋有包鼎、赵邈龊,明有赵廉,近人有张善孖彼等爱虎画虎,以至入迷,号为虎痴。画虎要在稔虎性,体其情得其神,使伏崖、舐掌、啸风、搏击、憩息、嬉戏各尽其妙。揭阳画家卓素铭,今之虎痴也!善画虎,深入生活,体察揣摩,状写其神态,以具有表现力之传统笔墨出之,生动活泼,韵味盎然。所写飞禽走兽,亦多佳构,可尚也,书此志佩。"老人家关爱晚辈、扶掖后学之心令人肃然起敬,永世难忘!

东渡归来之后,我随揭阳文联组织的七人采风小组,上黄山写生并赴南京拜会谢老。谢老紧紧地握住我的手不放:"你在日本举办画展的盛况,我已在《人民日报》海外版上看到了专题报道,画展开得很成功!"看到家乡美术界后继有人,文艺事业蓬勃发展,谢老高兴万分,他老人家鼓励大家一定要行万里路,开阔视野,至今我的相集中仍珍藏着当时的合影。

癸酉之春,揭阳撤县建市之后,成立了画院,我调入画院任副院长,并主管全面工作,谢老在千里之遥的金陵听到消息欣喜万分,热情表示祝贺并为画院题写了刚健秀雅的匾额。

乙亥中秋佳节,月明风清,揭籍一批海内外著名书画家应邀从天南地北回归故里,参加由揭阳市委市政府主办、市文联画院承办的"揭阳市海内外著名书画家联谊笔会"。我与市有关领导一同往汕头机场迎接谢海燕先生和夫人张嘉言、女儿谢燕淞。当时应邀前来的还有著名画家刘昌潮、王兰若、陈望、吴齐、孙文斌、邱陶峰、陈政明、魏照涛、谢文勇、李丰雄、黄天秀、林若熹、洪健……群贤毕至,少长咸集。这是谢老在祖国解放后第三次,也是最后一次回归故园,谢老激动万分,阔别重逢的艺友、师生、亲人……一对对紧握的双手、一双双湿润的眼睛,说不完的艺谊乡情!

笔会期间,应邀回梓的嘉宾们与揭阳市书画艺术界联席挥毫,合作长12米、宽1米的巨幅中国画卷,画面上百卉争荣、花团锦簇,表现出一派欣欣向荣的景象。谢海燕教授认真地观赏了大家的作品,高兴地说:"揭阳老中青人才济济,真不愧为书画之乡!"谢老乘兴泼墨,在画幅卷首画下了家乡的参天古榕,画面上的老榕苍虬古劲、盘根错节,其用笔简练老辣,构图顶天立地,引起观众的一片赞叹。点染着色之后,谢老又在长卷上题词:"春满

谢海燕在撰写文稿

榕江,揭阳市海内外书画家联谊笔会,共抒乡情,佳作纷陈,盛会也!"

"月是故乡明,乐是故园美"!笔会期间我有幸陪谢老和嘉宾们登紫峰、听潮乐,参观市府大楼,看揭东新貌,游双峰寺、城隍庙、禁城古榕……目睹故园风物,谢老乡情萌动;看到家乡山河巨变,老人家兴奋万分。在参观龟石山电视发射中心的路上,因正在施工而崎岖颠簸,车晃如摇篮。谢老动情地说:"在建设的道路上看看故乡风光,宛如身在摇篮,听着母亲优美的摇篮曲,甜滋滋地渐入梦境,如今车虽颠簸,心中却是甜滋滋的,所不同的是儿时在摇篮里会渐渐入睡,而现在却越摇越兴奋了。"啊!半个多世纪以来,谢老驰骋在海内外艺坛上,叱咤风云,为弘扬中华民族文化,传播中国书画艺术作出了卓越的贡献,您的名字是家乡人民的骄傲,您的功业为岐山榕水增添了无限光彩!今天,在中秋月明之际,翱翔云天的海燕又飞回故乡,怎能不感慨万分呢!

谢老名高德重,笔会期间,求题词者众,老人家应接不暇,只能不时休息"充电",家乡一所学校请谢老题匾,谢老在百忙中欣然命笔,当学校领导为表敬意送上"笔润"的时候,谢老坚辞不受:"能为家乡多做一件有益的事,是我所最高兴的"。笔会期间,年过耄耋的谢老还抽空看望了他一位年近百岁的老师,……谢老尊师重道、热爱乡梓的品德在家乡成了艺坛佳话!

千禧之年,收到谢老从金陵托来的精装画集,里面收集了谢老近一个世纪以来七十多件佳作。谢老是原南京艺术学院副院长、著名美术教育家、艺术理论家,又是一位成就卓著的画家。他的作品题材广泛,画格清新高雅,独树一帜,刘海粟大师常为其题识,称誉其作品"气势豪雄,别有玄旷之致"。作品曾在国内外展出,并为国家美术馆收藏。画集中除了他擅长的金鱼、苍鹰、猫狸、蔬果之外,那几幅彤彤红棉、盘根老榕抒写着他无尽的乡情乡恋,那浩浩长松、巍巍翠柏又是他高尚人品的写照!

我国当代著名美术教育家、画家、理论家谢海燕教授离开我们已近九个春秋了。燕去鹤归,谢老留在黄岐山上"揭岭腾飞"几个石刻巨字却依旧金光闪闪,它铭刻着谢老热爱乡梓的无尽情怀,谢海燕这个光辉的名字也将与岐山同在,伴榕水长流!

本文作者:揭阳市人大常委,揭阳画院院长

谢海燕院长是共产党员的光辉典范

王 喆

谢老离开我们许久了,但回想起和谢老工作的日月,他敬业奉公、淡泊名利、谦虚谨慎、高度负责的工作态度和虚怀若谷、和蔼可亲、平易近人的工作作风至今令我难忘。

我于1975年调入南艺美术系,当时谢老任美术系主任,我任美术系办公室主任兼政治辅导员。后来谢老调院部任院长,我任美术系支部书记,和谢老在一起工作约有20余年。

记得1976年我带学生到栖霞山化肥厂工地写生体验生活,当时谢老不顾自己已是古稀之年的老人,仍亲临实地检查指导工作。谢老不仅关心同学们的学习,还十分关心同学们的思想和生活,是否坚持与群众同住同吃,有没有违犯群众纪律。当得知大部分同学都不错,仅有个别同学生活有些散漫,也有个别怕艰苦到小街去买油条、下小馆子等现象时,谢老立即召开会议,谆谆教导同学们:要发扬艰苦朴素的优良传统和群众同甘共苦;要踏踏实实深入生活勤学苦练,只有练好基本功才会搞出好创作。并一再告诫同学要早起决不能睡懒觉,要德智体全面发展。

谢老热爱祖国,敬仰领袖,他经常教育教师要坚持毛主席的文艺路线和文艺方针,教育学生要德智体全面发展,要一专多能,不能走白专道路;艺术要百花齐放、百家争鸣,要做到洋为中用、古为今用。要求同学们不论在艺术上、身体上都要健康的发展。并常说:师生要拿出好的作品和创作,艺术就要做到一定为工农兵服务,也要为社会服务。

学校从1978年开始对外开放经常接待外宾,谢老特别教育我们要注意校风校貌,要给外宾好的艺术形象。每当要接待外宾首先要做的就是搞好系内卫生,保证处

速写《北园栀子花又开》,1993年

速写《栀子花开》，1993年

处干干净净。每次清扫后，谢老都要亲自仔细检查一遍，甚至戴着白手套把每个窗户棱的上面都摸到，一再要求我们把所有墙上、门上，甚至厕所内的铅笔印记都要擦掉。有的工作人员当时不解，说外宾也不会去摸窗户上面，干吗要小题大做费那么大的劲儿。谢老做事就是这样一丝不苟，对如此细小的地方都不放过，这充分体现了谢老对工作极端认真和高度负责的精神。

谢老调院部工作后，仍然关心系内的工作，经常教育学生和全体工作人员要踏踏实实地做好学校的每项工作，要把学生培养成社会的优秀美术工作者，成为社会上有用的人。

最使我难忘的是每次学校提级因名额有限，谢老总是先把名额让给工资低的同志；学校每次号召救灾捐款捐物，他总是带头捐献得最多，给全院师生作出了最好的榜样。

谢老工作很忙，但对每个教职工都十分关心。我初来南艺当时住在校内中楼，谢老就常深入基层看望各位老师。有一次谢老来到我住处，关切地问寒问暖，当他发现我家窗台上有一棵云竹长得特别茂盛，长长的枝蔓都攀爬到了窗台顶上，室内的一张小圆桌台上放了一枝小插花，特别喜欢，并称赞道：环境就是要美化。当知道我爱人在电影厂工作时，两人就像多年不见的老友交谈滔滔不绝，并和我爱人成为亲密的朋友，从此常来常往。后来我家由学校迁往省级机关宿舍，谢老曾答应要到我家来玩，由于他身体总是不太好最终没能如愿，不久他就永远离开了我们，此事至今想来仍令我遗憾不止，为什么没能早点请谢老来，现在只有看看共同出去旅游的照片藉以怀念，那是在无锡影视城的小照也是最后一次合影，还有1990年画展上留的照片。记得学校组织上梅花山时谢老已坐上轮椅了。由此我们和谢老的夫人张嘉言老师也成了最好的朋友。

谢老虽然早已离开了我们，但他的音容笑貌和可亲可敬的形象永远铭记在我们心中。在我心中，谢老的一生不愧是共产党员的光辉典范，不愧是一位伟大的教育家和艺术家，永远值得我们学习、怀念！

本文作者：原南京艺术学院美术系办公室主任。

速写《鳜鱼》,1993 年

我永远怀念的谢海燕伯伯

陈显日

　　谢海燕伯伯是我国著名的美术教育家、写意花鸟画家,他老人家一生在美术教育战线上默默耕耘,培养了许多艺术人才,真是桃李满天下。从 50 年代上海美专任教务长,无锡华东艺专教授,南京艺术学院院长,无人不晓,谢伯伯为人正直、宽容、善良,平易近人,老人的微笑、和蔼,给大家留下了美好的记忆。

　　特别是老人的美术教育思想,继承传统,古为今用,他的写意花鸟题材来源于生活,比如:他画花卉、芭蕉叶、小动物……一幅作品小金鱼在水中情不自禁的游来游去,让人欣赏悦目,一只小白兔红眼睛、长耳朵,动态那么

速写《榴花》，1994年

可爱，……那生动的画面,让人感受到画家在用心作画,体现了老人对作画的执著、认真,笔笔生辉。

谢伯伯是广东揭阳人,先父陈大羽先生是广东潮阳人,乡音使他们来往亲密。而且先父是上海美专毕业。1947年从北京回到上海,应刘海粟校长之邀,来上海美专任教,谢伯伯是教务长,父亲非常尊重谢伯伯,直到晚年,先父称谢伯伯为先生、谢老。

在我回忆青年时期,由于乡音、语言沟通,常见父母亲与谢伯伯畅谈,交流思想以及生活上互相关怀,更由于谢伯伯为人真诚、善良,家庭之间来往密切。在那个艰难的岁月里,由于生活上的拮据,父亲相当困惑,处在烦躁、情性急怒之中,我常听到谢伯伯的真诚开导。早年伯伯在我脑海里就留下了美好的敬意。

1951年，我报考了上海美专绘画班，1952年高等院校调整（上海美专、苏州美专、山东大学艺术系）合并迁到无锡，我家和谢伯伯家搬在同院，居住更近，几乎天天能见面，随时串门（那时谢伯母在上海任教）。谢伯伯和蔼可亲，总是微笑，对我们姐弟像对待自己的孩子一样。

记得在美专，我担任学生会工作，高等院校合并后，有些联谊活动去复旦大学听报告，谢伯母还把自行车借给我。院校合并到无锡（谢伯母仍留上海任教），谢家外婆、弟妹在无锡（那时谢伯伯带着一家老小也挺不容易）。一次，我去上海观摩，谢家外婆让我带东西给伯母，谢伯母待我热情、关怀，像待自己的孩子似的，问我："咱们去吃西餐好嘞？"

从上海搬迁到无锡，一次，李可染先生来到江南，谢伯伯知道我母亲会做广式炒面，特请母亲做广式美味佳肴，请李可染先生，当时父亲、谢伯伯、李可染先生欢聚一堂，品尝家乡美味，赞不绝口，畅谈艺术教育，非常开心，直到晚年，他们还是亲密的朋友。

速写《螃蟹》，1993年

我对谢伯伯家有感情，心里什么都明白，只是在那个时代，客观种种原因，思想不够开朗，比较拘谨，也很笨，没能坚持画画。在70年代，北京市提出要重视幼儿教育，我任幼儿园园长，一次见到谢伯伯，我有自卑感，伯伯鼓励我，他说：苗苗工作是基础，祖国需要你，你就干，挺好。后来，我告诉谢伯伯，我被评为优秀共产党员，老人家挺高兴。

先父陈大羽先生，1997年生病住院，2001年6月1日去世。双亲需要我，我有责任感来南京尽孝（我要求丈夫同行，他是医生，能助我一臂）。四个春节，父母挽留，我没能回北京，虽然有些累，但是，一想到父母亲一生不易，苦难的历程告诉我，父母年迈，我理应助一臂之力。

先父病中，谢伯伯常来电话问候，并亲自到医院探望，我也有机会到谢伯伯家，他老人家总是安慰我，鼓励我，说：韩医生人好，你们有孝心，做得对。

先父的遗作展，在省美术馆展出，谢伯伯坐着轮椅来，我的心情十分激动，泪水夺眶，千言万语记在心头。

如今，谢伯伯虽然离开我们，但是，老人家的崇高道德风范，他的微笑，永远留在我心中。

本文作者：著名画家陈大羽先生的女儿。

怀念谢老

陈显铭

速写《对虾》,1993 年

谢海燕先生是位杰出的美术教育家、理论家,在南艺校史上占有重要的位置。南艺的校史应该追溯到上海美专时代作为起始。我属于后生晚辈,没有亲历过。但是我父亲陈大羽先生曾在上海美专求学,与谢海燕先生有师生之谊,后来又回上海美专教书,他对母校、对谢老有着深切的了解和情谊。父亲经常用谢老的为人,谢老对学校的贡献,来教育我们。谢老又是我儿时初到上海认识的第一位长辈,慈祥、亲切、温文尔雅、风度翩翩,留给我深刻的印象。可以这样说,谢老是看着我长大的。谢老给了我关心帮助、亲切教诲、鞭策和鼓励。谢老是我崇拜和钦佩的一位尊敬的长辈。

谢海燕先生自上世纪 30 年代起就服务于上海美专了。从教务主任到副校长,作为刘海粟校长的得力助手,执掌着学校的教学和行政事务。上海美专是一所私立学校,办事人员少,素质高。每个人都能恪尽职守,勤勤恳恳,工作效率极高。教师是聘任来的,流动性大,只管上课,其余的事务皆由教务处负责。安排教学、管理学生、联系聘任老师,以及师生之间的沟通,全都是教务处的事。海燕先生以他宽广的胸怀,厚实的道德素养,循循善诱的人格魅力,全身心地投入到了学校的教学行政和管理工作中去了。

海燕先生跟刘海粟校长知遇有恩,默契沟通,对美专的愿景有共同的追求,既受聘于上海美专,年轻的海燕先生便义无反顾地进入了角色,虚心认真地担当了起来。他尊崇蔡元培先生的办学思想,遵循刘海粟校长的意愿,勤奋努力,默默无闻地操持着事无巨细的全盘工作。正因为有了谢老的贡献,上海美专的业绩赢得了社会的赞誉。即使是抗战时期,在十分艰难复杂的环境下,上海美专辗转内迁至重庆,海燕先生与国立艺专潘天寿先生通力合作,联合办学,学校的教学得以正常进行,他们也因

速写《丝瓜花》，
1994年

此结下了深厚的友谊。抗日战争胜利,学校回迁到了上海,很快能恢复上课,海燕先生功不可没。多年的共事,患难见真情,刘海粟校长充分信任谢海燕先生,赞赏有加,成为至交。

1952年,全国院校调整,上海美专与苏州美专以及山东大学的艺术系合并到无锡,成立了华东艺专;至1958年迁校来到南京,升格为南京艺术学院。时代变迁,海燕先生努力学习,跟上形势,积极要求进步,并始终关心着学校的教学和艺术人才的培养。在担任系一级领导与院一级领导的不同岗位上,海燕先生为学校的艺术教育呕心沥血,操劳出力,从无怨言,踏踏实实地工作了一辈子,全力奉献,不计得失。他的执着,他的无私,在我们南艺,人人称啧,他是令人敬重的老前辈、艺术教育家,是从事

速写《蟹爪兰》,1995年

艺术教育的楷模。

  谢老与我父亲有着历久深厚的不解之缘。首先是师生的关系,1934年,我父亲到上海美专求学时,谢老是学校的教务主任了。1948年初,父亲自青岛来上海办画展,谢老已是学校的副校长。刘海粟校长看了我父亲的画展,很欣赏我父亲的画,邀请父亲回母校服务;父亲向谢老征求意见。谢老告诉他,就艺术而言,上海是个大城市,有很大的发展空间,青岛毕竟偏于一隅,他赞成我父亲到上海来。我父亲感念谢老的关爱。

  上个世纪30年代,潮汕学子到上海美专读书盛极一时,上海美专为我们家乡培养了一批又一批的人才。学子们到老都一往情深地眷念着母校,惦念着刘海粟校长、谢海燕老师。只要有机会北上,都要晋见拜访,以尽弟子的礼仪。他们想方设法要邀请尊敬的刘校长到自己的家乡看看、走走,请谢老回乡来省亲探访。也因此,当地的领导都非常尊敬刘海老、谢老。1982年,汕头成立了经济特区,有条件了,特地邀请二老到汕头参加元宵画会。时隔几十年的师生汇聚一堂,当年的学生也已七十以上的老人了！旅居各地的潮籍书画家拥戴着二老，契阔谈䜩，师谊友谊，乡音亲情，吟诗作画，盛况空前；欣赏潮乐，观赏潮剧，探亲访友，遍游潮汕胜迹，一解阔别家乡几十载的思恋之情。追忆当时，犹如眼前，其乐融融，此景难再。

再就是能说潮汕话方言的老乡。对海燕先生，父亲从来只称先生或谢老，在我们家里也这样。记得解放初，祖母带领着我们来到上海，住在学校的宿舍里。我的祖母只会家乡话，甚感寂寞，谢老常来看她，说的全是家乡话，异常亲切，祖母开心极了！所以谢老一来，家里的气氛就显得特别温馨热闹。更为重要的是，谢老同我父亲几十年相处在同一个学校，从事着共同的美术教育工作。他们相互沟通，对培养学生成为专业人才有共同的思想，关注学校教师队伍的建设，鼓励年轻教师进修，积极投入创作。同时对年轻教师的工作、生活尽力关心，提供帮助。

速写《红色蟹爪兰》，1995年

谢老对我父亲十分关心。虽是师谊关系，他对我父亲总是叫大羽同志，平等相待。1974年四人帮批"黑画"，上海外贸出的一本宣传画册上，我父亲画的《迎春》成了批判的重点，谢老很为我父亲担心。一次在美术馆遇见了彭冲同志后，马上给父亲带回口信，说彭冲同志讲的，是文艺批评的问题，不要紧张，要正确对待。谢老这样做，这在当时是极为难得的呀！尽管跟着下来的还是大批特批，欲加之罪，何患无辞。好在随着文革动乱的结束，一切都已烟消云散，闹剧一场，不值一谈。唯独这件事，谢老对父亲处境感同身受，忧虑无奈，唯有尽力帮助解脱，故及时把面见彭冲同志时的话传递过来，父亲一直感念心中。

谢老在我艺术成长的道路上，给了我很多鼓励，也有所期待。他是我从业余爱好逐步转向职业，再升华到事业的策励者和见证人。儿时，父亲要求我写大字，临帖成为我的家庭作业。父亲经常带学生下厂下乡，外出写生，一去就是很长时间。谢老会时不时来家中看望我祖母，唠上几句。见我在临字帖，也会过来看看，很认真，很严格，这个少笔画了，那个写得不对，都会一一指出。对写得好的，更是会给予表扬、鼓励。渐渐的写字成了我的兴趣爱好。

中学阶段我一心向往野外大自然，高考填报地质志愿，结果被录取到南师地理系，两者相差太大了，心里不是滋味。恰巧谢老来找父亲，得知我的情况后笑着说：当老师好，我们都是同行嘛！但是对家学的兴趣爱好可不

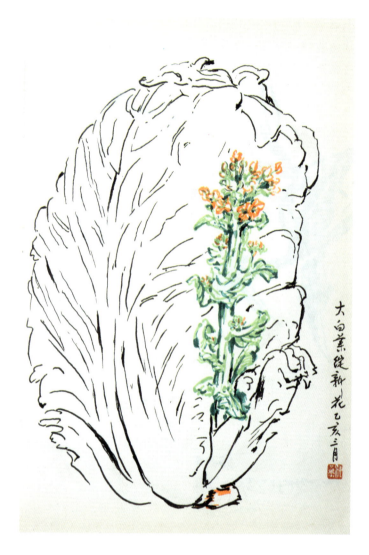

速写《白菜花开》，1995 年

要丢！

1966 年我南师毕业，被分配到农村中学，一干就是十年，之后调到教师进修学校担任文科教学调研与培训工作。在中学和教师进修学校里，我刻的钢板字及黑板的板书均得到大家的赞赏，这即曾得益于谢老的告诫：要坚持自己的爱好，使得爱好同职业恰当地结合起来。

1983 年，父亲年事已高，学校根据政策要为他配备助手。父亲原拟订的人选因跨系统运作困难而未果，父亲将此事跟谢老商讨。谢老直截了当地对我父亲说：举贤不避亲，调显铭来当助手最合适。同为教育系统，又能在你身边，完全可以承担。你不好提我去提！谢老向学校领导提出来，经过研究把我调到学校里。

来到学校美术系，对于我自己来说，即使是给父亲当助手,也必须加强自我的学习提高。半路出家,有难处,基础薄弱;有好处,理解能力强,起点高;不足之处主要靠自己努力去弥补。记得一次,谢老同我谈话时讲道:调你来,不单单要做好你父亲的助手,更重要的是要接好你父亲的班,接好花鸟画大写意的班。半路出家要怎么看?关键在自己。吴缶老不也是半路出家嘛,齐白石老人还是木匠出身呢,这并不影响他们作出的艺术成就!何况你有父亲的亲授,耳濡目染,都是你的优势。关键还是在你自己!谢老对我的教诲我牢记在心,既是亲切的,又是严格的,使我不敢懈怠,每当听到谢老对我进步的夸奖和肯定,我由衷地感到高兴。深感谢老对艺术教育的执着,对培养人才的良苦用心。

记得父亲九十春秋画展准备期间,谢老多次关心问起,嘱托我父亲要注意保重身体,父亲十分感动。画集的前言请谁来写呢?父亲首先想到的是请谢老,终因考虑到谢老年事已高,怕影响老人身体而作罢。当兰州大学赵俪生先生的序言寄来以后,父亲让我先送去请谢老过目。谢老看得很认真、很仔细,他不仅仅看了文章,赞许赵俪生先生的序言写得好,写得有见地,有分量,懂得传统大写意花鸟画的笔墨魅力和艺术真谛。并且还将打印中出现的错字及标点符号,一一给予改正。谢老对我父亲画集出版细致入微地把关真使我激动。画册印就,第一本当然是送到谢老的手上的。谢老看了,非常满意,非常开心,哈哈大笑。画展开幕时,谢老坐着轮椅亲自到场参观,又让女婿把开幕式盛况的录像带送到病榻跟前放给我父亲看。这一切的一切正是谢老与我父亲之间无须言表的深厚情谊。今日想起来,儿时对谢老的记忆从粗浅到后来的亲近认识,呈现脑海,历历在目,令我肃敬懔然,感想万千!

及至后来谢老住进了医院,我曾两次去看望,积着许久的话想对他老人家说,终究到了弥留状态,已经不可能了。谢伯伯对我说过,"我是把你当成我自己的大侄儿看的……"我多么想对谢伯伯讲讲我的心里话呀!脑际一片茫然,我只能带着抱憾、失落、惆怅的心情悄悄离去!

谢老是广东揭阳人,生于1910年3月16日,2001年11月21日逝世,享年93岁,应该说是高寿而终。

谢老仙逝,我作了挽联:

速写《并蒂月季》,1995 年

艺术叛徒,得力贤助;
杏坛巨擘,后学楷模。

以表示我对敬爱的谢伯伯的景仰和深深的怀念。我会铭记谢伯伯对我的教诲,珍惜父辈真挚的深厚情感,认认真真按照父执辈的期许去努力。工作有退休,事业是伴随着人生的,不能退休。只要一息尚存须努力,我将用百折不回的艺术实践来充实自己的人生!

  本文作者:南京艺术学院副教授。

回忆我记忆深刻的
师长——谢海燕

李小白

  我1973年考入南京艺术学院美术系中国画专业。在校几年,谢海燕副院长是在我印象中记忆最深刻的师长之一。谢老为人亲和、宽厚,对学生循循善诱,不仅传授知识,而且教学生们做学问的方法和做人的道理。当年南艺美术系之所以在全国艺术院校中名列前茅,这都和谢老的教学管理是分不开的。他既掌教鞭,又管事务,为中国现代艺术教育戮力耕耘,开创出一片绮丽山河。当年为什么我们南艺能名列前茅,是因为在教学理念和教学方法上有它的特点;因南艺是由上海美专、苏州美专、山东大学艺术系合并而成立的艺术院校。它拥有一批优秀的师资力量,如:刘海粟、谢海燕、颜文梁、陈大羽、李长白、沈涛、苏天赐……教师的素质直接影响着学生的学风和学校的校风,教师不仅是社会主义精神文明的建设者和传播者,更是莘莘学子的道德基因的转接者。这批优秀的师资都汇集于南艺,这和谢老的努力是分不开的。正因为有了优秀的教学师资,有了认真和踏实的教学态度,在师生们的努力下,南艺美术系在当年毕业的学生中在祖国的各个岗位都各有成就。因此,师资、师德,不是简单的说教,而是种精神体现,一种深厚的知识内涵和文化品位的体现。

  记得有一次,我和刘海粟先生同在南艺美术馆办展览。我是"李小白教学、教材汇报展",而刘老是办"黄山归来展"。在布展时,谢老走到我面前亲切地说:"小白,正好刘老在这,要不要他给你的教学汇报展览提个字。"当时因大羽老师已帮我提了整张纸的"小白教学汇报展",所以我说谢谢了。我心里很感激谢院长这种小事都能细心想到,这种无私中透露着平凡的爱,让我记忆犹新。试问这样的院长怎能不在师生中有着崇高的威望呢?

  当年只要有艺术名家来南京,谢老总是运用他的人

速写《白菜花开》,
1995年

脉关系坚邀那些艺术名家们来校为我们讲座、表演,使我们受益匪浅。画画是形象思维科目,学画的看看书,看画册是很难学出来的,一定要看到名家当场表演,才有所心得,才有所体会、感悟,才能运用到自己的笔墨中去。他能为我们提供那么好的平台,在他的心目中,人才的培育、学院的发展最为重要,我从心底里敬仰他老人家。

母亲以往常给我讲:60年代,浙江美院潘天寿院长为学校培养工笔花鸟教师,特来南京找谢老商量"借调"李长白去浙江美院教授工笔花鸟课。为了中国美术教育更好的发展,谢老还是同意了借调父亲过去。当父亲在杭州每天两个班轮流紧张的教学过程中,母亲一人带着我们兄妹三人在家,谢老为了父亲能在杭州专心搞好教学,他每周都会来我家嘘寒问暖,我母亲当年身体虚弱多

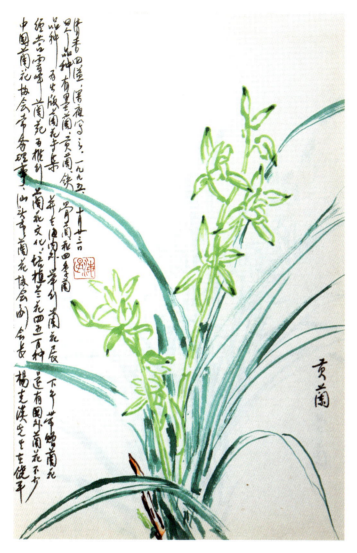

速写《贡兰》，
1995年

病，谢老常让其妻张嘉言老师陪母亲看医生，令人至今难忘。每想到此，这样的画面里蕴涵着一缕温情，一种令人感动的真情。

如今，我们缅怀谢老，就要向谢老学习，学习他的人品，学习他的勤奋踏实的工作作风，学习他严谨治学的科学态度，为发展我国的艺术教育事业而努力奋斗。

本文作者：原南京艺术学院美术系教师，旅美画家。

有一种目光叫"慈爱"

——海燕先生二三事

杨志麟

我并不是谢海燕先生的学生,但在他逝世之时,我真有着撰文纪念先生的冲动,这并不是出自某种攀附的心理,而是因为……

我一直受到一种目光的激励。

我不能忘却那种目光……

一

我已年过半百,与黄瓜园的因缘也有了整整三十年。从我们那个年代走过来的人,深深知道学习本身就是一种幸福;为了顺利学习,我们在生命中整整等待了十年,应当说学习即是我人生的目的之一,并且是主要的目的。从这个角度说,我极为幸运,因为,在这条路上,帮过我的人太多了。

1977年10月恢复高考,我参加了,但未被录取。1978年我报名参加南京艺术学院刚恢复的美术系招生考试,由于受到所在工作单位的百般阻挠,我是在报名截止之前的一瞬间才补进去的。因此高考的心理压力非常大,这种压力使我在数天的专业考试中,几乎毫无心思说说闲话。

记得专业设计的那一场考试,是在一个阳光灼目的下午,我因家离得远,中午只得在黄瓜园中独自溜达,然后在美术系考场前的楼梯上休息。考试前一小时,张嘉言先生来检视考场,发现桌面有些灰尘,便同另一位女教工开始清扫,我因无聊,也因为有些不过意,就自觉加入了清扫的队伍,隔了一会儿,桌面已光可鉴人了,谢海燕先生又来,与张嘉言先生以极轻的声音说话,张嘉言先生静默地点了点头,向我笑了一笑。

考试开始了,考生很多。我与徐利明共用一桌,桌面紧挨着前排黑板,有些挤,但我与徐利明都是考场上的前

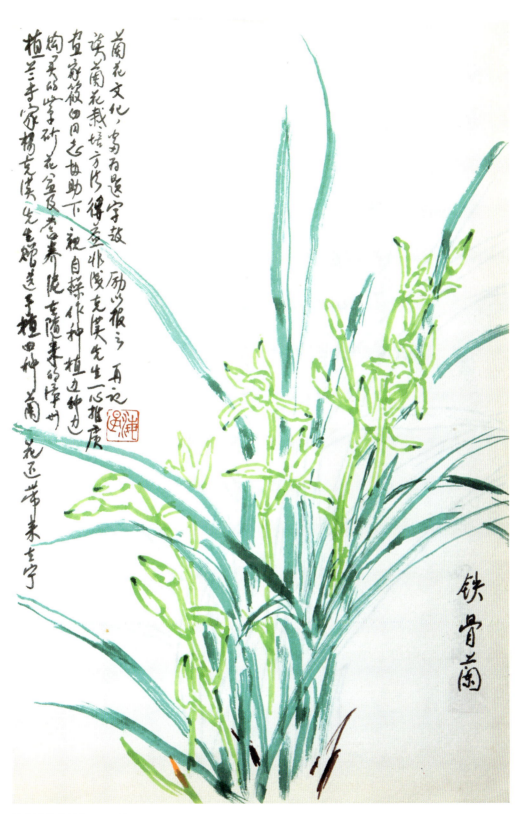

速写《铁骨兰》，1995年

辈了,自然配合得很好。但当画面越画越大时,桌面就显得不够用,我俩要不停地起身轻声商量,相互移动着桌面上的画稿,以免弄脏画面。监考老师注意到这个情况,就将谢海燕、张嘉言先生请来,问我俩需不需要安排到较大的考场中去,我俩怕影响别人,更怕影响了自己的画兴,就婉拒了。

记得那场考试是专业创作,我画的是装饰画,我因十七岁即已加入了创作行列,有些现成的经验,画面既画得复杂又画得有条不紊。谢海燕先生在考场巡视时注意到了,与张嘉言先生很有兴致地旁观了有半个小时。说实话,当时我考试心切,他们看的时间越长,我的心中就越发毛。谢海燕先生可能觉察到了这一点,始终微笑,不露声色,这样我就渐渐地能平心静气地继续了,但当时我的心情还是忐忑不安的。谢海燕先生走开时,只微微地瞥了我一眼,那眼神通过薄薄的镜片,渗透过来的关切、严谨与激励……更重要的,是传递着一种博大的慈爱之心,这使我的心情好受了许多。

二

1978年是许多中国人命运转折的一年,这一年,我走进了黄瓜园,走进了南京艺术学院。我的心思正像某些同学一样,并不是冲着一纸文凭,而是冲着艺术这一扇门。

大约是半年后的一天下午,我与谢老在杨公井南京古籍书店不期而遇,我是因为有闲逛书店的习惯,谢老是为了选购文物出版社新出的一套字帖,我不懂,只好站在一边张望。

那个年代书店是不开架的,你要选购书只能站在柜台外向营业员要,每次只能拿一本,如果看的书较多,营业员会不耐烦的。谢老风度翩翩,举止文雅,当然不会有这等麻烦,但他同时又是一位十分仔细认真的人,选购的时间就特别长,尤其是看到我饶有兴致地站在一旁观看,他一面讲解,一面比划。记得字帖中有《礼器碑》《爨宝碑》《石门颂》等,我因为比较喜欢《石门颂》,言语中就有些贬《礼器碑》,谢老不同意我的看法,当了真,一个笔划一个笔划地比较,说明两者意境的不同与感受方式的不同。在校内我因不是国画专业的学生,没法听谢老近距离地讲课,得此一教,顿时有开窍的感觉,借老人很有谈话的兴致,一连串提了许多问题。谢老仔细地听,并逐条很细地讲,时时翻开字帖进行比较,表情愈来愈专注。此时柜台的一隅,似乎成了教室。我因为看到了营业员变愠的脸色,表情就有些心虚。谢老也注意到了,一面安抚着营业员,一面继续着话题,由于内容非常有趣,营业员也顾不得生气,凑到一边听……那真是一堂非常即兴的课堂教学。结果是我买了两本字帖,谢老是抱着一摞字帖离开书店,分别的时候,谢老的告别话很平常、很低声:"要好好努力!"这句话像说给我听的,更像说给他自己听的,我的内心顿然感到一重。

三

校园内见谢老最频繁的时候,是每年刘海粟先生返校讲课,谢老作为老友,是必陪的。常见到的情形是:二位白发老人,一位激动、一位沉静;一位眉飞色舞,一位目光澄明,在校园内构成一道完整的风景。我以为二位先生代表着南京艺术学院教育的两个不同的方面:激情的感受与沉静的冥想。现今我们时时将两者分离,这种分离使得激情变得肤浅,而冥想变得枯槁。

前些年谢老因迁出青石村旧居,有些家具带不走,只得转让友人。谢燕淞先生知道我有收藏旧物的嗜好,就邀我看看,并一再说明家具不是贵材制作,而因有些来历,记录着旧人旧事,因而不忍乱丢。我敬收了一张书桌及六把折叠椅,真正从心中欢喜。

书桌为白木制作,俭朴西式、两门三抽,是潘天寿先生送给谢海燕、张嘉言两先生的一套结婚家具之一。此套家具共有三套:潘天寿先生一套、谢海

《腾飞万里》,1996年

1979年参加文代会期间参观首都机场壁画（左三臧云远、左四陈大羽、左五谢海燕、左八秦宣夫）

燕先生一套，以及家具的设计者高冠华先生一套；我们现在在潘天寿纪念馆中能见到的旧式家具，即是此中一套。书桌已陈旧，用材及做工都不甚讲究，但细想在那动乱时代，一位友人怀着欣喜祝贺两位友人喜结连理时的心情，确恬然会心。现在这张书桌在我的南山悠然馆之中，我的近期作品都是在桌面上完成的，这张书桌像一位近世绘画的证人，跨越数代，将前世画人的精灵传续了下来。我们感觉到的启迪，是远非一张书桌的物质承载。

谢老听说将书桌转给了我很高兴，因为他知道此桌有了个恰当的去处，心中有了稳稳的着落；我知道谢老并不恋物，而是恋情，正像我所感到的那样：精神远远大于物质，我们从前辈那里期望得到的，并不是物质，而是精神的延续。

我的成长虽然有着复杂的心路历程，其中不乏挫折，但我对人和事常存着感激之情，觉得自己的幸运远非常人可比。一如谢老典雅的风度，一想起，我就知道这世界存在着不同于"狼的法则"的法则，人之善，善其心。

现在的教育已有了巨大的变化，这不单指规模、容量、设施与资金，而是指观念的变迁，这是客观、是时代产物，深化了高等教育为"晋升之阶"的思想，我们不可妄称理想，也不能简单地传播"狼的法则"，这些想法往往使我矛盾，我是坚持教育理想的，但似乎它的根基在动摇。每当恍惚，我均会忆起谢海燕先生的那一瞥深邃的目光，我知道这目光向着所有人，我并不是其中一位被特殊关照的分子，正是这种原因，一种广博的、被激励的情感才会涌起——那是一种慈爱的目光，我接受到了，所以，我幸运。

虽是一瞥，但又有什么比这一瞥更重要呢！

本文作者：南京艺术学院教授。

善教者使人继其志

陈大仪　张　萱

爱好艺术的青年人,总是崇敬向往着当代的艺术大家。艺术青年(青年美术爱好者)如能得到艺术家的耳提面命,真是一生难忘。三十多年前,我们也是艺术青年,几个朋友经常聚在一起谈天说地,一个重要的话题就是谈论自己见过的画家。有人说看到张正吟(花鸟画家)就像看到"封、资、修";有人一抽烟就摆出一副亚明的样子,抽一口"拔"一声,看画时也学着亚明的腔调"拔错(不错)拔错!";有的以见过刘海粟作画为幸,学着刘海老的样子,一手端着盘子,一面在宣纸上泼水,口中念念有词"泊(泼)墨泊墨"……。一位好友谈到谢海燕教授,说一看到谢老就会自然的肃然起敬,谢教授就像是一位和蔼慈祥、学问高深的"神父"。我虽然没有看过刘海老作画,其他我都见过,朋友们把握前辈的特征真是准确,模仿样子也生动逼真,这也许是艺术青年崇敬的一种表现吧。我见到谢海燕教授正是文化大革命的后期,我感到在我面前的是一位真诚恳切,平易近人,有着博学的素养,宽广胸襟的学者,真有点"神父"的感觉。其实我们谁也没有见过真正的神父,只是从小说和国外电影中有这么一个印象:神圣的学者就是想象中的神父。令我难忘的是每年春节去谢老家拜年,一进门就看到偌大的客厅里"铺天盖地"的贺卡,让人仿佛进入了一个喜庆、慰藉的世界,现在回想起来简直就是一件很好的装置艺术作品。客厅的书架上,茶几上,博古架上,电视机上,壁橱里,水仙花盆前……能摆的地方都摆着贺卡,琳琅满目,洋洋大观。谢老总是笑呵呵地指着它们说:"都是学生送的","都是学生寄来的"。有时他会指着其中的一个说:这是上海美专的学生,这是华东艺专的学生,这个是做了官的画家,这个现在已是大画家了……;这个在北京,这个在西安,这个在上海,这个在广东,这些都是从国外寄来的……;这个已是年逾古稀的老人了,这是毕业不久的青年……。

在作品《蕉花群兔》前

谢老一边说着,脸上挂着慈祥的微笑,这微笑饱含着对学生的爱,对学生的尊重;浸透着一种满足、一种欣慰。我看到此时的谢海燕教授面临着的不是一张张贺卡,而是一个个、一代代自己亲授过的学生。这是从我70年代跨进谢老家以后,每年春节都看到的装置艺术,每年他都要展示,每年他都要和自己学生一起过春节,每年他都是笑呵呵地在学生前踱着他自信的脚步。80年代初春节时,谢老的客厅里挂了一张大画,这是程十发先生的作品。上面一行醒目大字提曰:"海燕吾师指正",画画得好(刘海粟评价说这是程十发的精品),字写得好,六个字内容更好,言简意切,饱含深情。程十发先生把自己的优秀作品献给老师,是在向谢海燕教授汇报自己的学业成就,是对老师辛勤培育的回报。这张画代表了谢老所有学生对老师的敬重,也表现了谢海燕教授在学生心目中的地位。贺卡在告诉我们,十发大师在告诉我们,谢海燕教授勤恳、辛劳一生为我国美术教育事业作出了巨大贡献。

  艺术青年都有过这样的经历,都想把自己的作品拿给老师看以得到指教,尤其是请大家指教,但几十年后能够留在这些人记忆中特别深刻的也许不会很多。但我清楚地记得谢海燕教授看我画时的教诲。那是粉碎"四人帮"以后,省、市相继组织画展,我画了张普天同庆的年画(现在看此画很幼稚,典型群众美术创作),谢老看了画稿后对画没有什么评价,也没在技法上给予指导,他却肯定了这张画的创作态度,他看到画面上画了几十个各民族的人物在天安门广场跳着各民族的舞蹈,背景是象征吉祥的传统纹饰祥云,说了声"下工夫了"。接着他跟我讲了在作画时精神状态专注与投入的问题。谢海燕教授讲述了宋代画家在作画时严谨的态度和认真的精神。他说宋代的大画家郭熙曾指出"不精则神不专",强调了艺术创作是件需要严肃认真的事情,切不可视为儿戏。宋代画院中的画家,他们的作品有一个非常重要的欣赏者,那就是皇帝。他们严谨的创作态度和精益求精的精神是可以理解的。现在的画家面对的帝王将相早已不存在了,今天的艺术创作条件又是那样的自由、宽松。谢老特别指出,对待艺术创作的认真态度却是每个从事艺术的人不可缺少的。选择了画画就要对自己的追求负责,对观众负责,自己要对自己负责。宋人的画在中国绘画史上留下了一个伟大的里程碑,也在世界绘画史上书写了一个十分重要的篇章,其中起决定性的作用就是艺术家的创作态度。今天一些小青年能画几笔就轻飘、骄傲,不认真学,不下苦功夫;对我们的传统一知半解,对西方的现代艺术更是一窍不通,这样的人是画不出好作品的。谢老还特别谈到中国画中的文人画和大写意作品。他指出:文人画、大写意的好作品都不是儿戏之作,是学识、技法日积月累,不断提高艺术修养、文化素养和笔墨技巧而画出来的。齐白石老先生的大写意花鸟,作品中水族草虫写生仅就写形而言完全可以与西方的写实画法所达到的精确程度相提并论。齐老先生可以在一笔之中完美地再现一只虾圆活通剔的生命特质。潘天寿先生的作品更是注重形的准确,他笔下的鹰用浓墨画成,笔笔精准,连水墨在宣纸上晕化出的位置也精准到恰到好处,多一分不行,少一点也不行。潘先生以严谨的创作态度,精准地表现了描绘对象的生命体征。这时我想到谢老60年代的一件作品,画了芭蕉树下二只兔子,一白一黑。黑色的一只浓墨画成,竖起的骨朵,肥肥的不失灵动之态的身体就是一团浓墨,但形象精准,憨态可掬十分可爱。谢海燕教授告诉我,他和潘天寿先生共事多年,潘先生作画的认真态度一般人是难以理解的,画成落款,写几个字,写在哪里他都要从全面构图再三推敲才提写好,谢老动情地说:大家作画真是"九朽一罢"啊。学画起步就要认认真真,一辈子要认认真真,多少功力,多高水平,持之以恒才能画出好的作品。谢海燕教授说:郭熙所提倡的"注精以一之"正是宋代画家的创作态度,正因为宋代有一大批这样认真画画的画家,才出现了中国绘画史上的艺术高峰。谢老一次又一次强调绘画艺术的首要功能是给人以美的享受,给人视觉享受的同时还应提高人们的精神品味,给人以精神陶冶。我联想到自己所见过的谢老画作,他的作品虽然没有震撼人心的重大题材;没有哗众取宠的轰动

《紫荆竞放庆回归》,1997年

效应；没有晦涩难懂的隐喻；和"为新而新"的新潮，却有着中国绘画美术所推崇的平淡天真、平和宁静的艺术魅力。谢海燕教授的作品歌颂自然、赞美人性，是典型的学者画。庄子曰："澹然之极度，而众美从之"。这"澹然"二字正是谢老画作的追求，它意味着"冲融"、"平淡"，这是一种崇高的精神境界。看谢老的画，就像在读陶渊明的田园诗，一股清心、平和的轻风让你心旷神怡。

1995年谢海燕与夫人及女儿在家乡揭阳

古人云："经师易得，人师难得"。我深深地感到，谢海燕教授真是艺术教育界难得的"人师"。记得70年代后期工艺美术协会搞了一次学术论文征集评选活动，我当时写了一篇关于中国传统纹饰运用的文章送给张嘉言教授（谢海燕教授夫人）看，当时张老师在工艺美术系执教，想得到她在专业方面的指点。几天后我去张老师那里拿稿子时，张老师笑眯眯地对我说：这篇文章谢老师看过了，在稿子上有他的修改意见。我当时真不知说什么是好，看着稿纸上修改过的铅笔字迹我眼睛湿润了，谁会想到一个知名教授、艺术学院院长能给我这样一个青年工人修改论文（文章），并把文中的错别字一个一个圈了出来还予以订正。这样的学者品质和慈母心肠让我终生难忘。艺术青年要得到学识的传授途径有很多，说的绝对一点自学也能掌握一定水平的技艺，熟透了可能比学校的老师还有"水平"，但是在艺术大家的身边，大师的精神气质、人格魅力则是非到这个场合所无法感受到的，这就是艺术青年在成长过程中总是津津乐道地回味和自己崇敬的大师在一起的时光，因为此时他们所感受到的"气象"、"品位"却能影响终身。在谢海燕教授的身边，他给我，给他的学生是一种精神感染、精神力量。这种力量能使艺术青年持续地提升他的自律意志，增强他攀登艺术高峰的信心。

"善歌者使人继其声，善教者使人继其志"。我仿佛看到在天堂的谢海燕教授还在笑呵呵地关注着他的学生。

本文作者：陈大仪，原南京丝织厂厂长。

我也认识谢海燕

韩 宁

谢海燕老人家在我的心目中是个伟大的美术教育家。

70年代末期我已经是十七八岁的小伙子了。当时的生活条件还是比较艰苦,但是拨乱反正、树立正气的氛围,使得学校里的老师们情绪很高涨,他们十分关心学校的艺术教育和恢复重建,更多的是探讨教学、创作、师资、改革等方方面面的事。我记得最清楚的是我外公跟谢老也在关注议论这些方面的事。在那个心有余悸、说话谨慎的年代里,食堂便成了两位老人经常见面的地方,一面吃饭,一面谈论校事国事。

谢老是我唯一在校园里知道的外公潮州老乡,所以我从小就感到十分亲切和敬仰他老人家,常常是跟在他们的后面竖起耳朵偷听两位老人的潮州谈话。也许是我太习惯叫外公了,后来叫起谢老爷爷来很不顺口。就这样我慢慢地也认识了谢海燕老人。

1976年末我又回到了南京。借用外公的画室开始向老人学画。那时的南京艺术学院校园里是一片清新活泼的天地,学生也不多,最后一批工农兵学员即将毕业,校园里充满了奋发的精神,当时的南艺实在是太安静了。后院的黄瓜园山坡上长满了大树绿草,鲜花缤纷万色——画画就是当时这一代人的文化享受。外公的画室就在那片花丛中……没有人打扰我,每天就是画画和写毛笔字。听的是刚刚流传到大陆来的"靡靡之音"的邓丽君的歌曲,看的是前辈——八大山人的作品。

这一年外公常来学校住,也经常带着我画画写生。走到哪里都会认识好多爷爷辈的老师们。外公的性格直率开朗,身体魁梧,讲起话来声音特别洪亮,常常是把我吓了一跳,连学生们也带有几分害怕,可是老人的亲切、随和则得到同学们对他的尊重,常常有很多学生利用中午饭的时间在食堂和老人们共餐交谈,外公喜欢画高傲

速写《百合花》,1998年

速写《百合》,1999 年

雄健的雄鸡,后来我才知道这跟老人的性格有关系。

外公很尊重谢老。谢老也常来同桌共餐,脸上总是带着微笑,他语言不多,讲话谨慎,很少表态,总在微笑中思考学校的教务工作,比起外公要严肃得多了。同学们都亲切地称他——谢老。"大羽老师"也是当时同学们给叫起来的。可想而知,那个年头的学生是多么的尊师重道,求师学画自然也是一种高尚的风气。

那是个炎热的夏天,谢老住在楼上,常穿着一条带蓝白格子的短裤,在去食堂的路上会经过我的画室,也时常叫上我们,日子长了,我感到这一年两位老人走得特别近,几乎形影不离,用潮州人的话"伲给囊",就是自己人的意思。

在我印象里谢老不经常谈起老家的事,不像外公喜欢吃广东的零食、潮州的饭菜,身上经常揣着广东的"梅子"或"嘉应仔"什么的,如果我表现好时,常会得到奖赏,有时也会塞给谢老,连刘老(海粟老人)也问"侬吃的是什么东西?"(上海话)。

那一年南京很热,中午实在吃不下饭,食堂里连着几个星期吃的都是一样的饭菜和西葫芦冬瓜汤。外公爱吃大蒜,经常把大蒜就着虾膏吃,那样胃口好,可以下饭,后来我看到谢老也吃得挺香,还询问外公哪里可以买到虾

70年代末谢海燕教授与学生在一起

膏。直到今天我依然有吃虾膏的习惯。

外公爱吸鼻烟是有名的。那时候,我们全家人都会转遍了整个北京城为他买鼻烟。也许是因为构思画画,老人酷爱那玩儿样。我小时候也很淘气,坐不住,也曾偷偷试过那玩儿样,呛得我眼泪汪汪。后来才知道,它是一种烟草制成的兴奋元素,能提神。有一次外公在讲课时表演画荷花,谢老走进来向同学们摆摆手,示意让大家安静继续看表演,可是自己却不小心一手按在画桌上的鼻烟盘上,顿时鼻烟四飞,呛得大家不停地打喷嚏。后来谢老也说这玩儿样厉害。

谢老是广东揭阳人,听说离外公的老家不远。后来去了上海美专,曾经是刘海粟老人的得意助手,也是美术界的老前辈。记得"文革"刚结束,听说学校要开始正式招生了,七七届的定位是最后一批工农兵学员,校园里顿时变得紧张起来,大家都在准备招生,迎接"文革"后的第一批正式大学生,几位老人也忙得不亦乐乎。刘老、谢老、沈老(沈涛老师)和我外公,当时都是南京艺术学院中国画系的顶梁之柱。

回忆往事:我们纪念老人们的伟绩,怀念那艰苦的年代!无论身在天涯海角——老人们永远活在我们心中!

本文作者:陈大羽外孙。

缅怀亲爱的大哥

谢益勋

　　1948年我刚15岁就离开美丽、富饶可爱的家乡广东揭阳,来到了繁华、热闹的国际大都市上海。船进了黄浦江,就被沿岸的高楼大厦所吸引。踏上上海滩就看到无数的有轨电车、三轮车、黄包车,车水马龙,对一切都感到好奇、新鲜,对什么都不懂,不懂国语和上海话。这可忙坏了大哥了,他把我安排在北京东路一家潮州人开的公司里当一名无薪的练习生。生活、工作都有着落了,但是大哥老是惦记着我。他担任上海美专代校长,工作繁忙,白天无暇,夜晚工作到深夜。每当周末稍有空闲一定来看我,风雨无阻。每当见到哥哥,我的精神为之一振,感到一股强大的暖流在身上流动。我最喜欢听大哥说话,他讲话的内容特别丰富,先是问寒问暖、问长问短,然后给我讲家史、国耻、地理、历史、文学艺术滔滔不绝。每次我都想和哥多呆一会儿,又怕会影响他的休息和健康,只好劝他回去。临走,大哥总要给我钱,不是"金圆券"就是大头小头,有时我说不要身上还有,够用了,他一定要我拿着。在国民党统治下的旧上海,物价飞涨,"金圆券"一落千丈,有人形象地比方月头可以买到一头牛的钞票,月中只能买到一头羊,月底只能买到一只小鸡了。在这种情况下,人们纷纷把"金圆券"买进黄金、美钞和银元,大头袁世凯价格高一些,小头孙中山低一些。大哥从来不过问给我的钱流向何方,我有绝对的自由。我把钱大部分花在电影院、剧场和买书上。我初进电影院看到的是美国影片《出水芙蓉》、《一千零一夜》和《泰山》等,这些电影一下把我的魂都勾跑了。从此,我成了电影迷。对我来说看电影益处多多:生活娱乐、欣赏艺术、增长知识,还能学国语和英语。那时上海的影院外国片居多,并且都是原版没有华语配音,票价分几个档次,相差几倍,我想到是大哥省吃俭用给我的钱,每次都是买最便宜的

速写《紫睡莲》，1999年

票，再花两千元租个耳机塞进耳朵里。电影开映时，耳机里的女声华语与影片里的英语同步，看完一场电影既能学到华语又能学几句英语。后来我国语听懂了，英语也能听懂几句，耳机也不再需要了。

　　有一次，同事请我去看京剧，一下子也把我迷住了，先看布景美，武打劲头足，舞蹈妙，锣鼓热闹。京胡悦耳，服装绚丽，场面五彩缤纷，就是念白和唱词一句也听不懂。听说京剧是国粹、是国宝，所以我要追求它。每周都去看戏，后来也成了戏迷了。每次去买票就想起是大哥的钱要省着用，于是我买最便宜的三楼票，在三楼看舞台，总觉得戏里的人一张脸特别的短，不过无所谓，我年纪轻，眼睛好，能看到就行。慢慢地，有些听懂了，会哼上几句了。喜欢看没有布景的文戏了，能上台表演了，自己想不到的是上台演出居然得到了满场喝彩。1957年刘海粟校长偕夫人去黄山途经合肥，我和罗宗光先生在饭店为他们接风，罗先生告诉刘校长说我会唱京戏，刘校长回到学校告诉大哥说五弟会唱京戏，"噢，是吗?!"哥哥很惊奇，接着自己又补充一句："是的，我家里人都有艺术细胞。"虽然水平是业余的，但对一个广东人，尤其是一个男孩子要扮演一个活泼可爱的小女子来说，不下一番苦工夫是不行的。

速写《风信子》，
1999 年

　　我也经常去看望哥哥，公司今天下班早，我选择走路边走边玩，很开心的，走到学校已是万家灯火，哥哥带我到顺昌路菜场旁边那个面摊吃牛肉面，哥哥是这摊的常客，这里的牛肉面真好吃，大铁锅里带瘦带肥带筋的牛肉还在翻滚着，上面漂着一层厚厚的黄油，香味扑鼻。哥哥还是老规矩一碗面条一根老油条泡汤，他把牛肉夹给我要我多吃一点，老板看见了就给哥免费加一勺子原汁原味带牛肉的汤。大哥的生活就这样简单、朴素、节约。

　　有一次大哥带我到南京路一家著名的西餐馆去吃西餐，他找了后面不太被人注意的那一桌，这里环境很美，留声机放着轻音乐，我十分开心，两脚有点飘飘然了，可惜我不会跳舞。哥哥教我怎样吃西餐，如什么食物才能用手抓，刀、叉放的位置，刀切牛排时瓷盆不能发出声音，怎样叫上菜,怎样叫撤去,又给我谈各国的风土人情、风俗习惯,内容包罗万象。我静静地聆听着,再好听的音乐也比不过哥哥的教导,也是在幽雅的轻音乐声中,哥哥教给我很多知识。饭后,我意识到这顿西餐是大哥为我安排的。他说你现在学点将来有机会出国或与国际友人交往时才不会出洋相。

大哥喜欢带我去参观展览会,尤其是画展。我喜欢的展品哥哥都会给我讲解,哥和我的观赏水平是天地之间。有时我觉得哥哥是在对牛弹琴,但他总是耐心、详细地由浅入深引导我对作品的兴趣。我被一幅画上的老虎吸引住了,对哥哥说这只老虎画得真好像活的一样。哥说画的是不错,缺点也不少,你看右后爪不应这样,而应如此这般。到底是专家的锐利眼睛,太厉害了。

有一次我去看哥哥,他躺在床上却不给我进门,我心里一愣怎么回事?哥哥说他病了,会传染的,要我回去,我说你是我哥哥,生病更需要服侍你,什么传染不传染我不管。话没说完我早已闯到他的面前,他要我到店里买几只口罩来。直到我戴上口罩,哥才允许我坐在他的床前。

又有一次我和哥哥在马路散步,他听到我一声咳嗽,刚好不远处药房还没有打烊,他进去买一瓶"克利西佛"(音)止咳糖浆交给我,并把外衣脱下穿在我的身上要我回去早点休息。我猛然想起哥哥会着凉的,迅速脱下递给他:"太大了我不能穿"。

大哥儒雅可亲,一举一动都显学者风度、大家风范,没有脾气,更不会骂人。但是,大哥也会骂人的:那是在苦难祖国的土地上,上海外滩公园门口挂着一块"华人与狗不准入内"的牌子,这是对我们国家和民族的污辱。外国水兵在上海横冲直撞、胡作非为。这一天大哥和他的朋友罗先生路过外滩看见几个外国水兵看到漂亮的女人,就在她们跟前扔几只鞭炮,吓得她们尖叫着四处逃窜,而水兵则哈哈大笑。大哥和罗先生忍无可忍冲上去骂他们是猪,是疯狗。哥哥对我说是用广东话骂的,他们也听不懂。大哥爱他的女同胞,爱他的祖国。

上海解放了,全国解放了,大哥欢欣鼓舞,扬眉吐气,他说台湾一定要解放。要我努力学习,建设祖国。以后他来看我时,总要给我买几本如"知识就是力量"等杂志。

当哥哥得知我被评为上海市邑庙区优秀青年团员时,立刻给我写信说"真有说不出的高兴!祝贺你!"。

速写《绣球花》，1999 年

　　那年春节的前几天我去南京探亲，我走进哥哥的书房，桌上压着一张写着一大串名单的纸条，某某人多少元、某某某多少元。名单上的名字，有的是我所熟悉的亲朋好友，有的是我不认识的，大哥说他们都需要帮助，你嫂嫂已经把款给他们汇去了。

　　如今大哥仙去，但他永远在我心中。他把美和爱洒向人间，世代流芳。

注：母亲生我们兄弟姊妹 12 人，6 女 6 男。我男排第 5，总排第 11。大哥老大，长我 23 岁。

晚年谢海燕在寓所

至诚 至爱 至美

——忆我的父亲谢海燕

谢燕淞

我与父亲相差46岁,记得上小学的时候,同学们的家长都是三十多岁,只有我的父亲已是五十多岁了,且满头银发。父亲是36岁时才结的婚,在那个年代绝对称得上是晚婚晚育了,我又是家中最小的孩子。父亲长期以来一直体弱多病,那时他常常对周围的亲朋好友说,或许还没有等小女儿长大成人,他就会离去。值得庆幸的是,父亲虽然多病,并在最后的十几年中,几乎年年都要住进医院,最长的时候住了近十个月,但在母亲和家人无微不至的照顾以及他自己的努力下,顽强地活到了92岁,也算得上是高寿了。颇为巧合的是,那年我也是46岁,早已是成家立业了,也取得了一些小小的成绩,这一点父亲是非常欣慰的。

一、作为家长的父亲

文革中，谢海燕被关进了"牛棚"，1969年底解除管制后，在次子谢燕申的陪同下游览了长江大桥并合影留念，相片中谢海燕面容消瘦

我们兄弟姐妹的青少年成长阶段都是在接连不断的运动之中，特别是"文革"期间，父亲在政治上对我们的要求可以说是非常严格的，可能是他们那一代老知识分子经历了数次的政治运动，对一切都变得那么敏感谨慎所至。父亲经常对我们进行爱党和爱国主义的教育，我们那时年少不爱听，觉得父亲很"左"，总是给我们讲大道理、上政治课。当然，父亲更多的是教育我们做人的道理，言传身教地教育我们为人处世要为他人着想，宽厚待人，要谦虚谨慎，凡事学会谦让，先人后己等等，这也可以说是父亲做人做事一辈子的态度和准则。

在我的记忆中，父亲一心扑在工作上，对家中的事情基本上是不过问的，家里的家务事、衣食等全由母亲打理，甚至哥哥姐姐们上山下乡后的上学、工作问题，也从不愿意去找熟人打招呼，这在那个为了从农村上调、千方百计找关系、开后门的年代，似乎是有点不适宜和不合情理的。父亲在任何时候总是对我们强调要靠自己的本事，这或许也是与父亲十几岁就从家乡广东出来自己闯天下的经历有着某种内在联系。

父亲对子女个人未来的发展是不干预的，充分尊重个人的意愿，你想学什么就学什么，不强求子女一定要继承父辈走美术之路。因此，在我们四个兄弟姐妹中，有搞摄影的，也有学音乐的，可以说是没有人真正继承了父亲的专业。虽然我现在在南艺任教，但所从事的是平面设计的教学与实践，而且在少年的时候，我曾选择了学习小提琴，并非常认真、痴迷地跟盛雪教授学了五年。后因工作需要，才改学设计专业的。但是不可否认，父亲及其家庭给予的影响是巨大的和潜移默化的，我能从学习音乐迅速地转到学习美术设计中来，这也与从小耳闻目染的环境以及父亲的教诲是分不开的。

父亲虽然看似对子女不太关心，但是他在心里还是很爱和关心我们的。在三年自然灾害的时候，国家给高级知识分子发了少量的餐券，指定只能本人去规定的食堂补一点营养，而父亲总是不忍一个人享用，每次都悄悄地带上饭盒，象征性地吃两口，趁人不注意，赶紧倒入饭盒中，带回家中给我们吃。

和家人一起过生日

　　父亲的文学功底很深厚,字也写得很好。6岁时就在私塾学习古诗文,年轻的时候在上海长期从事美术史论的翻译、评论和编辑工作,撰写了大量的文章,后来也长时期在学校从事美术理论的教学和研究工作。父亲年青时读了大量的历史书籍和文学作品,他的学识非常渊博,在我的心目中,古今中外他几乎无所不知,在家中父亲就是一个活词典,我们不懂的东西、不会写的字句只要问父亲,都可以得到清晰的解答。父亲有天天写日记的习惯,几十年如一日,无论多忙多累,或是生病住在医院里,他写的日记都是清晰工整、一丝不苟,这已成为他的一种习惯、一种生活的需要,从中也可以看到他平和的心境和做事认真的态度。我70年代后期在上海读书,父亲常常给我写信,聊聊家常或鼓励我努力学习等,读父亲的信很是受益,不仅字里行间流露了一个父亲的关爱,也显现了父亲的文学修养。父亲的来信总是很整洁,几乎没有涂改的痕迹,并不会因为给自己的孩子写信就可以马马虎虎,父亲在生活的点点滴滴中,都在以自己的言行影响着我们。

　　记得小的时候,别的同学都特别兴奋被家长带出去游玩,而我们却是既高兴又担心,父亲每次出去,都特别

60年代初夫人张嘉言与四个子女合影。后右长子燕杭、后左次子燕申、前右长女燕泠、前左幼女燕淞

谢海燕先生晚年作画中

爱管闲事。有人往地上扔垃圾、吐痰他要管,在公园里摘花、爬树、践踏草坪,他都要上前去管,别人不服管时他还特别生气,往往在这上面耗费了大量的时间。我们每次劝父亲不要管这些事情的时候,他都会非常严厉地批评我们没有社会责任感,因此也闹出许多的不愉快,以至我们常常是游玩的兴趣一扫而光。由此我想到,在南京创建文明城市的今天,如果多一些像父亲这样的市民,我们的城市将会更加的美好。

二、作为教育家的父亲

父亲长期从事美术教育及行政工作,在父亲的年表中可以看到,他一生大部分的经历是和南艺的发展历程密切联系在一起的,特别是上海美专时期以及美术学科的发展。从1935年任上海美专的教授、教务长、副校长,到国立艺专的教务主任;从华东艺专的美术系主任到南京艺术学院美术系主任、南艺副院长,直到1987年光荣退休,在艺术教育的岗位上辛劳耕耘了近六十年。父亲几十年如一日,勤恳敬业,他把自己的身心几乎全部融入学校的事业发展之中,将个人毕生的时间和精力贡献给了他热爱的学校,贡献给了美术教育事业,在学校的发展历程中洒下了辛勤的汗水。

父亲留给自己研究绘画专业的时间非常少,除了大量的行政工作和教学工作,他又总是把别人的事情放在自己的事情前面来做,他先后为《刘海粟画集》《陈之佛画集》、《倪贻德画集》、《俞剑华画集》、郑午昌遗著《中国画学全史》、《王个簃书法选集》《陈大羽书法篆刻集》、温肇桐《古画品录解析》等许多老朋友的作品和著作出版撰写前言或作序,也为很多晚辈的画册、画展题字和撰写前言而无暇顾及自己的书画创作。先天下之忧而忧,后天下之乐而乐,这在父亲的身上有着生动的写照。

父亲在工作中不仅非常投入,也很谦虚、平和,对名利的事情一向看得很淡。听学校的前辈们说,父亲在升级、加薪等一些利益方面相当谦让,有升级、加薪的机会总是尽量让位和推举他人。对同事、对青年教师和工友的困难都尽可能地去给予帮助,只要听说谁工作中或家中有困难,他都会尽自己的所能去帮助别人,捐钱或者捐物。父亲没有一点领导的架子,他每天很早就到学校,很晚才回家。不仅是在行政和教学工作上,在其它一些细节方面,父亲也常常以身作则。很多南艺人都告诉我,他们上班或上学的时候,经常可以看到父亲上班前早早就来到学校,拿着一把大扫帚清扫道路上的垃圾,以保证良好的教学环境卫生。父亲待人也特别客气,只要别人帮助他一点,为他做一点小事,他都会去回报别人。如送他去参加活动、看病的学校司机,来家中修理水电的工人,或是帮他带信回来的同事等,他都会拿出家里好吃的东西款待别人,或是拿一些东西送给别人。父亲为人谦和的态度,是有目共睹的,凡是与父亲接触过的同事、朋友,或是工友,很多人都有同感。

父亲因忙碌的行政工作,画的画并不多,但只要听说是为社会公益事业或慈善事业和残疾人基金会等筹集善款,他都会毫不迟疑地捐赠作品,甚至都不怀疑来人的真实性。曾有人打着残疾人的旗号上门索要他的画,而我们对来者提出疑义的时候,父亲反倒会说我们体会不到残疾人的痛苦,从这一点上,也可看出父亲为人的真诚和尽力地去帮助残疾人的心境。父亲以他的博爱之心和人格魅力赢得了社会、同事们和学生们的尊敬及爱戴。

谢海燕教授抓拍1997年7月1日香港回归时的电视画面

与夫人在喜爱的睡莲池边

三、作为画家的父亲

1992年,谢海燕访问母校日本武藏野美术大学时,与时任校长水尾博教授亲切交谈

父亲9岁就开始学习国画,临摹《芥子园画谱》,后又学习西洋绘画,17岁便在恩师李铁士所办的汕头铁士美术学校任教,19岁因成绩优异直接考入上海中华艺术大学西洋画科三年级插班生,21岁在恩师李铁士的资助下留学日本,就读于当时的帝国美术学校,现在的东京武藏野美术大学。父亲早年的画以西洋画和国画的山水画为主,后多以花鸟画问世。

父亲这一生最喜爱画的是松柏、金鱼和睡莲,特别是金鱼睡莲,既有国画,又有油画。父亲有空时会去公园的水族馆和池塘边写生金鱼,家中不时也养一些金鱼,有时我们的朋友们也将自己养的不同品种的金鱼轮流放在家里给父亲画上几天。金鱼既给父亲带来了许多优雅的作品、许多快乐和荣誉,也给父亲带来灾难。记得父亲画过一幅油画的金鱼和睡莲,在"文革"期间,红卫兵将画中的金鱼画上了眼镜,比喻为"臭知识分子和走资本主义道路的当权派",并将其放在大字报专栏中给予批判,造反派在批斗父亲时也常常以此画作为背景。当时我虽年仅10岁,但这些场景,却在我的心灵中留下了深深的烙印。

父亲以金鱼为创作题材的作品主要有《金玉满堂》、《金鱼睡莲》、《鱼乐图》、《墨龙》、《红与黑》《连连有鱼》、《瑞鳞齐舞、马蹄飘香》等。虽然都是画金鱼,但父亲在用笔用墨、动态趣味等方面均做出了不同的尝试,有的兼工带写,有的讲究墨色的浓淡韵味,有的则强调笔触湿润与干枯的相得益彰。父亲笔下的鱼总是很有灵性、很生动,仿佛是对生命的赞颂。父亲还喜欢画兔子,我小时候家里也养过几只兔子,父亲笔下的兔子,黑白分明,神态各异,活泼可爱。父亲以兔子为题材的代表作有《蕉花群兔》和《菜花群兔》。

父亲的画如同其人,很儒雅、很大气,这个大气并不是指场面宏大,而是指画中所体现出来的气度和心境。很多画的场面并不大,用笔也不多,但画面都很讲究构图的虚实和空白,讲究独特的意境和盎然的情趣。画面里的各种元素相互呼应,我中有你,你中有我,以很少的笔墨达到了以少胜多,颇有意到笔不到的效果。父亲的画作很有亲和力、很有生机,也很高雅,读他的作品,仿佛能感觉到一股涓涓细流渗入人的心田,总能够使人心情舒

1992年与夫人张嘉言、女儿谢燕淞参观东京国立西洋美术馆

畅、轻松和愉悦。父亲留下的画虽然不算多,但极为珍贵。

八九十年代,父亲的好多学生都举办了个人画展,也出版了自己厚厚的画册,并拿来送给父亲,而每一位来家中的学生,无一例外的都会提到父亲应当举办自己的画展和出版自己的画册了。是的,父亲从事美术和美术教育工作六十多年,培养了众多优秀的、知名的画家,自己也画了不少格调高雅、有品位的作品,特别是退休后也积累了自己的一些画作,是应该举办画展和出版自己的画册了。早在80年代,刘海粟先生就为父亲提笔写下了"谢海燕画展"和"谢海燕国画选集",以此来勉励和督促父亲。可父亲一直非常谦虚,总认为自己的画还画得不够好,不够多,而且有很多流落在外。值得欣慰的是,1998年在人民美术出版社和我们子女的帮助和努力下,父亲终于出版了自己的《谢海燕国画选集》,这一年,父亲已是89岁的高龄了。画册的出版给父亲带来了无限的喜悦和快乐,作为子女,能让父亲在有生之年看到自己画册的出版,也是一件非常幸福的事情。

四、重访日本的父亲

1930年,父亲21岁时曾东渡扶桑去日本留学,研修绘画和美术史。父亲在日本期间生活非常艰苦和节俭,却买了许多日文版美术书籍带回中国,父亲一直以来都可以阅读日文书籍,进行简单的日文对话,并做了很多美术史的翻译研究工作,也为报刊撰写了一系列美术评论

谢海燕在日本拜访加山又造先生

文章。父亲对日本的变化发展也特别的关注。

1992年，中日邦交正常化20周年之际，父亲应日中友好协会的邀请，赴日本进行访问和文化交流，我与母亲也陪同父亲一同前往。父亲那时已是83岁的高龄了，且一直体弱多病，临行前学校的领导、医生和亲朋好友都非常担忧，但父亲自己却充满了信心和期望。

在重访日本的半个多月中，父亲在日中友好会馆举办了作品观摩展，进行了学术讲演并挥毫作画，引起了许多日本友人的关注和浓厚兴趣；访问了62年前曾经留学过的母校东京帝国美术学校、现今的武藏野美术大学，受到了校方热烈隆重的欢迎，并与水尾博校长和教授们进行了座谈，父亲特向母校馈赠了自己的作品，作为对母校培育之恩的回报；访问了日本著名画家加山又造先生，在其画室亲切论画、切磋艺术；参观了东京国立美术馆、西洋美术馆和箱根雕塑公园及毕加索美术馆；此外，还去了名古屋、京都、奈良、大阪等地访友和参观游览等。父亲在日期间的行程安排得很满，但他的兴致和精神状态也一直很好，几乎忘却了自己的年龄和体弱多病的身体。最难忘的是，有一天父亲乘坐的轿车行驶在东京街头时，他竟情不自禁地用日文完整地哼唱出62年前跟房东学

谢海燕速写途中小憩

谢海燕在医院时留影

会的日本歌曲,使我们随行人员无不感到惊讶,父亲此时此刻的激动心情可见一斑。父亲当时那种欢快天真的神态和激动的情绪,仿佛一瞬间又回到了青年的学生时代,让我们在身边的人也深受感动。父亲早年的恩师陈抱一先生的女儿陈绿妮女士常年定居日本,一直以来与父亲有着通信往来,但多年都无法相见,这一次又圆了父亲的一个心愿,在日本与恩师的女儿再叙友情,缅怀恩师。

父亲的日本访问是非常成功的,既圆了自己有生之年重访日本之梦,也促进了中日两国人民的友谊和文化交流。父亲的挚友刘海粟先生特意以书法形式盛赞父亲相隔62年重访东瀛并为中日两国的文化交流续写新的篇章。

五、牵挂家乡的父亲

父亲的家乡在广东潮汕地区的揭阳,那里是书画之乡和手工艺之乡。潮汕丰富的文化艺术熏陶培养了父亲,每当父亲谈起家乡的书画、抽纱和音乐、戏剧,脸上总是充满了喜悦和自豪。父亲十几岁就离开了家乡,但在他的身上有着浓郁的乡情和对家乡的眷念,虽然南京与父亲的家乡广东揭阳相隔甚远,在过去的岁月中,交通也不太方便,但在我的印象中,家里还是经常来很多家乡的客人,满屋的潮州乡音。父亲为能用乡音和父老乡亲尽情的畅谈,每每都很兴奋,因为在我们家里没有这样的语言氛围。来者中除了少数的亲戚外,多数是潮汕地区文化、教育、旅游系统的领导、工作人员和画家,甚至是一些学画的小青年。他们有的是来谈家乡文化教育发展的,有的是请父亲为单位或风景名胜题字的,也有是来看望父亲或是来索画的。父亲在家乡也算是个知名人士,但他从不把自己当作名人,只要是家乡人民需要的,父亲都会来者不拒,尽量满足所提出的要求,提供无偿的服务。父亲的想法很朴实也很谦虚,他晚年常常说,在他这个年龄,还能够为家乡做一些事情,已非常高兴和知足了。父亲对家乡的感情是沉甸甸的和发自内心的,他常常在家里一遍又一遍地放着潮州音乐和潮剧,自得其乐地陶醉在其中,以此来舒缓思乡的心绪。

谢海燕夫妇在外地休假

父亲的家乡广东潮汕地区不仅是艺术之乡也是侨乡,1995年应广东揭阳市海内外书画家联谊会的邀请,我与母亲陪同父亲一起回到了老家,父亲此时已是86岁的高龄了,这是父亲阔别家乡十多年后又一次回到家乡,在此前的1981年,父亲也曾应汕头市文联和文化局的邀请参加元宵画会,回过一次家乡,当时也已有74岁了。父亲对此次回家乡是格外的珍惜,因为父亲心里清楚,回去一趟是非常不容易的,这或许是他生命中最后一次踏上家乡的土地了。这一次,父亲参加了画展和笔会,在开幕式上发表讲话和感言,话语中无不透露出对家乡的深厚感情和诚挚的爱。在这两次回家乡的日子里,父亲会见了众多的亲朋好友,重游了很多名胜古迹,观看了潮州戏,参观了抽纱、瓷器等工艺品厂,整日被浓浓的乡情所包围,对家乡的变化一次次地发出赞叹和感慨,也为家乡民间艺术的传承和发展提出了许多自己的建议。在每一次离开的时候,父亲总是说,对家乡的一切怎么看也看不够,体现了一位游子对家乡的一往情深。

六、父亲的晚年和最后的日子

父亲的晚年是快乐的,退休后,有了属于自己的时间,画了一些想画的画和撰写了一些文章,并出版了自己

谢海燕在寓所前

的画集；父亲的晚年也是幸福的，在生命最后的三年中，他告别了居住近四十年的旧居，搬进了位于南艺黄瓜园的新居，既享受着比较舒适安逸的生活，又可以在校园中漫步，不时地看看自己为之忙碌一生的学校的发展和变化。父亲的晚年还是幸运的，他虽然一天天的衰老，又多病缠身，但他盼到了香港回归和澳门回归，也跨进了21世纪，这些都是父亲心中一直关心和企盼的，也是父亲在有生之年所值得庆幸的。

父亲生命中的最后一年是在2001年，4月份父亲因肠梗阻住进了医院，必须进行开刀手术，当时动完手术的状态还是很不错的，本以为父亲又会像以往一样能够战胜病魔慢慢得以康复，可是中途出了一些意外，因为医院的拆线手术太早了，术后又没有用腹带，导致伤口开裂，父亲又一次进手术室进行缝合。92岁的父亲接连经过二次手术，身体明显不如以前，肺部感染时好时坏，呼吸不太顺畅，心脏也不好。但父亲头脑还是很清楚的，国庆期间，父亲向来看他的学校同事作最后的告别，父亲也似乎意识到自己的日子不多了。在住院最后的日子里，父亲希望能回到家里，在征得医生的同意之后，父亲又回家里住了13天，在家庭的亲情中度过了最后的人生。11月21日清晨，父亲因心脏衰竭，急送医院抢救，可回天无力，走完了他92年的人生征途。

今天，父亲离开我们已经近九年了，在这九年中，我们无时不想念着父亲的音容笑貌和对我们的谆谆教诲。父亲的一生是平凡而伟大的，他勤勤恳恳、任劳任怨、谦虚谨慎、淡泊名利，把毕生的精力都献给了为之奋斗的艺术教育事业；父亲的一生也是光荣的，他不仅桃李满天下，他的人格魅力也赢得了大家的尊敬和爱戴，为后来的事业发展留下了宝贵的精神财富。今年3月16日，是父亲诞生100周年的纪念日，愿父亲在天堂中能够幸福快乐。

本文作者：南京艺术学院教授、硕士生导师。

附录 谢海燕文选

"刘海粟画集"序言

谢海燕

　　刘海粟是中国新美术运动的拓荒者和现代艺术教育奠基人之一。他博古通今,学贯中西。毕生为繁荣发展我国艺术事业,为国家造就了大批绘画、音乐和工艺美术人才,开展了社会美育,促进了国际文化艺术交流,作出了重大贡献。

　　他的一生是不平凡的一生,是敢于开拓、敢于创造的一生。是执著追求真善美,兢兢业业以弘扬中华文化为己任,历经磨难和考验的爱国主义者。他的才华和成就是多方面的。他是杰出的中国画画家、油画家、书法家,卓越的美术教育家,又是著名的美术史论家、古代书画鉴藏家和诗人。刘海粟的光辉业绩是属于社会主义祖国的,也是属于全世界的。

一、漫长的艺术生涯

　　刘海粟的艺术生涯长达92年。大体可分为前后两个阶段。前一阶段在旧社会,后一阶段在新社会,正好一半对一半。共计8个时期:

　　1. 萌发期(1903~1911)——从初学、自学到教育尝试。9年左右。

　　2. 奠基期(1912~1928)——从创办上海美专到欧洲之行。17年左右。

　　3. 扩展期(1929~1936)——从第一、二次欧游到抗日战争前。8年左右。

4. 冶炼期（1937~1948）——从抗日战争到解放战争。12 年左右。
5. 陶铸期（1949~1956）——从中华人民共和国诞生到第一个五年计划提前完成。8 年左右。
6. 磨砺期（1957~1976）——从反右到"四人帮"被粉碎。20 年左右。
7. 辉煌期（1977~1988）——从改革开放到十上黄山。12 年左右。
8. 晚岁期（1989~1994）——从去德国展览到香港归来。6 年左右

1. 萌发期——即少儿时期

刘海粟，1896 年 3 月 16 日生于江苏常州青云坊的一个大家族里。原名槃，字季芳。幼年禀受母教，谙习诗文，耽爱读书。8 岁即延师课受会恽派工笔花卉白描。课业之余，更喜随意涂抹，画日常所见景物、花卉、蔬果、虫鱼，被老师斥为"乱涂"。我曾见他 11 岁画的一幅《螃蟹》，自然生动中显出童稚的天真。这画后来作为 1935 年秋在上海举行的《全国第一次儿童绘画展览会目录》的封面。他在常州绳正书院就学时年龄虽小，但聪颖好学，多问善辩，能书能画。一次书院举行游艺会，要他作书法表演，他集柳公权《玄秘塔碑》句，即席以颜筋柳骨大书"逢源会委，勇智宏辩"一联，抒发自己的抱负。他深思博览，渴求新知，有强烈的自信心和进取心，他那敢做敢为的外向性格，此时已显见端倪了。

14 岁时，刘海粟母亲洪淑宜不幸病故。他非常悲恸，在父亲刘家凤的支持下决定去上海学画。当时上海只有画家周湘在八仙桥开办的一个"布景画传习所"，便报名入学，在学习中初步领会西洋画的一些基本原理和技法。同学中他和陈抱一的年纪最小，但学习认真，作业也很出色。老师的教学示范未能使他们满足，经常跟年长的同学到外滩"别发"和"普鲁华"几家外文书店，翻阅进口的美术图书，当买到《欧洲名画集》和西班牙 17 世纪画家委拉斯贵兹的专集，如获至宝，孜孜临摹研究。在沪学习半年后便回到常州，在一个图画专修馆教画，同时研习文史。这一阶段，他的姑父，著名史学家、国史馆总纂屠寄，对他人文思想的熏陶和民主意识的启迪，具有深远的影响。

2. 奠基期——也称垦植滋长期

这是刘海粟开拓艺术教育事业，并在艺术创作实践上不断长进，形成他在新美术运动中先锋地位的时期。

刘海粟处在民族民主革命浪潮风起云涌、西学东渐、新思想如火如荼的社会变革时代，他深感培养新一代美术人才的迫切需要，立志发扬中国固有艺术，探索西方艺术蕴奥，尽研究、宣传艺术责任。于民国纪元联同乌始光等几位画友，经过一番筹划，发表了宣言，创办了中国第一所艺术院校：上海图画美术院，后改为上海图画美术学校，即上海美专的前身。这时候他才 17 岁，由年长的乌始光、张聿光先后担任校长，自任副校长，

丁悚为学监。筚路蓝缕,边教边学,摸索前进。到"五四运动"前夕他自任校长时,已成为一所拥有一定师资力量,设备初具规模的专门学校了。此后,在著名教育家、近代美育倡导者蔡元培的思想影响和大力赞助下,坚持思想开放、学术自由、兼容并蓄的办学方针,历经变革,逐步发展,为古老而年轻的中国,培养了一批又一批艺术人才。

这一时期,他曾经两次去日本。东渡的目的虽有不同,但对于他的艺术经历来说,却是十分重要的,如果说,第一次东渡的目的是到日本参观、学习、取经,那么,8年后东渡则是艺术交流和传播了。

1919年秋,他同教授汪亚尘等一行到日本参观帝国美术院第一次美展,并考察东京和京都等地的美术教育。回国后写了《日本新美术的新印象》一书。针对当时中国画坛日益衰微的现实,就如何继承发扬民族绘画传统,批判地学习汲取中外美术的精华,推进新文化艺术运动和培养人才等问题,提出了精辟的见解。他借鉴了东京美术学校的系科编制,结合中国的实际,对上海美专进行了一次卓有成效的教学改革。同时经过这次考察进一步认清了世界艺坛的动向,坚定了自己的艺术信念。

1927年第二次东渡,则是他为"模特儿"问题与封建卫道士和军阀斗争,博得个"艺术叛徒"的称号,加之因美专学潮被扣上"学阀"的头衔后而出走日本的。这时他已是崭露头角、名闻于世的画家了。东京朝日新闻社在新厦为他主办个人画展,同时举行《石涛与后期印象派》的学术演讲,这篇报告和另一篇论文《石涛的艺术及其艺术论》在小室翠云主编的《新南画》和《书道画道》杂志发表。刘海粟以其独到的见解,引起日本画坛的注目。他的国画作品《泰山飞瀑》、《月落乌啼丛林寒》、《峦树草堂》、《彤云素语》等为日本朝野所购藏,旅日期间与彼邦画界权威藤岛武二、满国谷四郎、石井柏亭等交游,并和桥本关雪、小室翠云等即席合作水墨画,泼墨施水,豪放恣肆。刘海粟被称为"东方艺坛的狮子",第一次赢得了国际声誉。

早在1921—1922年间,刘海粟应蔡元培之请,到北京大学讲学并举行个人画展。展出油画近作《前门》、《雍和宫》、《回光》等36幅。蔡元培在《介绍艺术家刘海粟》一文中指出:"他的艺术倾向于后期印象主义,喜描写外光。他画面上的线条、结构、色调都充满着自然的情感,有强烈的表现。他是一位个性强烈,处处可看出他总是自己走自己道路的画家。"可谓真知灼见。

在北京期间,海粟与陈师曾、姚茫父等建立了深厚的友谊。在他们的影响下,在学长梁启超和老师康有为的鼓励、诱导下,重行画起中国画并开始收藏历代古画来。

自1923年《九溪十八涧》和第二年的《言子墓》相继问世,在艺术界引起了很大的反响。前一幅画提有郭沫若的诗评:"艺术叛徒胆量大,别开蹊径作奇画,落笔如翻扬子江,兴来往往欺造化……"1927年柳亚子逃亡到日本时看到这幅画,叹为观止,说:"把沫若廉悍峭厉的诗笔来配在海粟雄壮阔大的画稿上,不算是并世双绝,还算是什么呢?"后一幅《言子墓》,吴昌硕以惊奇之笔题上:"海粟画此有神助耶!"赞赏他非凡的画才。

从此,他一手拿国画笔,一手拿油画笔,始终不辍,使中西绘画相互渗透,融会贯通,共臻化境。不过,在他"奠基期",油画画的较多,"扩展期"油画、国画大略相等,以后则以国画占多数罢了。

3. 扩展期——也称木茂花繁期

这个时期正当海粟盛年,是他走向世界,并在著述、创作和艺术教育事业等各方面取得累累硕果的时期。

1929—1931年,刘海粟第一次欧游,长住巴黎,研究绘画和美术史,临摹了卢浮尔宫珍藏的世界名作,并游历欧洲各国,考察美术,与各国著名艺术家交游论艺。他的油画《前门》《向日葵》等入选巴黎秋季沙龙。油画《卢森堡之雪》为法国政府购藏于亦特巴姆美术馆。1930年6月,应比利时独立150周年纪念展览会邀请为国际美术展览会评审委员。展出中国画《九溪十八涧》并获得了国际荣誉奖状。1931年,应德国佛兰克府大学中国学院的邀请,讲演《中国绘画上的六法论》,并举行"刘海粟绘画展览会"于法兰克福和海德堡。

《中国绘画上的六法论》写成于巴黎拉丁区,系统地详述中国历代有关六法的理论,条分缕析,科学的理出一条中国绘画美学思想发展的线索。特别对于"气韵生动"这个众说纷纭的中心问题,根据自己的绘画实践和对古画收藏鉴赏的经验体会,反复加以阐明,使西方人士对中国美术理论和艺术特色有所理解。是年6月,应巴黎美术学院院长亚尔培·裴那的邀请,于巴黎克莱蒙画堂举行"刘海粟欧游画展"。法国著名学者、巴黎大学教授路易·赖鲁阿为画展作序,推崇刘氏为中国文艺复兴大师。

海粟返国两年后又做第二次欧游,奉派去柏林主持"中国现代绘画展览会"。先后在德国、荷兰、瑞士、英国和捷克各国文化名城巡回展出,影响很大。在各国展览期间,多次向文化艺术团体和大学演讲有关中国美术史论各方面的问题,并与各国艺术家、教授、学者进行学术交流,宣传中国文化艺术,引起人们研究中国绘画的兴趣,改变了欧洲东方文化学者和美术史家普遍认为"元明以后,中国绘画一蹶不振"以及"现代东方艺术唯有日本足为代表"的偏见。柏林人文博物馆于展览结束后,特别开辟"中国现代画厅",陈列中国现代名家的作品。

海粟此行还在巴黎特吕霭画院举行个人画展,油画《西湖之秋》、中国画《三千年蟠桃》为法国国家画院购藏。

第二次欧游归来,他把更多的精力放在学校的调整、整顿和提高教学质量上,并亲自讲授《现代艺术思潮》课程,详述艺术创作上的问题。如思想、技术、品格以及艺术与社会的关系。用历史作纵剖面的解释,以社会作横剖面的解释,阐明艺术对社会的重要意义,启发学生要站在时代前面,敢于创造,敢于为艺术献身。上海美专在20世纪30年代,除后期受到战争影响外,不断有所发展和提高,学生最多时达七八百人。

这8年间的绘画创作,油画有《巴黎圣母院》《卢森堡之雪》《威尼斯》《罗马斗兽场》《向日葵》《威士敏斯达夕照》等;中国画有《寒林》《飞瀑》《黄山古松》《五大夫》《啸虎》等。在国内外先后举行个人展览会8次。这一时期出版的著作和画集,除《中国绘画上的六法论》《欧游随笔》和巨著《海粟丛刊》(国画苑、西画苑、海粟国画、海粟西画)外,另有画集5册,编译的美术论著和画集11册,总计不下二十余册。可以说,在艺术教育事业、绘画创作和艺术理论著述方面,获得了全面大丰收。

4. 冶炼期——也称战火洗礼时期

在抗日战争、解放战争硝烟四起的岁月中,刘海粟坚持正义的言行表现,他是一位有民族气节和民主思想的爱国主义者。他认为自己的生命和艺术都是属于祖国和人民的。上海美专建校以来历次学生爱国运动,他都积极支持,多次组织领导展览宣传和义卖等活动。早在1915年袁世凯签订了卖国条约,群情激奋时,他同师生自办画报,运用艺术武器,严加声讨。1925年"五卅惨案",师生慨然举办义展义演,进行反帝爱国宣传活动,集资支援罢工工人。

1937年"八·一三"抗战炮声在淞沪打响,上海军民同仇敌忾。海粟为孤军固守苏州河北岸四行仓库的八百壮士英勇事迹所感动,在战火纷飞中作油画《四行仓库》,宛如火山熔岩喷薄而出的激越线条和色块,构筑了这座坚固的抗敌堡垒。屋顶上飒飒飘扬着一位女少年冒险泅渡苏州河送去的国旗,大大鼓舞了士气,振奋人心。这是一幅难得的火线纪实和抗日颂歌。

这之前即同年1月,他画了一幅国画《踞虎图》,正是为"西安事变"得到和平解决,建立了抗日民族统一战线时有感而作,深情地表达他对国共两党二次合作共御外侮的祝愿。于右任老人为题"矫矫桓桓,威慑百兽,虎虎踞踞,慎勿私斗",反映了全国各族各阶层人民要求停止内战,团结抗日的共同愿望。原作发表于《刘海粟国画新作》,1940年在爪哇举行"筹赈画展"时为爱国侨胞重金购去。本集刊印的这一幅是作者当年复制的,仍用于髯题句。两只踞虎肩并肩,耽耽虎视前方,凛然不可侵犯。

抗日战争初期,上海美专困处"孤岛"(上海租界)坚持抗战教育。他为战争流离失所的儿童,发动师生举办"上海美专师生救济难民书画展览会",筹款建筑难童教养院院舍。又为上海医师公会筹募伤兵医药费。旗帜鲜明地以"展览先民遗迹,发扬民族精神"相号召,征集上海著名收藏家珍藏,举办"中国历代书画展览会",给"孤岛"人民以精神食粮和爱国主义教育。

1939年底,汪伪政权正紧锣紧密鼓,拼凑粉墨登场,上海人心惶惶。海粟为摆脱魔爪,决然应侨胞之请,挟画远走南洋。在爪哇各埠和新加坡一带巡回举办"筹赈画展"。所得巨款,悉数由当地爱国侨胞组织,汇给贵阳红十字会支援抗战。同时,弘扬了祖国文化,传播了艺术种子。

太平洋战争爆发,日本侵略军囊括东南亚各地。他从新加坡仓皇出走,流落万隆。后又迁避巴城(今雅加达)郊区,隐姓埋名。1943年5月被日寇发现,俘解回沪。日伪屡欲拉拢利用,均被拒绝,闭门谢客,潜心于古代书画的研究。当"孤岛陆沉"时,我同教授倪贻德率领部分师生,辗转内迁浙闽,参加国立东南联合大学,以上海美专师生为基础,成立艺术专修科,坚持抗战教育。鉴于上海环境恶劣,切望他到内地主持美专复校事宜,终因敌伪监视森严未果。他屡次来信叫我放心,并将为潮汕救灾义展国画《英雄落魄图》所作"英雄落魄歌"抄寄我:"春水粼粼春光漾,沧江如心浪,游子忽起万里心,丈夫何妨江湖放。饥凤还当择枝栖,骐骥不失昂藏状。懒向豪门作乞儿,闲来写幅丹青贶。素描写出家国悲,泼墨狂扫风云壮。世人不识英雄面,窃窃私语笑相向。富贵不淫贫不移,坦荡原来江海量。将钵沽酒万虑轻,衔杯对月羁怀畅。君不见弥天寇氛仗雄才?遍地哀鸿苍生望。风雷际遇如有时,会须直薄青云上。"词意坦荡,大义凛然,表达他在妖雾弥漫的周遭坚贞不屈的心态。

抗战胜利了。刘海粟经受了抗日战火的锻炼,在极其艰危复杂的处境中保持了民族大节。3年解放战争,他认清了形势,明辨了是非,支持进步学生的民主爱国运动,同师生一起坚持护校斗争,终于迎来了解放。

这一时期的国画创作有《踞虎图》《群牛图》《斗鸡》《乱点红梅》等;油画创作有《四行仓库》《碧海椰林》《巴厘舞女》《双马》《万隆火山》等,在南洋各埠举办"筹赈画展"期间,他夜以继日作画,为海外侨胞留下了不少书画作品。东南亚沦陷到抗战胜利他过着隐匿修炼的生活,更多时间放在读书写字和古画的摹写研究上。

5. 陶铸期——也称艺术新生期

新中国成立,海粟的心情无限舒畅,"古为今用,洋为中用"、"百花齐放,百家争鸣"的文艺方针实现了他的夙愿。在战争年代漫漫长夜修炼的深厚功力,插上新时代新生活的翅膀,交融陶铸,开始了刘海粟艺术的新生期。

1952年,全国高等学校院系调整,上海美专与山东大学艺术系和苏州美专三校(系)合并,建立了华东艺术专科学校。他被任命为校长。这期间,他把主要精力放在绘画创作上。连年登山涉水,走向生活,行踪遍及华北、西北、中南和华东各地。祖国的壮丽河山和各族人民在社会主义建设中忘我劳动的英雄气概,无时无刻不激励着他,吸引着他,冒严寒,战酷暑,夙兴夜寐,创作了大量新作品。光是中国画图卷就有《太湖胜概》《黄山西海门》《洞庭渔村》《莫厘缥缈图卷》等八大卷,都是难得的长卷精品。此外还有《鼋头渚》《严陵濑》《莫干山剑池》《庐山青玉峡》《黄山纪游写生册》等水墨、青绿、浅绛山水;再加上大写意和工笔重彩花鸟画,真是丰富多彩,展现了崭新的面目,开辟了运用传统笔墨技法表现现实生活的新途径。

这一时期的油画创作有《八达岭长城》、《无锡梅园》、《太湖工人疗养院》、《梅山水库》、《佛子岭水库雪景》等。他阔别黄山十八载,于1954年秋第六次登临,在散花坞和玉屏楼住了三个多月。黄山的奇松、怪石、云海、飞瀑、泉潭、千姿百态。他从不同角度,运用不同手法,尽情收入笔下。油画作品《黄山散花坞云海》、《玉屏楼望天都峰彩云》等,自然而然地以中国画笔法、墨法融入画布,而保持以光色造型的油画特色;更在黄山的化育下,磅礴的民族气派越加壮观了。这一时期他在各地创作的中国画和油画,总数不下三百余幅。这是新中国建立以来他第一次艺术大丰收、大飞跃;1957年春在上海美术馆举行的"刘海粟国画油画展览",展示了这一时期的新成果。

6. 磨砺期——也称蝉蜕龙变期

在整风反右时,刘海粟受到扩大化"左"倾思潮的冲击。他的学术主张,被当作政治问题,错划为"右派"。虽然不久便摘了"帽子",并特邀出席了全国政协会议。但在"十年内乱"中又被"四人帮"以莫须有罪名,诬陷为"现行反革命分子"。两年后宣告撤销"处分",但政治上的影响却一时难以消除。他被冷落了。他的冤屈直到祸国殃民的反革命集团被粉碎之后,才得到彻底平反昭雪,恢复了名誉。

在那史无前例的"文革"中,他被抄了家,同夫人夏伊乔一度被扫地出门,赶到一间阴暗潮湿的地下室里,过着"牛棚"的生活,从上海到南京接连遭受批斗。亏得忠实的老伴,相濡以沫,体贴照料,甚至作为"替罪羊",使老人精神上、肉体上少受凌辱和损害。

两次蒙冤,两次中风,刘海粟不管怎样艰难困苦,只要有一席之地,只要手能动弹,从没有停息过对艺术的探求。画就是他的生命,他能在国家民族蒙受灾难的痛苦中,忘却个人的不幸,惟一的精神寄托就是埋头作画、写字,苦练艺术基本功;反复思考艺术上如何蝉蜕龙变,闯出新路。他的泼墨泼彩新技法,正是在这段艰苦的岁月里探求磨炼出来的。

海粟一生个性倔强、坚韧不拔。他突遭意外打击,初则惶惑、愤懑,继则自问于心无愧,不白之冤定会水落石出。想到屈原、孙膑、司马迁、韩愈、苏东坡乃至他的外祖洪亮吉这些历史人物和当前一些老一辈无产阶级革命家亦有过同样遭遇时,也就释然坦然,随遇而安了。这一时期他常画梅,画荷花和葡萄,钤用"清白传家"、"心迹双清"等印章。画梅题"不是一番寒彻骨,哪得梅花扑鼻香";画荷花题"出水莲花比性灵";画葡萄则以横扫千军的狂草之笔纵情挥洒,有时借青藤题句:"笔底明珠无卖处,闲抛闲掷野藤中"。用以表白自己的心迹和坎坷的处境。

身处逆境的海粟看似落寞了,社会活动和应酬少了,却赢得了更多的时间思考,反复琢磨艺术的创新问题,他对中国画的用笔、用墨、用水和章法、意境等等,作了多方面的探索研究,从而把泼墨泼彩技法推向一个新的阶段。他早在一个收藏家那里看到董其昌临张僧繇4幅没骨青绿山水，设色奇古，简直同油画色彩不谋而合，很受启发。他的泼彩技法就是在青绿和泼墨的基础上，汲取油画之长，融会贯通创造出来的。

海粟老人创造发展的大泼墨、大泼彩新技法，主要得自亦师亦友的黄山。处在韬晦磨砺时期，他时常梦游黄山，忆写黄山。凭六上黄山积累下来的大量素材，消融塑造黄山。1966年的《黄山云海奇观》，1975年的《黄山图》是他大泼墨的新的里程碑。到1976年，他的大泼彩《天海滴翠》，用笔设色有了新的突破，老人为找到了称心如意地表现黄山的艺术语言而感奋不已。至此，一个艳光丽色、博大精湛的新的形式风格脱颖而出了。

他的油画创作，在1960年大病初愈的5年间，画有《力田之余》、《九溪秋色》《最爱无花不是红》(鸡冠花)、《无限风光在险峰》和《苏州河夜景》等力作。1976年他到无锡作油画《太湖》和《蠡园晚霞》，并为太湖饭店作中国画《鲲鹏展翅》。这是十年动乱中第一次外出旅行写生。19年来，他战胜了忧患和疾苦，变压力为动力，把坏事转化为好事。在困难中不断创造开拓，奋勇攀登，终于迎来了"辉煌期"。

7. 辉煌期——也称鼎盛期

1977年"四害"灭除后第一个春天，开始他艺术的第二个飞跃。这一年的春节，海粟老人的心情格外激动。立愿"要画超过以往65年的一连串杰作，使它为人生自我的赞美，对社会主义祖国的歌颂"。自此，他的思想更加解放了。这一年，他开始在书画作品上题"年方八二"用"方"字冠于岁数，作为新我新画的纪年，以示丹青未老，对美的追求方兴未艾的一片童心。

刘海粟的不白之冤得到彻底平反，恢复了名誉和一级教授待遇，重新出任南京艺术学院院长，增补为全国政协委员。他意气风发，恪尽职守，并亲自带了研究生，深受全校师生的爱戴和文化教育界的推崇，被评为江苏省和南京市劳动模范。其后因实行干部退休制度，退居第二线，任名誉院长。同时被推选为全国政协常委。

12年来，海粟老人以耄耋高龄，不辞跋涉，应邀游历粤、桂、辽、苏、皖、闽、鲁、黔等省。风尘仆仆，作画、讲学，参与会议和艺术活动。所到之处备受热烈欢迎和特殊礼遇。神州各地的历史胜迹，绮丽风光，以及改革开放展现了社会主义祖国无限美好的前景，激发了他的创作意欲。他到处忙着作画、写字、赋诗。这一时期，他几乎每画必题。油画上也往往即兴题上诗词，没有可题之处就写在画幅背面，尽情抒发他不吐不快的胸中积愫，使诗书画融为一体。

这期间，他在京、津、沪、宁和穗、桂、大连各地创作了大量书画作品。中国画有朱墨《五松图》、重彩和水墨《荷花》、《熊猫》、《古艳》(红梅)，为《天安门诗抄》所作《松鹰》，为庆祝建国30周年所作《重彩牡丹》以及《匡庐图》、《清奇古怪汉柏》、《鲲鹏展翅九万里》和《泼墨葡萄》等；油画作品有《复兴公园雪景》、《桂林花桥》、《伏波山写漓江》、《阳朔》和《南京梅园新村》等。

1982年是刘海粟教授从事艺术教育和美术创作70周年，艺术活动极其频繁，也是创作得到特大丰收的一年。正如他在汕头过生日时作《金缕曲》抒怀词中所述"休嫌鬓上韶华改，八十七，灯辉月满，而今刚届"。这一年年初去福建，2月去广东，历时半年有余。先后访问了福州、厦门、泉州、汕头、潮州、广州、深圳、珠海、中山各市和经济特区，日日夜夜，作画、赋诗、题字，毫无倦意。

这一时期，老人十分关心台湾回归祖国，完成和平统一大业，在诗词中表达了他的一片赤子之心。初到福州便为电台题词："同是炎黄子若孙，盈盈一水卅年分。九州铸鼎休成错，海外归来看彩云。"在厦门过春节时又题："岁月堂堂又及春，每逢佳节倍思亲。长桥若可连双峡，我辈甘为担石人。"同年6月在中山温泉，他怀着崇敬的心情到翠亨村瞻仰中山故居。连作油画和水墨画，突出表现庭前中山先生手植的酸子树，作为历史见证的那棵历经风暴，宛如昂首卧龙拿云欲飞的百年老树，与故居殷红的门墙相辉映，庄丽肃穆，谱写了对伟大革命先行者勋业的颂歌。画竟，信手题："一心昭日月，只手换乾坤。酸树凛公志，田荆不肯分。"呼吁海峡彼岸，凛遵中山遗志，早日实现和平统一。

油画《中山故居》与3年前在南京所作《梅园新村》，堪称姐妹作。他深情地描写周恩来总理当年亲手浇灌的翠柏、红梅、海棠，特别把具有象征意义的翠柏加意点染，与掩映的红瓦烘托对比，添上作为一瓣心香奉献于人民总理的鲜花的描绘，使寒冬的梅园新村生机勃勃，春意盎然，并题纪念《四五诗抄》国画中的词句"壮志劲松千秋在"，再次表示敬意。

在厦门他参观了郑成功纪念馆，作了油画《日光岩》。在汕头他参拜了海门的文天祥庙，画了"望帝舟"处的《古莲花峰》。其后又瞻仰了海丰的"方饭亭"，欷歔赞叹。他对这些民族英雄的丰功伟绩作画题诗，景仰备至。此次南行，中国画有《层波叠浪》、《桃源洞》、《双壁擎天》、《红了樱桃绿了芭蕉》、《三千里外蕉犹青》、《石景山廓尽朝晖》、《奇石名物图》等。油画有《福州鼓山》、《厦门南普陀》、《深圳西沥秀色》、《广州红棉》、《石景山晚霭》、《水头湾望澳门》以及《扬州瘦西湖》等。

随后他北访齐鲁，西游黔中。在泰山、烟台、蓬莱、青岛、崂山等地创作了许多书画作品，其中有《岱庙汉柏》、《泰山南天门》、《东岳大观峰》、《崂山北九水》、《金笺牡丹》和油画《蓬莱阁》、《青岛海滨》等。1985年，原定十上黄山，后应贵州之约，踏上当年红军长征道路，往还于苗岭乌江之间，登娄山雄关，访遵义名城，尽情描绘，并写下了充满激情的歌颂长征和遵义会议的诗篇。此行作品有《黄果树瀑布》、《娄山关》、《遵义会议会址》和国画《黄果树瀑布》、《龙门瀑布》等。

现在，回过头来再谈谈他的黄山画。他对黄山有特殊的感情。进入"辉煌期"的头两年所作的黄山画有《泼墨黄山》和为人民大会堂创作的气势恢弘的泼墨(局部设色)《黄山狮子林》。此外,还有一幅泼彩精品《立雪台晚翠》,在水墨结构上泼以石青、石绿,辅以石黄,醒以朱砂。但见暮霭掩映下,丛山密林,光色浑苍,动静有情,虚实相生,深得黄山之性,这些黄山画为"辉煌期"打响了头炮。

他阔别黄山26载,在1980—1982年3年间却连续登临3次。到1988年不顾93岁高龄,仍贾勇十上黄山,"白发黄山看争高"。

8年前七上黄山时,因大雨连绵,只好在桃溪别墅长廊,眺望烟云激荡,变化莫测的紫云、朱砂、天都、莲花、莲蕊诸峰,抒写眼前的神奇幻景和积累胸中的无尽丘壑,一张接一张地挥毫泼墨,轮番地抢着画。偶逢雨中间歇,便急忙外出抢画奔流急湍。《白龙潭》《人字瀑》《五龙潭》《黄山宾馆烟云》《泼墨黄山》《云海天都外》和油画《云谷晴翠》等,都是此行的佳构。后来回到南京,又作了泼彩《平天矼朝晖》和《锦绣山河》等。

1981年,海粟刚从香港展览和讲学归来随即八上黄山。翌年,经历了闽粤两省八个旅程,席不暇暖又九上黄山。八上黄山佳作有中国画《天都峰夕照》《散花坞云海》《烟昏雾暝千里雪》《风云际会图》和油画《西海门壮观》《黄山云海》及饶有皖南风情的《黄山汤口》等。

九上黄山精品有《黄山颂》《雷瀑奔腾》《可以横抱西海巅》《壁裂千仞》《黄山光明顶》和《曙光普照乾坤》等泼墨、泼彩和线描、浅绛。油画有《白龙潭》《回音壁壮观》等。每次都可以看出他的作品不时在变、在出新。

在九上、十上黄山前后的五六年间,所作的黄山画仍层出不穷,颇多佳作。1983年夏,海粟老人在北京钓鱼台国宾馆作《曙光普照神州》巨制,是九上黄山在散花精舍所作大泼彩《曙光普照乾坤》的基础上再行增益、变体的姐妹作,综揽黄岳松壑、烟云、奇峰之胜。朝暾破晓,曙色璀璨,浩瀚无极。画竟,题上九上黄山七言律诗:"黄岳雄姿峙古今,百年九度此登临。目空云海千层浪,耳熟松风万古音。莲座结跏疑息壤,天都招手上遥岑。一轮最爱腾天镜,中有彤彤报国心。"诗书画三绝,可谓天造地设。是震人心弦的诗书画交响,是歌颂伟大祖国的彩墨大乐章。

1988年秋,上海市隆重为他举办了"刘海粟十上黄山画展",展出1935年四上黄山到1988年十上黄山作品上百幅。令人惊讶的是他以93高龄十上黄山,在这么大热天,一口气完成了中国画、油画36幅,不但丰神未减,艺术上并无衰退迹象,有些作品还向前跨出了一步。六七十年来他一心追求的"不为形役,不求合矩,但求笔与物化,心与天游"的艺术境界,至此更加出神入化,不知黄山之为我,我之为黄山了。这些画看来好像毫不经意,随心所欲,大笔一挥,黄岳风光尽奔腕底,听任调遣,不必多费笔墨而神情自足。用色除了保持绚烂多彩的格调外,又作了水墨略沾色,泼彩以少色体多色的尝试,给人以单纯而清新的美的感受。我们从《龙虎斗》《清凉顶》《散花坞精舍写梦笔生花》《壁裂云岚石笋寒》和油画《今日黄山》等佳作可见其一斑。

画展由江泽民同志撰写序文,并到会祝贺。对刘海粟教授年方九三,十上黄山,吞吐黄岳,尽兴挥洒,使人山合一、山笔交辉的艺术成果倍加赞扬。展览由汪道涵市长主持并举行"庆祝刘海粟从艺75周年学术座谈会"对刘海粟的艺术创作、美学思想、艺术教育观等专题做了全面的深入的研讨。

此外,在这光辉的12年间,刘海粟在海内外举行展览会和国际文化交流活动也极频繁。首先是1979年在北京举行的停顿22年之久的绘画展览,并在中国美术馆作题为《中国画传统的继承与创新》的学术报告。画展陆续在南京和上海举行,使观众耳目一新。

1981年新春,在香港大会堂举行"刘海粟书画展览",观者如潮。老人将展览所得港币100万元捐献给国家。电报说:"我爱祖国,爱南艺,爱下一代。愿望悉数拨给南艺。1/3作为奖学金,其余购买图书器材。"展览结束后,应聘在香港中文大学艺术系讲学6个星期才回来。

"刘海粟教授从事艺术教育和美术创作70周年近作展"和纪念活动,于1982年12月至翌年10月先后在南京、上海、北京和济南举行。老干接连发新枝,各方面反响十分强烈。

1984年他应邀率团参加日本中部书道会创立50周年纪念活动,同时在名古屋举行"刘海粟教授书画展"和"江苏书画展"。次年又应邀参加日中友好中心和朝日新闻社主办的"刘海粟中国画展"开幕式。日本著名画家,东京艺术大学校长平山郁夫对他的中国画十分赞赏,指出:"他的泼彩山水,大胆使用石青和朱砂,展现了中国画前所未见的一个新世界。"画展结束后,从东京移展到大阪。

1986—1988年的3年间,他连续3次应邀到法国、新加坡、香港访问和展览。在法国访问,他一到巴黎便同夫人和爱女冒雨登上艾菲尔铁塔,纵览花都的旧貌新颜。再度参观了卢浮尔等许多著名博物馆和美术馆以及国立巴黎美术学院。凭吊了莫奈、凡·高、毕加索等巨匠的故居和墓地。还到巴黎郊外瞻仰米勒、卢梭、柯洛等人的故居和遗作,感慨良多。认为在历史上西方出现了许多杰出画家,但同任何事物一样,感到西方在绘画艺术方面,高峰时期已经过去,但肯定会有新的东西出来。

新加坡是他在抗日战争时期旧游之地。在那里受到旧雨新知和学生的款待。画展在国家博物院画廊隆重举行。讲学、示范、公私聚会、参观座谈,忙个不休。即席挥毫所作《泼墨黄山》,为大华银行集团以10万新元购得。随将此款捐赠"新加坡宗亲会"。

十上黄山之后,第二次在香港大会堂举行的"刘海粟80年代作品展",展出中国画、油画74幅,半数是十上黄山新作。美国大通银行在香港文华酒店举行国画《九龙瀑》慈善拍卖会,以31万港元为日本收藏家购去,他将全部画款捐为香港公益金。

这一时期,他获得的国际荣誉有意大利国家艺术院敦聘为院士,美国世界大学授予文化艺术博士学位,以及欧美各国文化学术团体授予的各种荣誉称号和奖章奖状,不胜枚举。

国内外为他出版画集、专著、传记;各地主要报刊为他所出的专版、专辑,不少书画作品以单幅、卷轴、年历、邮票、明信片等各种形式出版物陆续发行,中央和地方电视台为他摄制、放映他的生平和艺术的电影、电视剧、纪录片等接连不断。

这都是祖国和人民以及国际人士对他的景仰和推崇。全国政协主席邓颖超同志在中南海西花厅会见他和夫人时说得好:"我和恩来同志在30年代就知道您了。您在油画和中国画上的成就,在国内外都享有盛誉。您热爱祖国,热爱社会主义,培养了许多人才,为四个现代化建设,为精神文明建设,做了许多贡献,大家都尊敬您。我们的国家非常尊敬您这样的老人。"

8. 晚岁期

这个时期是他"大耋之年,精力已衰",仍"日日夜夜,孜孜不倦,志在报国,弘扬中华文化"的时期。随着年华的流逝,他的健康和精力已日渐衰退,绘画创作锐减,在作品上所题的岁数"年方"二字已逐渐消失,但弘扬祖国文化教育的夙愿则是始终不渝的。

1989年5月,94岁的海粟老人被推选为上海市美术家协会名誉主席。6月,应邀去联邦德国科隆市举行画展。8月去瑞士参加在日内瓦举行的华人学会第五届年会,作了《中国绘画六法论》的学术报告并即席挥毫示范。会后,又回到德国汉堡讲学和展览。建国40周年,他和夫人出席了我国驻汉堡总领事馆的盛大庆祝酒会。

随后,他前往美国洛杉矶游览访问,年底应台湾董氏基金会之请,以"大陆杰出人士"身份访台并举行画展。1990年元旦,画展以"上海美专师生联展"名义在台北历史博物馆展出。该馆将他的105件书画作品全部印入《刘海粟书画集》。在台期间,他会见了久别的老友和前上海美专旅台学生,并进行参观、游览和座谈。他的访问和展览对海峡两岸书画家艺术交流,增进了解,是很有意义的。

4月,刘海粟应美国加州大学之请,再次访问洛杉矶,出席河滨市美术馆欢迎大会,接受加州荣誉公民证及河滨市荣誉市民状和市钥。即席书写"艺术之光"赠送河滨市美术馆,又画《鹰击长空》赠与刚刚成立的"刘海粟文化基金会"义卖,作为发展艺术事业之用。游洛杉矶西来寺,时值母亲节,写"精忠报国"四字纪念,偕夫人出席洛杉矶南加州华人各界欢迎我驻美大使朱启桢的晚宴。这期间,他以九十五高龄冒风沙酷热,乘小飞机去南加州大峡谷作油画和水墨画。这是他最后一次野外写生。

香港大学为表彰刘海粟在绘画艺术和美术教育上的卓越成就,决定授予他文学博士学位。老人于1991年3月从美国洛杉矶前来香港,参加学位颁奖典礼。香港大学还决定为他建立"刘海粟中国现代美术馆"。香港是国际金融贸易中心,是我国对外经贸的门户,也是中华文化和海外交流的枢纽和窗口；1997年以后将成为我国特别行政区。老人对此感到十分高兴。与此同时，上海、南京和常州也都积极筹建"刘海粟美术馆"和"刘海粟艺术中心"，现已先后落成，陆续开放。

海粟老人在港居留将近3年，除1993年到北京出席全国政协会议外，上海刘海粟美术馆选址和奠基，以及南京艺术学院80周年校庆，他都很想回来参加，都因健康关系未能成行。在香港，尽管他的体力、视力和听觉日益衰退，但他的勤学、好客、健谈一如往昔。在沙田海棠阁女儿住所，每天用放大镜看看书报，看看海内外寄来的信件和接待纷至沓来的宾客（新华社香港分社、港澳知名人士、国际友人和学生，来自北京、上海、江苏的有关领导和好友也经常来看望他），这就够他忙，够他乐了。只要健康许可，他还兴致勃勃地坐着轮椅参加国庆和当地的公益事业、艺术展览等活动。

这一时期他基本没有什么绘画创作，但写字从未间断。曾为香港保良局创作书法29件，举行义展，亲自出席开幕式并即席挥毫。全部所得悉捐保良局用于社会服务。

他想的最多的是如何早日返沪，将一生的创作、收藏和珍贵资料清点，合理分配给在建中的上海、南京、常州、香港的刘海粟美术馆和刘海粟艺术中心展览馆，发挥各自的作用。盼望早日恢复健康，再次深入生活，十一上黄山，看看三峡雄姿和旷世的水利工程，用彩笔讴歌伟大的祖国。正如香港中资集团在华润大厦50楼为他庆祝"九七华诞"时所赋自寿诗抒发的："一管擎天笔，千秋动地歌；天地铮铮骨，黄山耿耿情。"

海粟老人朝思暮想，祖国人民日盼月望，在海外滞留近6年的刘海粟大师终于回到家了。1994年2月28日同夫人飞抵上海，受到热烈的欢迎。他看到短短几年老上海和浦东新区的巨大变化、人们新的精神面貌，看到上海市人民政府为他兴建的刘海粟美术馆的规模、格局和现代化设施，万分感动，愈信我国改革开放和邓小平建设有中国特色社会主义理论的正确和无比生命力，受到莫大的鼓舞。3月16日是他99岁生日，上海市文化局按照我国民间习尚，提前一年为他庆祝百岁寿辰。来自国内外各方人士亲友学生八百余人，济济一堂，参加这一隆重欢乐的庆典。老人在会上激动地说："一百岁还是开始。我还要十一上黄山，去三峡，努力作画，为炎黄子孙扬眉吐气。"下午他又同画家们一起，豪情满怀地挥笔大书"遍历五大洲，四海风云；横跨三世纪，百年沧桑"。

他期望自己能活到21世纪，亲眼看到香港、澳门的回归，看到海峡两岸实现和平统一；还要到国内外未曾到过的地方去，继续创作和奉献。

却万万没有想到：他预定4月份到南京、常州参加江苏早就准备好的"百岁庆典"活动，未能如愿；也来不及亲自参与上海、南京、常州、香港4个刘海粟美术馆的揭幕，便因劳顿不支，心力衰竭，卧病于华东医院。病中，老人还竭力起床为香港赈济华南水灾义卖书写"精神万古，气节千载"八个大字，成了绝笔。一生为艺术拼搏的艺教宗师、画坛泰斗刘海粟教授，终于8月7日凌晨,功业圆满却又带着几分遗憾地放下如椽之笔离开了人世!

二、不朽的业绩

1. 刘海粟的艺术教育思想和贡献

中国现代艺术教育事业,刘海粟是有他的历史功绩的。光绪末年,废科举兴学校。李瑞清于1902年监督两江师范学堂,开设艺术课程,是为我国近代艺术教育的嚆矢。1906年又设立图画手工科,培养绘画和工艺师资,是为我国高等学校设立最早的艺术系科。1912年民国纪元,始有刘海粟及其画友创立的第一所专门艺术院校,即今南京艺术学院的前身上海美专。从无到有,从小到大,从简陋到完备。他与同道艰苦办学的过程,也就是他的艺术和学养不断长进和提高的过程。

他在艺术教育和创作上,主张解放思想,反对束缚个性,提倡大胆创造,让各种艺术流派自由发展,各种教学方法相互竞进;强调学习传统,学习生活,重视基本训练,加强美术史论的教学研究和文艺修养。

上海美专自1918年起便把"旅行写生"定为必修课程,正式列入教学计划,组织学生走出校门,面向自然,学习生活,学习社会。白天外出作画采风,晚间评教评学。返校前,将作业就地展览,征求群众意见,也丰富了人民的艺术生活,这在国内外美术教学中都是一个创举。

1918年,国内第一本《美术》杂志在上海创刊,刘海粟亲自撰写一篇洋洋洒洒的《发刊词》。为新文化启蒙运动,敢"以沧海之粟,效测海之蠡",以"星星爝火,换来旭日之光"。这种知难而进的始创精神,激起了鲁迅的共鸣,在《每周评论》第二号发表了《美术杂志第一期》一文,对美术园地这棵幼苗热情予以评介,"希望从此引出许多创造天才,结出极好的果实"。20世纪的历史的进程,正如先驱们殷切期待的那样蓬勃发展着。

上海美专为了加强造型基本功,表现人体美,引进西方美术教学的范例,开设人体写生课,使用裸体模特儿。社会封建势力目为大逆,指骂刘海粟为"艺术叛徒"。他却把这个罪名接过来以自号,誓把封建主义反叛到底,大军阀孙传芳出面查禁,密令通缉。他毫不畏缩,为学术尊严,连篇累牍,予以反击。这场维护民主与科学的斗争,是新旧社会矛盾在艺术教育上的反映,也是"五四"新文化运动在美术阵线上取得的一个赫赫战果。

在上海高等学校中,上海美专最早开放女禁。1919年春,上海神州女学图画专修科毕业生7人要求入学,经提交校务会议讨论通过,准予插班入学。同年秋,正式招收女生。女画家潘玉良、刘苇、荣君立等就是第一班女生,她们和油画家倪贻德、乌叔养等同班毕业,取得了很好的成绩。

刘海粟的艺术教育构想,从社会实际和时代要求出发,采用多科性、多形式、多层次办学。在普及与提高,学校与社会,理论与实践关系问题上统筹兼顾,密切配合,构成一套完整的从初级到高级的教育体系,他认为普及美育,美化人生,美化社会,内以求心灵之美,外以求风俗之美,必须抓好普通学校的艺术教育。所以除了着力培养专业人才外,极其重视中小学师资的培养和社会艺术教育的普及。当他审核新制中小学艺术课程纲要时,力争把原来作为"随意科"的图画、音乐、工艺课程定为必修科,并亲自编了一套图画教材。早在1915年上海美专便先后开办了函授学校、暑期学校和夜校,使广大爱好美术的在职、在学和待业青年,通过短期训练,自学成才。

大学本科教学方面,本着闳约深美、兼收并蓄的教育方针,各课教师,不问派别,各抒所长。中国画系的教学编制,三年级以上分为山水、花鸟、人物3组,学生根据自己特长和志愿选习专业。油画教学早就实行"画室制"。西洋画系二年级以上,艺术教育系三年级以上,让学生自由选择不同流派风格、不同教学特色的教授,到其教室学习,直到毕业。

刘海粟一向主张艺术家必须有广泛的文艺和理论修养,学生的知识面要广,在博学的基础上求专,在专的要求下,增广知识。做到一专多能,相辅相成。因此经常聘请国内外知名专家、学者来校演讲,并允许学生跨系听课。鼓励利用课余时间,根据各人爱好和志愿,组织各种学术研究会,如木刻、漫画、书法、篆刻、诗词文学、话剧、昆曲、音乐欣赏、民族器乐和摄影、剪纸等等。一到晚上和星期假日,校园内笔飞墨舞、弦歌不辍。因此在历届毕业生中还出了不少著名版画家、漫画家、美术评论家、表演艺术家、电影导演和舞台美术家,他们都是课外活动的积极分子,在磨炼中发展成才的。

以上事例现在看来好像十分平常,但草创伊始,没有敢想敢创的精神是办不到的;没有不时与同志析疑问难,集思广益,实行教学民主,尊师爱生,放手发挥全校师生的教学积极性和创造性,群策群力,也是办不到的。他爱才,求才,善于发现和大胆使用人才,是他事业成功的一个重要因素。

八十多年来,刘海粟开创的艺术教育事业,直接、间接培养的艺术人才,遍及国内和世界各地。辈辈相传,面广量大,影响深远。他不愧为卓越的艺教宗师。

2. 刘海粟的创作道路及其特色

作为杰出的艺术家,他兼擅中国画、油画、书法、诗词和美术史论,艺治中西,学贯古今,固然由于天资过人,对事物具有敏锐的观察力和丰富的想象力,更重要的在于他有着坚韧不拔的毅力和锲而不舍的治学精神。他一生乐育为怀,诲人不倦,虚心学习,勇攀高峰。老来还把自己当作小学生,到哪里学到哪里,分秒必争,自强不息。他认为人生有限,艺海无涯,不能为名所累,以为有了点名气便保守了,不敢闯了。这样才气就会退化。他的才气和锐气出自他的强烈的历史使命感和对艺术的无比热爱。

他认为生命要赋予岁月,岁月更要赋予生命。时间就是艺术,艺术就是他的生命。

"师人师造化。"海粟一生拜受前人和自然的教益，永世未曾忘怀。他勤于学古、善于用古、化古，坚持师古人要超越古人；师造化还敢欺造化、超脱造化，教自然供我驱策。他体会"读万卷书，行万里路"的真谛。从古人入，从造化出。他五次西游，四次东渡，多次远涉南洋。祖国的壮丽河山和名城胜迹，更是频频出行，到处是他的课堂和画室。黄山是他的良师益友，前后登临过十次，感受自然的化育，一次又一次地感受和进境，从而创造发展了中国画泼墨泼彩的技法。

他以前人为师，参观了很多博物馆和美术馆，浏览了很多世界名作。他在巴黎卢浮尔宫精心临摹了意大利文艺复兴期威尼斯画派宗师提香、17世纪荷兰大家伦勃朗、19世纪法国浪漫主义巨头德拉克洛瓦、现实主义名家米勒和柯洛，还有后期印象派创始人塞尚等的名作，深切体味各派各家的艺术风格和表现技法。凡是看过他所临这些画家杰作的人，莫不喷喷称道他学习西方历代名师是多么认真，付出多么大的劳动！

中国画方面，他的老师就更多了，他是一位有眼力的古画鉴藏家。他收藏历代书画精品主要目的是为了学习研究。他临摹过的真迹，据我所知就有唐代王维、韩滉，五代关仝、董源、巨然，宋代米芾父子、赵佶、马远、夏圭，元代高克恭、吴镇、倪瓒，明代沈周、张路、唐寅、仇英、陈道复、徐渭、董其昌、李流芳、黄道周、倪元璐，清代髡残、梅清、朱耷、原济、恽寿平、邹喆、李鱓、罗聘等，纵横数十家，上下千余年。其中有山水，有花鸟、走兽，有人物。表现形式有工笔，有写意，有青绿、重彩，有水墨、浅绛、白描，不一而足。

他最爱沈石田和石涛，到处想方设法收购或借来沈石田的画，精心临摹。从石田翁浑厚苍劲、精审而坚实的笔法墨法，得到教益。石涛的作品，大至丈二匹巨幛、长卷，小至册页，他一再"对临"、"意临"、"背临"，反复琢磨那千变万化，淋漓尽致的艺术效果。特别是石涛的美学思想和他敢于与中国千年来画人所盲从的旧观念和技巧主义作斗争的革新创造精神，在理论与实践上，对他影响最大。

他的深厚功力，得自博采广取，专钻精研，登门入室，穷索各家奥秘，综集各家的大成，开辟自己的道路。他临画必待领悟原作的机脉神韵，心灵默契，然后动笔。这个艰苦而兴奋的再创造过程，宛如冒烟硝攻城堡，劈丛莽入虎穴，一面发其奥蕴，一面与其较量，因此他常用"与清湘血战"、"笑倒青藤，骇煞白阳"等豪言壮语来表达他攻关夺标的甘苦自得的心情。他的临摹作品既保有原作的精粹，益以自己的颖悟和濡润，更有一番韵味，艺术价值有增无减。但他一向把临摹作为深入研究学习传统的手段而不是目的，目的是推陈出新，创民族之新、时代之新、自我之新。

海粟老人喜欢水的主题，包括水的化身：烟云雨雪。他善于画水，也善于用水。波涛壮阔的海洋，滔滔流逝的江河，微波如鳞的湖泊，不论是汹涌的巨浪，还是粼粼的涟漪，乃至一平如镜的水面，不论是油画还是水墨画都能绘影绘声地表现出特有的质感、动感和光感，天水掩映，阵风吹拂，烟波浩渺。画泉用篆笔勾画，倾泻流畅，淙淙宛如吟唱，飞瀑则如雷轰响。他喜欢画雪，作了许多雪景杰构。连带也喜欢画傲冰雪的松柏和红梅，抒写自己的胸臆。他画烟雨云雾都有独到之处。云是山之魂，也是山之裳。山林溪谷一经烟云濡染穿插，便觉气机流转，空间无垠，高深不可目测。他善于用水，自谓"用墨难，用水更难"。他一直在攻这个关。巧妙地掌握水的奥秘，水的"火候"。他早在1927年旅日时与日本名画家桥本关雪、小室翠云等合作水墨画，已开始大胆"施水"。他的水墨画泽润华滋，总有"元气淋漓幛犹湿"的感觉。后来的大泼墨、大泼彩，则是拿起洗笔缸大量瓢泼，显现出变幻无穷的艺术效果来。

老人有极旺盛的创作欲，他一天不画画不写字便觉手痒，再忙再累，到了深夜也按捺不住，要写几个字或画上几笔，他有时一天画三五幅，一幅丈二匹宣三刻钟便可完成；有时则尽思周匝，十日一石，五日一水。他的泼彩，施用什么色调，经常先用小纸涂上石青、石绿、朱砂、石黄等试试它的调和、对比、色度、明度的效果，直到成竹在胸，然后大胆落墨泼色，使色彩和墨交相辉映。有时所作看似毫不经意，实则在"假痴假呆"处，正是灵机独运，于有意无意间得之，让人松一口气，使情感有回旋体味余地，进入琴听弦外音，咀嚼词外意的妙境，他作画时全神贯注，一气呵成，不假修饰，不刻意求工。

20世纪70年代后期到80年代，他的油画和国画一样，中西融合更是得心应手，相互为用，他的大泼墨大泼彩，是出自深厚的传统的功力，融入油画的光色变化的现代中国画，是刘海粟独创的新中国画，他的油画也是自然而然地把中国画的笔法墨法熔铸入画，运用具有表现力的线条和色调构筑物像，形成更具民族气派和鲜明个性的刘海粟新油画。艺如其人，他的作品，无论是中国画还是油画，是书法，还是诗词(含楹联)，尽管表现形式不同，但都统贯在他特有的一个"力"字，一个"气"字，一个"厚"字，一个"生"字。"力"是眼力、胆力、笔力、功力的力；"气"是气宇、气魄、气势、气韵的气；"厚"是厚重、厚实、淳厚的厚；"生"是生命、生动、别开生面的生。换言之，豪放雄健，气势磅礴，淳厚朴茂，生机勃发，就是他的特有艺术风格。

刘海粟的书法，功底深厚，巍然大家，曾为画名所掩。他幼年写欧阳询《九成宫醴泉铭》再学颜真卿，得其宽大雄伟气势；参学柳公权、褚遂良，壮其骨力，取其多姿。以后又学黄庭坚、米芾和黄道周。20年代初期，从师康有为，学习书法和诗文。在书学上康有为主张学书应从钟鼎石鼓文入手。鉴于海粟当时的实际情况，要他先写《石门颂》，再写《石门铭》，并授以所著《书镜》——《广艺舟双楫》，在理论和实践上言传身教。这一期间他写得一手"康体"，几可乱真。第一次欧游回来以后，他的画风大变，书法也摆脱了"康体"，融化众长，自成家法。其后有时间他才回过来深钻钟鼎文,潜心《毛公鼎》和《散氏盘》等的摹写研究,深得圆浑凝练之致,补好金石篆籀这一课。

他自幼养成的悬腕中锋运笔,使笔致虚灵,神情飞动,一直坚持了下来,不但见于中国画也运用于油画。而绘画的造型意趣,却又渗入于书法的"分行布白"中。如用笔的繁简、大小、粗细、疏密、斜正,用墨的黑白、浓淡、干湿、虚实,从整幅统一变化的美学效果着眼,自成一种画意盎然的"雨夹雪"书体,分外引人入胜。

刘老一生,特别是"辉煌期"以来,为名山、胜迹、宾馆、学校、社团和各种书刊题字,多不胜举。1984年,他在青岛八大关为其师所撰并书写的《康有为墓志铭》,情真意切,端庄凝重,是楷书的典范。1981年,为姑苏寒山寺重写的唐张继《枫桥夜泊》行书诗碑,骨力遒健,气脉通畅,朴茂自然。由古吴轩刻石,于1995年在苏州隆重揭幕。与明文衡山、清俞曲园所书旧碑对照,毫无逊色。1987年,写于大连棒棰岛的狂草:陶渊明《归去来辞》长卷,淋漓恣肆,神采飞动,豪放而不失法度,则是他草书的代表作。1986年由江苏美术出版社印行。

纵观海粟大师的艺术,博大精深,远非本文所能尽及,好在现在国内外研究刘海粟的人和出版的专辑越来越多,各种报刊也时有他的作品和评论发表,足资参考,这里就不多赘述了。

1996年初夏

辛勤的园丁　艺坛的巨匠

谢海燕

　　八七高龄的刘海粟教授,从事艺术教育和美术创造活动,迄今已经整整70年了。一个艺术教育家坚守自己的岗位,连续在一个学校执教并担任领导工作亘70年之久,这在中国教育史上是罕见的;一个艺术家届耄耋之年仍然不辞辛苦,不断与自然和自己较量,勇攀艺术高峰,创作日新又新,这在世界美术史上也是少有的。他被公认为我国现代艺术教育的一个奠基人,被推崇为艺术大师,正是实至名归,洵非过誉。

　　海粟老人从事艺术教育和美术创作的70年是传奇的70年,是艰苦卓绝的70年。70年来,他披荆斩棘,历尽艰辛,毁誉丛集;但他得意时淡然,失意时坦然,荣辱褒贬,置之度外,一心放在艺术的探求和人才的培育上。特别是党和人民一举粉碎了祸国殃民的"四人帮",宛如霹雳春雷,他的政治生命复苏了,他的艺术青春重新焕发起来了,从此,在他的作品的题款上使用"方兴未艾"的"方"字,作为他"新我"、"新艺"的纪年。难能可贵的是他这么大的年纪,仍然生机蓬勃,意气风发,以一片童心"从头越",愉快地忘我地劳动,创作一幅又一幅的艺术珍品,为社会主义祖国的精神文明和物质文明建设,贡献自己的力量。这就是"年方八七"的海粟老人自今年二月以来,在党的亲切关怀下,广东、上海、南京各地文艺界相继为他举行庆祝活动的缘由。

　　最近,江苏省六个文教单位除联合为他举行隆重的庆祝会外,还为他举办了一个表彰性、纪念性的"刘海粟绘画近作展览",主要展出老人三年来连续三次上黄山和今年南游闽粤的新作113幅,同时展出1924年以来各个时期的绘画代表作品52幅,既展示了老人在京、宁、沪、港画展之后较短时间内取得的丰硕成果,共赏年年"老干绽新花"那朵朵奇葩是怎样开放的,又比较系统地完整地看出海粟老人 70 年来的艰辛的艺术道路是怎样闯过来的。

一、艺术教育园地的开拓者

刘海粟教授是南京艺术学院前身上海美专的创始人,是现代中国艺术教育的开拓者和播种者。

清光绪末年,废科举,兴学校。李瑞清监督两江师范学堂时于 1906 年创办了图画手工科,培养中学艺术师资,这是我国艺术教育的嚆矢。但它还不是专门的艺术院校。70 年前,年仅 17 岁的刘海粟,就在辛亥革命推翻清朝封建统治的次年——1912 年,同乌始光等几个画友,在上海苏州河北岸创立了中国第一所美术学校——上海图画美术学校,并为此发表了宣言:

"第一,我们要发展东方固有的艺术,研究西方艺术的蕴奥;第二,我们要在残酷无情、干燥枯寂的社会里尽宣传艺术的责任,因为我们相信艺术能够匡济现时中国民众的烦苦,能够惊觉一般人的睡梦;第三,我们原没有什么学问,我们却自信有这样研究和宣传的诚心。"

当时士风闭塞,入学者绝少。人们以怀疑的眼光看待这一新生事物,有人还嘲笑说:"图画怎么也办起学堂来了!"在一般人的心目中,以为美术不过是雕虫小技。凡事开头难,他们筚路蓝缕,艰苦创业,边学边教,教学相长,终于从一个只设绘画选科和正科各一班,科目偏重实技、属于传习所性质的学校,几经迁徙、改革和建设,到五四运动前夕,学校已初具规模。1919 年正式成立校董会,公推著名民主革命家、教育家、美学家蔡元培(1868—1940)为校董会主席,创办人刘海粟为校长。

刘海粟的美学思想和艺术教育事业,深受蔡元培的启迪、扶植和赞助。上海美专逐步扩展,到了 30 年代,确立了学校的培养目标:

第一,研究高深艺术,培养专门人才,发扬民族文化,设立中国画系、西洋画系、音乐系和雕塑系,三年制(以后改为五年制)。同时附设绘画研究所,不定修业年限。

第二,造就艺术教育师资,培养国民高尚情操,促进社会美育,设立艺术教育系(原为高等师范科),分设图画音乐、图画工艺两个专业,三年制;劳作专修科两年制;并附设了造就小学师资和本科后备力量的艺术师范科(以前是附中)。

第三,造就工艺美术人才,辅助工商业,发展国民经济,设立图案系,三年制。1946 年改为工商美术系,五年制。

至此,上海美专已成为一个绘画、音乐、雕塑、艺术师范和工艺美术各系齐全的高等艺术学校。

刘海粟教授在艺术教育事业上敢想、敢创、敢闯,能顺应历史潮流,切合社会需要,体现时代精神。教学和创作时间,主张解放思想,反对束缚个性。提倡大胆创造,让各种流派、风格,自由发展;各种教学方法,相互促进。强调学习传统,学习生活;重视基本训练和美术史论的教学研究。具体说来,有如下几点:

1. 提倡走出校门,面向自然,深入社会生活

为了学习生活,学习社会,上海美专于1918年起便把"旅行写生"定为必修的实习课程,正式列入教学计划,这在国内国外美术院校都是一个创举。每年春秋两季有计划有组织地将西洋画系二年级以上学生和中国画系、艺术教育系三年级以上学生,组成旅行写生队,到外地(轮番到杭州、苏州、无锡、常熟、南京、青岛、普陀等),进行为期半个月至一个月的风景和地方风物的写生,扩大了视野,增广了知识,了解了社会民情,促进了创作实践,提高了教学质量;同时密切了师生关系,锻炼了身体,增强了气质,培养了学生的才干和自治能力。为保证这一教学活动的正常开展,旅行写生队定有章程14条,设临时教务、总务等委员会。每天晚上师生一起评教评学,或进行其他学术、文娱活动。旅行写生队回校前还就地举行观摩展览,征求观众意见,传播了美育,活跃了当地的文化生活。并校以来我们在党的文艺方针指引下,进一步发展了这个好传统,深入工厂、农村、连队,体验工农兵生活。工艺美术专业也面向生产实际,下厂实习,至今不断。海粟老人更是身体力行,他一直坚持以自然为师,每年都要外出旅行写生,深入生活,汲取创作源泉。近三年接连三次攀登黄山绝顶,今年还跋涉闽粤各个经济特区和旅游胜地,抒写南国风光,画了不少传世之作。

2. 重视美术理论教学研究和文艺修养

刘海粟教授实践了蔡元培先生早年为图画美术院书写的校训"闳约深美",重视美术史论、技法理论的教学研究和广泛的文艺修养。早在1919年"五四"运动前夕,便创刊了学报《美术》杂志。他亲自撰写了一篇剀切坦挚的"发刊词":

"仓皇戎马,扰攘尘寰,时变日亟矣!欲从容而侈言学术,士大夫多难之。矧专门学术,绝响人群,世多嗤为不急之务,而欲以一二人之管见,发撝展扬,岂不难之又难?虽然,天下事莫之为前,虽美勿彰。若人人存疑畏难之心,故步自封,此学术终无显明光大之一日。昔拿破仑有言:'英雄之字典无难字'。可知世界事业无不由难而易。本杂志之刊,即从难字入手。明知萌芽时代,选材不易精当,草创伊始,编制不能完备,遽欲贡献于社会,未有不为大雅所哂者。然不佞以沧海之粟,效测海之蠡,素挟一不畏难之思想,用敢本平日与同志析疑问难之所得,集思而广益之,经数月之搜求,拉杂成编。所愿本杂志发刊后,四方宏博,悉本此志,抒为崇论,有以表彰图画之效用,使全国士风咸能以高尚之学术,发扬国光,增进世

界种种文明事业,与西欧各国竞进颉颃。俾美术前途隆隆炎炎兮,如旭日之光;蓬蓬勃勃兮,如阳春之景。则日月一出,爝火当然不明。斯时不佞毋庸赘一词矣。"

刘海粟教授为新文化启蒙运动,知难而进,敢"以沧海之粟,效测海之蠡",以"星星爝火,换来旭日之光",这种精神,引起了鲁迅的共鸣,在《每周评论》第二号《〈美术〉杂志第一期》一文中,热情予以评介。继《美术》杂志之后,陆续有《葱岭》《艺术旬刊》《艺术月刊》《美术界》等学报的刊行。

上海美专,在美术史论方面设有中外美术史、名画家评传、近代艺术思潮、美学、艺术概论、中国画论。在技法理论方面有透视学、色彩学、艺用解剖学、构图学。在文艺修养方面有诗词学、金石学、哲学、伦理学、心理学、中国文学和外国语文等课程。除此,还经常聘请国外著名学者来校演讲,从各方面加强文艺学术素养。刘海粟教授亲自讲授《近代艺术思潮》课程,不断进行美术史论的研究和著述。华东艺专成立以来,我们也继承和发扬了这个传统,重视中外美术史和美术理论的教学和研究,并较早创刊了《南艺学报》(现改名《艺苑》)。

3. 强调造型基本功,率先使用人体模特儿

为了加强造型艺术的基础训练,课堂教学首先使用裸体模特儿,进行人体写生。刘海粟教授为此受尽了封建势力的攻击诟骂,直至大军阀孙传芳盘踞东南五省时亲自出面干预,下令禁止美术学校使用模特儿。刘海粟教授为学术尊严,不顾个人安危,连篇累牍,据理抗争,震动了整个旧社会。这是一场反封建反旧礼教的斗争,是一场维护民主与科学的斗争,是"五四"运动在美术战线上的一个战绩。这个斗争前后长达十年之久,终于取得了胜利。详见《南艺学报》1978年第二期《二十年代围绕着模特儿问题的一场斗争》一文,这里不再赘述。

可是,多少年来由于封建意识的残余,在使用模特儿问题上一直存在着偏见和阻力,特别在"四害"横行时,不但人体模特儿再度被禁止使用,而且连石膏像也被砸毁,不准再用。我们招收的"七三级"首批工农兵学员,在基础练习教学上,曾顶住过压力,坚持安排了三张石膏像和五张人体作业,为了满足基础课教学的需要,只好让学生在课余和晚自修时间补修。一天,有一个兄弟院校的教师陪同一位女书记来校参观,看到我们挂在教室里的人体习作,像发现了什么,惊异地但带着赞赏的语调对书记说:"喏!他们还画模特儿!"意思是他们还画模特儿,我们为什么不画?当那位书记问到我时,我理直气壮地说:"学绘画,学雕塑,非画裸体模特儿不可。1965年7月18日毛主席有过指示:'男女老少裸体模特儿(model)是绘画和雕塑专业必须的基本功,不要不行。封建思想加以禁止是不妥的。即使有些坏事出现,也不要紧。为了艺术科学,不惜小有牺牲。'这就是依据。"

话虽如此，但"七四级"我们就没有再安排过人体写生课。直到"四人帮"被粉碎，文化部再次下达了《[78]文教第744号文件》重申毛泽东同志的批示，我们才公开登报招考作为教学辅助人员，有文化有觉悟的符合教学要求的人体模范——模特儿。在这个问题上，我们深深体会到五六十年前，刘海粟教授单枪匹马，进行模特儿问题的斗争，在进步舆论的声援下，冲破封建礼教的重重包围，是真不容易呀！

4. 学生思想活跃，具有革命热情和爱国运动传统

上海美专贯彻了蔡元培先生"思想自由，兼收并蓄"的办学方针，学生思想比较活跃，具有爱国主义的革命热情和学生运动的光荣传统。

1915年袁世凯签订了"二十一条"卖国条约，群情激奋，上海美专师生自办画报，运用艺术武器，严加声讨，受到广大民众的赞扬。

1925年上海南京路发生"五卅惨案"，激起了全国反帝怒潮。在中国共产党的号召下，上海各学校一致罢课。美专师生发起举办义展、义演，进行反帝爱国宣传活动，并集资支援罢工工人。刘校长破例订了报公开义卖。同年7月1日学生在上海"新舞台"，首次公演了郭沫若同志的历史剧《棠棣之花》，所有收入都捐助罢工组织"临时济安会"。

从"一二·九"学生抗日爱国运动、"一·二八"淞沪抗战，到"七七"卢沟桥事变，"八·一三"全面抗战，上海美专师生纷纷投入抗日救亡运动，多少同学为民族解放斗争献出了宝贵生命。"八·一三事变"，上海军民奋起抗战，刘海粟教授为固守苏州河北岸四行仓库的八百壮士的英勇事迹所感动，满怀激情，在战火纷飞中，作油画《四行仓库》，以鼓舞士气，振奋人心。抗战前半期，上海美专困处孤岛——上海租界，仍然坚持抗战教育。1939年2月，在"大新画厅"举办"师生救济难童书画展览会"，得款悉数捐助上海难童教养院建筑院舍，使流离失所的儿童有聚息教养之所。同年4月为上海医师公会筹募伤兵医药费，主办"中国历代书画展览会"，揭橥"展览先民遗迹，发扬民族精神"的旗帜，在刘海粟教授的倡议和带动下，集上海著名收藏家的珍品，其中有不少历代忠烈如黄道周、倪元璐等的书画手迹，给孤岛人民以精神食粮和爱国主义教育。门票高达一元，但观者甚为踊跃。所有收入悉充医药救护队经费。是年10月，刘海粟教授欣然应印尼侨胞之请，远涉南洋各地举行筹赈画展，得款总计不下一千二百万元，悉由当地侨胞爱国组织汇归祖国，支援抗战。

太平洋战争爆发，日本侵略军侵略了整个东南亚。他急忙从星洲出走，流落万隆。后又匿居巴城郊区，埋名隐姓。1943年5月被日寇发现，俘解回沪。日伪屡欲拉拢利用，均遭拒绝，闭门谢客潜心于中国古代书画的研究。当时我和教授倪贻德等率领上海美专部分师生内迁，参加东南联合大学，成立艺术专修科。鉴于上海环境恶劣，切望他能到内地。他也确有此意，终因敌伪监视森严未果。他屡次来信让我放心，并将国画近作《落泊图》题词抄寄我："春水粼粼春光漾，沧江如心浪。游子忽起万里心，丈夫何妨江湖放。饥凤还当择枝栖,骐骥不失昂藏状。懒向豪门作乞儿,闲来写幅丹青贶。素描写出家国悲,泼墨狂扫风云壮。世人不识英雄面,窃窃私语笑相向。富贵不淫贫不移,坦荡原来江海量。将钵沽酒万虑轻,衔杯对月羁怀畅。君不见弥天寇氛杖雄才?遍地哀鸿苍生望。风雷际遇如有时,会须直薄青云上。"词意凛然,表达了他在妖物弥漫的周遭,坚贞不屈的心迹。

抗战胜利了,刘海粟教授经得起严峻的考验。三年解放战争,他同情进步学生的民主爱国运动,决然拒绝反动派胁诱参加所谓"戡乱建国会"。

解放战争时期,有着学生运动光荣传统的上海美专进步同学,在中国共产党地下组织的领导下,配合各大学和民主党派,同国民党反动派进行了坚决的斗争。上海美专学生在接连举行的抗暴、反内战、反饥饿、反迫害和抗议"沈崇事件"等一系列运动中,组成了强大的漫画宣传队伍,起了团结人民、打击敌人的作用。在上海各大专学校中,上海美专是最受反动派注目的学校之一,他们不但在学校安插了"职业学生"进行特务活动,而且有的还公然带着手枪,横行霸道,威胁师生,扰乱教学秩序。刘海粟校长对此十分恼火,义正辞严地予以申诉。

1948年6月5日午膳时,国民党反动派为了压制各大学参加全上海人们示威大游行,竟派来两辆大卡车,满载手持凶器的特务,冲进学校饭厅,与校内特务里应外合,到处殴打学生自治会干部和进步同学,以致七人被打伤,当即由老师同学护送到广慈医院救治,不料竟遭非法逮捕,押解至"警察医院",造成了"六五血案"。刘校长和上海各大学校长非常愤慨,立即集会研究对策,强烈要求反动当局释放被捕学生。当时我因病在西湖家中疗养,接到学生自治会电报,马上赶回上海协同刘校长设法营救,并到"警察医院"看望了受伤被捕的同学。幸亏地下党组织发动了社会民主力量和进步舆论,主持正义,施加压力,加上同学们坚持狱中斗争,终于获得了释放,相偕奔赴游击区参加武装斗争。留校进步同学在地下党的领导下,紧密团结师生坚持护校斗争,迎接解放。1949年5月25日上海解放,高高挂在"大世界"塔楼上的毛泽东主席巨幅画像,就是上海美专师生连夜赶制出来的。

5. 博学多识,知人善任,不拘一格地培养和选拔人才

海粟老人博古通今,其兴趣和学养是多方面的,他要求上海美专的学生,知识域要广,在博学的基础上求专,在专的要求下增广知识,做到一专多能,不但允许学生跨系听课,还鼓励学生利用课余时间,根据不同志趣,自愿组织各种学术研究会,如木刻、漫画、书法篆刻、诗词文学、话剧、京剧、昆曲、民族器乐、摄影等,一到晚上或星期天,笔飞墨舞,弦歌不辍。因此历届毕业同学中出了许多著名版画家、漫画家、表演艺术家、电影导演和舞台美术家,都是在课余活动中磨炼出来的。

刘海粟校长知人善任,不拘一格地发现人才、培养人才,擢选和罗致人才。先后在上海美专任教的专家、教授、讲师,多是一时之选。上海是我国第一大城市,在旧社会不但是一个经济中心,也是一个文化中心,人才比较集中,各系老师,包括各家各派,只要艺术上有专长,不管什么学派,什么学历,不管是本校还是别的学校出身,也不管当时有没有名气、年龄大小,只要是个人才,学有精专就聘。如杰出的国画艺术家、一代宗师潘天寿,早在浙江第一师范就学时,刘海粟去西湖写生,看见他的书画作品不同凡响,就十分赞赏他。毕业后潘天寿按规定在小学教了三年书,27岁来到上海,便受聘在美专任教,与诸闻韵等筹办了中国画系,充分发展了他的艺术才华。又如新加坡艺坛泰斗刘抗,原是上海美专同学,刘海粟第一次欧游时,他随同到法学留学。1933年应聘回母校任教。当时刘抗只有23岁。刘校长考虑到他年纪太轻,难使学生折服,预先为他布置了一个留法作品展览,又怕他初出茅庐,缺乏教学经验,还与他合开了一个"海粟刘抗教室",来个"传帮带"。经过一个学期的实践,刘抗的教学极有成果,并很快在学生中树立了威信,刘校长便把自己的名字撤除。刘抗教授对刘校长无微不至地提携奖掖后辈,至今仍津津乐道。

同样以我自己为例,我同刘老交游共事已历半个世纪。记得我从日本回来后,因肺病在浙江定海医院疗养。1933年夏,他刚好第一次欧游返国不久,在去普陀山写生归途中,不期于舟山公园相遇,一见如故。他回到上海便给我捎来一封热情洋溢的信和他新近出版的线装本《中国绘画上的六法论》。这一年年底我恢复了健康,应我友郑午昌和国画家李祖韩、陈小蝶等合资创办的上海汉文正楷印书局之聘,任编辑部主任,兼《国画月刊》主编;同时,也在美专兼一点课。1935年夏他第二次欧游返国,便与午昌商量把我调任上海美专教务主任。我担心自己年纪轻,资历浅,学识经验都嫌不足,又不是上海美专出身,未敢应命。他体谅我的心情,乃自兼教务主任,由我襄理而委我以全权,使我放手进行教学改革。不到一个学期,他见我胜任愉快,便由我真除了教务主任职务。那时我才26岁。1939年他去东南亚,把学校付托给我,由我代理校长。那时我只有30岁。他比我大14岁,是我的前辈;实际上也是我的老师,因为我初学美术是受他早年的著作《画学真诠》和《日本新美术的新印象》启发影响开始的。50年来,海粟老人无论在艺术教育工作上,美术史论研究和创作实践上,都不时地给我鼓励和指导,而他对我却总是以"老友"、"诤友"相称,真是受之有愧!说实在的,我刚进美专任职时的些微学识,远不如现在同年龄的艺术院校毕业的青年教师,只是当时有一颗事业心、进取心、责任心,在刘老的亲切扶持下敢于挑担子罢了。

上海美专是私立学校,经费来源短绌,主要靠学费收入和少数的一些补助,以及校董的捐赠;不足就得由校长多方筹措,以资挹注。因此教职员待遇比较菲薄,生活比较艰苦,教师兼课的多,但教师们都能热爱本职,兢兢业业,努力做好教学工作,同事之间、师生之间的感情十分融洽。这和刘老的乐育为怀、礼贤纳士,使各方英才愿为艺术教育的共同事业而奋斗是分不开的。难怪 20 年代初期,名画家吴法鼎、李毅士等宁愿放弃国立北平美专的教职,南下到上海美专这一私立学校来任教,对此我也有了深切的体会。

刘海粟教授对青年学生总是循循善诱、诲人不倦。他热情地期待青年学生青出于蓝而胜于蓝、欢迎后来居上。对清寒而刻苦上进、学行兼优的学生,除享受奖学金或免费学额待遇外,有时还给予特别资助。20、30、40 年代在上海美专学习身受其惠的老同学,至今记忆犹新。

6. 最早实行男女同校,采取各种形式办学,把学校办活

实行男女同校是时代的趋势,早在 1916 年就有女生要求开放女禁。1919 年春有上海神州女学图画专修科毕业生丁素贞、史述、庞静娴等七人要求入学,经校长刘海粟提请教务会议研究通过,准予插班学习。他认为男女入学权利都应受到尊重,马路不分男马路女马路,为何教育要分男校女校? 乃于 1919 年秋正式招收女生。女画家潘玉良、刘苇、荣君立等就是第一班女生,她们和油画家倪贻德、乌叔养等同班毕业。实践证明:男女同校在学业上激起两性的竞争,学习格外勤奋。男女生在言行上也更加检点,彼此相互学习、相互尊重。诸如"野外写生"课,去郊区要走很远的路,女同学不肯落后,一鼓作气,迎头赶上,健康状况和气质也就变得更好了。

为了普及艺术教育,采取多种形式办学。1915 年就办过一期暑期补习班,1920 年起正式开办暑期学校。对象是各省中小学美术、音乐教师、业余美术爱好者和准备投考的学生;也有各系学生利用暑假进修的。暑期学校有时多达二百余人。此外曾于 1915 年起开办过函授学校,满足各省自学者的需要,其中也有通过函授自学成才的。

上海美专根据教育部规定,入学资格必须是公立或已立案的私立高级中学、中等师范学校或职业中学的毕业生。除此,许多具有同等程度而无相当资格的学生,其中多数是在有关艺术部门工作或学校教师,经过刻苦自学;也有在没有立案的艺术学校学习或进修的学生,具有与正科生同等学力却受学历规定的限制,无法入学深造,因此招收了选科生。选科生和正科生所修课程和修业年限完全相同,一律不受歧视,使许多莘莘学子得到深造,惟一区别是毕业文凭上少盖了一枚"教育部"的官印。这些选科生学习勤奋,有的已有了丰富的实践经验,因此不少选科生的学业成绩,超过了正科生。

至于教学方面也没有什么框框,各课老师能各扬其长,相互促进。中国画教学编制,高年级分山水、花鸟、人物三组,任学生选学一组。油画教学早就采用工作室制,西洋画系二年级以上,艺术教育系三年级以上,让学生自由选择不同流派风格、不同教学特点的教授,到他(她)的教室里学习,直到毕业。工作室制,在"文革"前中央美术学院曾经试行过,后因"四人帮"破坏而中止。我院近年也正在酝酿,根据实际条件试行。

以上事例,现在看来好像十分平常,微不足道,但在草创伊始,没有敢想敢创敢闯的精神是办不到的。当时虽有法国和日本美术学校可以借鉴,留日留法学生也先后陆续归国,来校应聘任教,但如何切合中国实际,便只好在实践中不断探索,不断改进。有人讥笑美专是一个"变的学校",差不多每学年每学期都在变。有一个时期还废止了考试制度,试用"考查"办法。系科编制和学制也经常变动,直到抗日战争胜利以后还在变。刘海粟教授认为"学校是活的",必须根据新的时势造出新的潮流来,不能依着死章程办事。事实上当时也无章可援。"不息的变动,不息的改造",这种跟上时代,改进再改进,创造再创造,把学校"办活",就是刘海粟教授的办学思想,这与他美术创作的精神是一致的。

1919年秋刘海粟东渡日本参观日本帝国美术院第一次美术展览,并考察美术教育。所见所闻,感想很多。针对当时中国画坛一蹶不振的实际情况,在如何继承和发扬民族绘画传统,有判断地学习借鉴中外美术的精华,推进文化艺术运动和培养人才等问题上,通过考察研究,提出了明确的见解。他在《日本新美术的新印象》一书中写道:"美术是文化的结晶,可以表白时代思想,发挥民族特性。中国是文化艺术的先进国,现在却昏沉沉地落在日本和西方的后面,这是中华民族最大的耻辱,应当急起直追。"他认为第一要着是解放思想,勇于创新和培育人才。

他分析中国绘画没有进步的原因,主要是对自然缺乏正确的认识,一般画家不重视自然、师法自然;二是奴隶主义,墨守成规,只有前人,没有自己,置个性于不顾;三是个人没有向自然找寻真理的理想,只知因袭,不知创造。他强调必须发展个性,使个人的天才得到充分的发挥。模仿和迁就是产生不了天才的。一代一代传下来,用一个模子一式铸造,只能一代不如一代。

怎样学习中外美术遗产?他反对奴性崇拜,投机学时髦;而要"推本穷源",不能先入为主,受中国画旧方法或西洋画新方法的束缚,但无论中西古今各种画法都得虚心研究。用"真实""自然"的标准去判断它,改造它。要求彻底解放,走出新路。其次,他认为新和旧都不是绝对的。譬如我们现在研究一派什么新画法,在欧洲可能已经成为陈旧的东西了;要知道欧洲美术界也不是什么都是了不起的,许多有思想的画家却在那里研究中国的绘画,探索东方艺术的真谛,所以也不能说我国以前的画算旧。"苟日新,日日新,又日新",人的思想当然天天在前进,艺术也就跟着日新一日了。今日以为新的明日就旧了。因此新和旧,中国和欧洲都不成问题,问题是:不能把中外那些大画家和流派,当做"金科玉律",神圣不可侵犯。所以研究只管研究,盲从却不可盲从。

六七十年来,刘海粟教授就是这样学习传统,学习生活,兼收并蓄,大胆创新的。不论在教学上,在自己的创作实践和史论研究上,都是一贯的。

这些观点,对当前研究艺术的青年来说,还是具有指导意义的。他自称是一个艺术园丁,现在还是一个美术学生,到哪里就画到哪里,学习到哪里,这种精神更是值得我们学习的。

二、苦学敢创　艺贯中西

刘海粟教授,1896年生于恽南田的故乡常州。六岁就开始学恽派花鸟画。我曾看到他十一二岁画的一幅《螃蟹》,自然生动中见童稚的天真。这幅画,后来登载于1935年在上海江湾举行的"第一次全国儿童绘画展览会"目录的封面上。幼年时期的刘海粟就喜欢观察和描绘日常见到的景物,蔬果、花卉、虫鱼,家庭教师对他不拘泥于印描画稿,便骂他画自己所见所想的画为"乱涂",实在是委屈了他。

他在常州绳正书院肄业时,是年龄最小的一个。他好学多问,能画善书,有"神童"之称。学年终了,书院举行"游艺会",老师要他作书法表演。他提笔集《玄秘塔碑》句,以"颜筋柳骨"大书"逢源会委,勇智宏辩"一联,抒发自己的抱负,受到老师和同学们的夸奖。那时他才12岁。他深思博览,有强烈的自信心和好胜心,敢创敢闯、勇往直前的性格,于此便见端倪了。

海粟学油画是14岁到上海开始的。先跟周湘学画布景,初步接触到有关西洋画透视、明暗、色彩的一些基本法则。以后,主要靠勤奋自学。从临摹欧洲名画集、画片入手,到背起画箱写生苏州河埠渔民生活和郊外风景,渐有心得。当时画油画的人很少,有时可以遇到欧美画家到中国旅行写生,也难得在上海法国总会看到一两次画展,好歹领略一些油画真迹。此外,就只有借助于"别发"、"普鲁华"两家洋行进口的外文书刊和画集、画片这些印刷品来观摩研究了。起初,他对委拉斯贵兹(1599—1660)、戈雅(1746—1826)和伦勃朗(1606—1669)等的画进行临摹。此后,特别使他感兴趣的莫过于印象派的莫奈(1840—1926)、雷诺阿(1841—1919)、西斯莱(1839—1899);后期印象派的塞尚(1839—1906)、高更(1848—1903)和梵高(1853—1890)等的作品了。因为这些近代巨匠,敢于突破藩篱,以响亮的色彩笔调,披沥画家对于自然的真切感受,谱写出时代的最强音,这正与他的豪放性格和火热感情合拍。

这期间,他的办学和教学的过程,也就是他向西欧古今画家学习,向生活、向自然学习的过程。经过十年的刻苦磨炼和探索,刘海粟便以油画家知名了。

20年代以后,他同时致力于中国画和书法的系统研究,是从收藏古画并从师康有为(1858—1927)学书法和诗文开始的。他到北京大学讲学时住在北平美专,就与当时著名的国画家陈衡恪(1876—1923)建立了深厚友谊。在陈衡恪的影响下,他重新对国画发生了兴趣。而第一次尝试是1923年在北京松树胡同诗人徐志摩(1896—1931)家里,那时候梁启超(1873—1929)也在座,央他画一幅竹子。他展纸蘸墨,画了孤竹一竿,撇了两片叶子,寥寥几笔,非常奇特。梁启超很赞赏,脑筋一动,想起了伯夷和叔齐,欣然为题"孤竹君之二子"。

从此,他便一手拿国画笔,一手拿油画笔,经常是白天画油画和教学,晚上画国画,几至废寝忘食。20年代前期,他的国画《九溪十八涧》、《言子墓》、《西湖写景》等,开始问世,得到了社会的好评。

水墨画《九溪十八涧》作于1923年,奔放恣肆,豁达壮阔,别开蹊径。我国杰出文豪郭沫若,给他题上有名的诗评,高度评价了海粟的艺术意境和风貌。著名学者张君劢称他"择题撰境,能见人所不见,感人所不感"。蔡元培先生亦题了七绝一首。

1922年他带学生到常熟写生,在虞山北麓,看见春秋时代著名学者子游的墓前有颗古柏,奇特苍劲,风景幽峭,心情十分激动,抢着勾画了一幅以线为主的油画《言子墓》。越二年,他根据这幅油画回想当时的情景,又画了一幅同题的国画。自己以为有些地方,特别是墓园里的竹丛,画得不够理想,后来拿给吴昌硕老人看了,却大受称赞说:"一点不落套。"欣然命笔给他题上两句诗:"吴中文学传千古,海色天光拜墓门。"又跋:"云水高寒,天风瑟瑟,海粟画此,有神助耶!"吴昌硕对刘海粟和潘天寿都是很赏识的,说他们俩天分很高,下笔不落陈套,各有自己的面目。

这个时期,他经常带着毛笔出去写生。1925年所作《西湖写景》,包括丁家山一天园、城隍山、苏堤、孤山等十二幅写生册页。康有为说这些画很有梅花道人的作风,为他题了长跋。后来梁启超也题了长跋。

大家都知道,刘海粟教授是一位卓越的书画艺术家、艺术教育家,也是一个美术史论家,却很少有人知道他是一位精于鉴别的古画收藏家。他的国画造诣和史论研究,同他的收藏鉴赏是分不开的。就在他第一次去日本回来不久,一个偶然的机会买到一幅五代画家关仝的作品。那重峦叠嶂,真实浑厚,气象万千的"关家山水",使他十分惊奇。并因为鉴别这幅古画的真伪,第一次求教于当代书画大师吴昌硕(1844—1927)。接着他又陆续购藏了八大(朱耷,1626—1705)、石涛(原济 1642—1718)的精品。有一幅石涛的《黄山图》丈二匹巨幛,精粗兼用,气势雄潜,备见功力。他心领神会,一遍又一遍地对临,作画的胆子便大起来了。自此他的收藏渐多,鉴赏的眼光越来越精,日夕摹抚,同时考证古籍论述。画中国画的劲头也就越来越大了。

他最喜欢石涛,也喜欢沈石田和石溪,一开始便以"三石"为师。他师石涛首先是师石涛的敢于与中国千年来的画人所盲从的旧观念和技巧主义作斗争的独创精神。石涛说:"法自画生。"又说:"至人无法,非无法也,无法而法,乃为至法。凡事有经必有权,有法必有化。一知其经,即变其权;一知其法,即功于化。"石涛在他的《画语录·变化章》里,批评那些食古不化的人说:"今人不明乎此,动则曰:某家皴点可以立脚,非似某家山水不能传久;某家清澹可以立品,非似某家工巧祇足娱人。是我为某家役,非某家为我用也。纵逼似某家,亦食某家残羹矣。于我何有哉!"

在 20 年代前半期,石涛的美学思想和创作方法,给他打下了坚实的国画根基。

他学石涛,体会到从写生到写意,从不会到会,从不熟到熟,又必须从熟返生的道理。太熟了就会有"作家气",容易甜俗。但是真正的中国画不是从生到生,而是要熟后生,先掌握熟练技巧以后,再返生。即入了门以后再出来,才臻于"水到渠成"的境界。而要达到这种境界却不是容易的,一定要经过一段刻苦临摹的阶段,但临摹不是目的而是手段。通过临摹,学习各家技法。最重要的是写生和创作。做到石涛所说的"搜尽奇峰打草稿"。达到这个境界才算是真正的画师。董其昌说:"读万卷书,行万里路。"看各种不同作风的画,也应该包括在"读书"之内。如果没有一定的中国画学养,是无法体会到的。许多人一辈子陷在临摹的圈套里跳不出来,许多人随便涂抹一辈子钻不进去,原因就在这里。所以他勖勉青年学生:学画一定要下苦功夫,不能取巧,不能卖弄小聪明,哗众取宠,这样不成大器。

他学沈石田,临摹过很多石田的画。他醉心于石田浑厚苍劲、精审而坚实豪迈的风格,到处想办法收购或借来石田的画,抓住机会临摹。沈石田的名作《七星桧》、《自写像图卷》、《牡丹》、《雪里读易》以及石田晚年的册页,反复临了好几遍,从这些作品中得到教益。

对于民族绘画遗产,他不存在任何偏见,只要有可取之处便学。他生平不画仇十洲一路的画,却爱仇十洲的画。他觉得好的工笔画也很有韵味。他所藏仇英代表作《秋原猎骑图》,那笔墨精炼、形态生动自然的滚马和仰望的猎人,乃至那些小草,他也津津有味地临摹过。"四王"的东西,许多人说是形式主义的,他素来亦不怎么喜欢"四王";但当他看了王石谷的《竹屿垂钓图》,认为是一幅极好的画,才改变了对"四王"的看法。他以为对某一画家的画,不能一味抹杀。一个成名的作家绝不是偶然的。如果没有真本领,早就经不起历史的考验而湮没了。多少画家的作品在当时没有地位,若干年后才被人们发觉;多少画家在当年红极一时,死后却烟消云散,就是这个道理。

所以他常说:入黄山要出黄山,师造化还须欺造化,师古人定要超古人。

建国以来,海粟老人的绘画艺术有两次大飞跃。1952 年全国高等学校院系调整,上海美专和苏州美专、山东大学艺术系合并,成立了华东艺术专科学校,他被任命为校长。在党的亲切关怀下,他把主要精力放在绘画创作上。几年间,他登山涉水,走向生活,行踪遍及华北、西北、中南和华东各地。祖国的壮丽河山以及各族人民在社会主义建设中的忘我劳动和英雄气概,激发了他的创作豪情。他冒严寒、战酷暑,连续创作了国画《太湖环翠》、《鼋头渚》、《虎跑泉》、《富春江严陵濑》、《黄山后海》、《散云坞云海》、《梅山水库工地》、《佛子岭水库》、《莫厘飘缈图卷》、《清奇古怪图卷》、《震泽渔村》、《玉涧流泉》和《骊山图卷》等佳作。其中有水墨、青绿、浅绛和白描,再加上大写意和工笔重彩花鸟,真是多样多彩。在原来"师古人"学传统的深厚基础上,融会贯通,展现了一个崭新的面目。这一时期油画创作有《八达岭长城》《黄山西海门》《梅山水库》《太湖渔舟》《太湖工人疗养院》等佳作,充分发挥了油画性能,表现出中国民族气派,油画民族化又迈进了一步。几年间创作了国画、油画新作三百余件,这是第一次大飞跃。可以说党的"古为今用,洋为中用","百花齐放,推陈出新"的文艺方针,他是一个卓有成效的实践者。1957年在上海美术馆举行的个人画展,可以看出这次飞跃的成果来。

不幸的是:整风反右时,在"左"的思潮影响下,他的学术主张,被当做政治问题,错划为"右派"。虽然不久便摘了"帽子",并特邀出席了全国政协会议,但在十年动乱中,又被"四人帮"横加莫须有罪名,诬陷为"反革命分子"。20年的冤屈,终于在林彪、江青反革命集团被粉碎之后,得到了彻底平反,完全恢复了名誉。再任南京艺术学院院长,恢复一级教授,并增补为全国政治协商会议委员。

两次受压、两次中风的海粟老人,只要有一席之地,只要手能活动,从没有放弃他的艺术钻研。画就是他的生命。他能在国家民族蒙受灾难的痛苦中,忘却个人的不幸,惟一的精神寄托,就是埋头画画、写字;就是苦练基本功,反复思考艺术上如何蝉蜕龙变,闯出新路。他的泼墨泼彩新技法,正是在这样艰苦的岁月里探索磨炼出来的。

1977年"四害"灭除后的第一个春天,他开始绘画艺术的第二次飞跃。这一年春节,老人的心情分外激动,写信给我和其他亲友,立愿"要画超过以往65年的一连串佳作,使它为人生自我的赞美,对伟大的社会主义祖国的歌颂"。党的十一大胜利召开,他连夜喜研朱墨,在床上画《朱松图》,并题《水龙吟》一阕,参加了上海文艺界赛诗赛画庆祝盛会。在上海政协会议期间,他又画了一幅《朱松图》,题上《满江红》一首,进一步表达了老人的喜悦之情和为人民创造更多精神财富的一片童心。

几年来,他应邀到广东、广西、北京、旅大、安徽等胜地游览、休养、讲学和创作,所到之处备受各地党和政府以及文艺界的尊敬和亲切的款待,创作了很多突破以前的国画新作,还有很多油画新作。1979年夏到1981年初,先后在北京、南京、上海和香港,隆重举行大规模的"刘海粟绘画展览",陈列老人各个时期从油画《北京前门》(1922)、国画《言子墓》(1924),到1979年油画《南京梅园新村》、国画《黄山狮子林》半个多世纪以来的190幅作品,受到国内与海外艺术界和广大观众的注目,产生了深远的影响。后来在江苏省美术馆举行的"刘海粟绘画近作展览"主要展出三年以后的新作。

从他以"方"字纪年,标志着"新我"和"新艺"的82岁起到87岁间,最明显的特征和最大的成就是创造发展了中国画泼墨和泼彩的新技法,同时在书法和诗词方面也达到了新的进境,使诗书画互为表里,互相辉映。所有这些,正是他贯通古今,融会中西,敢标时代之新、敢立民族之异的表现;也是它服膺的格言"生命要赋予岁月,岁月更要赋予生命"的笃实践履。

他早年在一个收藏家那里看到董其昌临张僧繇四幅没骨青绿山水,设色奇古,简直和油画的颜色不谋而合,大为吃惊。1943 年他就画过青绿山水。青绿石从积墨的基础上赋色,泼彩则是从泼墨基础上乘水墨欲干未干时把色彩泼上的。几年前他画黄山朱砂峰才试作泼彩。一次他画荷花,在一片荷叶上泼上石青,神采便提起来了。此后便逐步升华扩展,臻于完美。他的泼彩技法在传统的基础上借鉴了西洋画法。如塞尚的团块笔法和印象派的外光色彩,倍觉雄浑博大,光色绮丽,别开生面。1979 年他画的泼彩山水,在青绿的基础上进一步有所突破,自豪地题上"大红大绿,亦绮亦庄,神与腕合,古骛今翔,挥毫端之郁勃,接烟树之渺茫。僧繇笑倒,杨昇心降,是之谓海粟之狂"。近年所作《荷花鸳鸯》,则汲取民间绘画的单纯天真,富于拙感而概括力很强。显见童心浪漫,返璞归真。

海粟老人探索发展了泼墨和泼彩的新技法,主要得自亦师亦友的黄山。黄山浩瀚伟大,丘壑无尽,烟雨晴岚,瞬息万变,神奇莫测,最适合用泼墨和泼彩技法去搂抱它、表现它、赞美它。1980 年夏,海粟老人七上黄山,因淫雨绵绵,无法登临北海玉屏,画他向往的云海丹嶂奇观,却创作了《九龙潭》《白龙潭》这样的里程碑式的神品和《莲花烽烟云》《青鸾舞处看天都》《百丈泉》等不少泼墨佳构。七上黄山真把黄山的神、韵、气、质画活了,我在和他《七上黄山》律诗中称道此行收获很大,可以说得上"泼墨飞泉载歌还"了。去年、今年连续八上、九上黄山,老人以惊人的毅力,勇攀黄山高峰,终于获得了像《光明顶》《虬吼龙吟万壑松》《散花坞》《壁裂千仞》《可以横抱四海巅》《曙光普照乾坤》这样色彩瑰丽、气象万千、登峰造极的泼彩逸妙精品。他为了和自己较量,三次都画《白龙潭》《百丈泉》,每次各有胜境。

今年他到福建、广东,历游福州、泉州、厦门、汕头、潮州、广州、深圳、珠海、中山各处历史遗迹、旅游胜地和各个经济特区的新建设。南国的旖旎风光、人民的新的生活、新的精神面貌和开创社会主义建设的新的前景,使老人深受感动,满怀激情,到处争分夺秒地抢着画画、做诗、题字。有时甚至冒着风雨,一天写生了两幅油画,还要抢画国画。随行的护士长含着眼泪劝阻他,他好像丝毫没有听见。他把自己忘了,全身心沉浸在艺海中。对他,时间就是艺术,就是生命。"刘海粟绘画近作展览"就是他"岁月更要赋予生命"的记录,也就是建国以来他的绘画艺术第二次大飞跃的记录。

三、国际荣誉属于祖国和人民

刘海粟教授在宣扬祖国艺术,进行国际文化交流方面也是具有功绩的。

1919年他第一次去日本，主要是参观、考察、学习、借鉴，写了《日本新美术的新印象》一书，坚定了他的"解放思想、勇于创新和培育人才"的艺术观和办学方针。已如上述。1927年他逃亡日本，在东京《朝日新闻社》举行个人画展，并作《石涛与后期印象派》的学术报告。这个报告和另一篇论文《石涛的艺术及其艺术论》，分别被译成日文，刊载于小室翠云主编的《新南画》和《书道画道》杂志。留日期间，同日本名画家藤岛武二、满国谷四郎、石井柏亭等交游，并和桥本关雪、小室翠云等即席合作水墨画，恣肆豪放，大胆泼辣。桥本关雪称赞他是"东方艺坛的狮子"。他的中国画作品《泰山飞瀑》、《月落乌啼丛林寒》、《峦树草堂》、《彤云素羽》等多幅，为日本皇室和收藏家所购藏。日本天皇赠以银杯。他初次获得了国际声誉。

1929—1931年刘海粟教授第一次欧游。长住在巴黎，研究绘画和美术史。临摹了卢浮尔宫收藏的文艺复兴时期迄19世纪的世界名作，并游历各国考察美术，与各国著名艺术家交游论艺。他的油画《北京前门》《向日葵》等入选巴黎秋季沙龙，并应邀展出于巴黎蒂勒里沙龙。油画《卢森堡之雪》为法国政府购藏于亦特巴姆美术馆。1930年6月，应比利时独立一百周年纪念展览会邀请，为国际美术展览会评审委员，展出国画《九溪十八涧》，获得国际荣誉奖状。

1931年应德国弗兰克府大学中国学员的邀请，讲演《中国绘画上的六法论》，并举行"刘海粟绘画展览"于弗兰克府和海德堡。《中国绘画上的六法论》讲稿，写成于巴黎拉丁区，系统地评述中国历代有关六法的理论，条分缕析，理出一条我国绘画美学思想发展的线索。特别对于"气韵生动"这个众说纷纭的中心问题，根据作者绘画创作和名画鉴赏的实际经验，反复加以阐明，使西方人士对中国美术理论和艺术特色有所理解。对于中国研究画学的人也是一本有价值的参考书。

是年6月，刘海粟教授应法兰西学院委员、巴黎美术学院院长亚尔培·裴那的邀请，于巴黎克莱蒙画堂，举行"刘海粟欧游画展"。法兰西学院委员、巴黎大学教授路易·赖鲁阿为画展作序，推崇刘氏为"中国文艺复兴大师"，说他的画"在力的韵律中表白它的无声的诗意。是这样的个中国的艺术家，拿着画板与画笔，没有遗忘远近法，也不造作三分怪异，能在他的画面上，撷取他祖国传统的精英，达到心与天游的境地。他的丝绢纸帛的画，除了他本国的先师所传授给他的奥妙的法则以外，也特有一种清新泼辣之气，一扫二百年来中国画坛上的平凡单调，拘囚于法则学派的萎靡之象。刘海粟确是一位'大师'，在这字的真义与古义上的大师，因为他有他的信徒。这不但是中国文艺复兴的先锋，即于欧洲艺坛，也是一支生力军"。

我国美术史论家、著名翻译家傅雷，在1932年《艺术旬刊》第四期发表的《刘海粟论》中慨叹地说："我们读到法文人赖鲁阿氏的序文以及德法两国的对于他艺术的批评时，不禁惶悚愧赧至于无地：我们现代中国文艺复兴的大师还是西方的邻人先认识他的真价值。我们怎对得起这位远征绝域,以艺者的匠心为我们整个民族争得一线荣光的艺人?"

1933—1935年刘海粟教授第二次欧游,去德国主持"中国现代绘画展览"。先后在柏林、汉堡、杜赛特夫、荷兰海牙、阿姆斯特丹、瑞士日内瓦、伯尔尼等文化名城巡回展出,并在柏林普鲁士美术院和各地作学术演讲。1934年在巴黎特吕霭画院举行"刘海粟绘画展览"。1935年应英政府邀请,在伦敦百灵顿画院举行"中国现代绘画展览"。英国文艺批评家罗兰士·泌宁教授为画展作序,说"刘海粟先生于中国水墨、西欧油画之法,均造诣深邃,足与近代欧洲大师并驾。其个人佳作,宏丽精雅,迥然不同凡响",是人们所叹服的一位"卓然大师"。

第二次欧游,从1934年1月至1935年4月间,与各国著名东方学者和东方美术史论专家,进行学术交流并公开演讲。由他主讲的有《中国画派之变迁》(柏林普鲁士美术院)、《何谓气韵》(柏林大学东方语言学校)、《中国画家之思想与生活》(汉堡美术院)、《中国画与诗书》(杜塞特夫美术会)、《中国画之精神要素》(荷兰阿姆斯特丹美术馆)、《中国绘画上的六法论》(瑞京美术大厦)、《中国画与六法》(伦敦中华协会)等。展览会和学术讲演,播扬了中国民族文化艺术,引起了各国青年研究中国绘画的兴趣,改变了欧洲东方学者和美术史家过去认为"乾嘉"以后中国即无艺术可言,和现代东方艺术只有日本足为代表的偏见。20世纪30年代,刘海粟教授在绘画和美术理论方面的对外文化交流工作,是具有一定国际影响的。

在这期间,他的中国画《三千年蟠桃》、油画《西湖之秋》为法国国家画院所购藏。柏林人文博物馆特别开辟了中国现代画厅,陈列中国现代画家作品16幅,其中有刘氏的中国画《松鹰》《葫芦》《扁舟吟兴》等三幅。

抗日战争期间,他避地南洋,先后在巴达维亚(今雅加达)、万隆、三宝垄、泗水、玛琅和新加坡等地举行"义赈画展",既筹得巨款支援抗战,又在侨界和当地居民中宣传祖国文化,传播艺术种子。

1981年1月海粟老人应邀去香港举行画展,受到港澳同胞、海外侨胞和居留香港的各国侨民以及文化艺术界人士的热烈欢迎。在香港大会堂展出期间,观众人山人海,高潮时,里三层外三层。这种画展场面在香港是很少见的。展览会结束后,刘海粟教授应香港中文大学之聘,在艺术系讲学。随将展览售画所得捐献一百万港币,给南京艺术学院作为设立奖学金和充实图书设备之用。

1979年,他的画展在北京举行时,美国著名表演艺术家霍普,以7万元外汇商购他的两幅作品。为了中美人民的友谊和文化交流,他同意了。这位美国朋友高兴地宴请刘老夫妇和女儿,说他已经量好尺寸,愿以20万元购买一幅《震泽渔村》,为刘老婉言谢绝,说这幅画是动乱之后收回的,要留给祖国人民。他把画款7万元也悉数捐献给国家。他在给文化部的信中说:"有生之年,耿耿此心!这个数目还小,今后还要作出较大贡献。"去年意大利国家艺术院敦聘他为名誉院士并赠予金质奖章。对于这些国际荣誉,他一再表示荣誉是属于祖国和人民的。

我们庆祝刘海粟教授从事艺术教育和美术创作70年,使我们倍加高兴的是老人将届"八八"高龄,而"身幸健,志高垲",他的精神状态和艺术风貌并无衰退迹象,仍然焕发着艺术青春的异彩,为祖国的社会主义精神文明和物质文明建设,为培养一代新人,不分昼夜地学习和劳动着。

陈之佛的生平及花鸟画艺术

——《陈之佛花鸟画集前言》

谢海燕

陈之佛教授是我国现代卓越的工艺美术家、优秀的工笔花鸟画家、著名的艺术教育家。他的一生是孜孜不倦坚忍不拔地从事艺术教学和创作的一生,他的花鸟画优美、典雅、清新,生机勃勃,独具风格。他的生平和艺术都是值得我们学习和借鉴的。

一

陈之佛原名绍本,学名之伟,又名杰,号雪翁。1896年9月14日生于浙江省余姚县浒山镇(今慈溪县)。9岁入余姚高等小学。受同学胡长庚的影响,开始对绘画和文学发生兴趣。陈之佛在余姚锦堂学校农科预科班毕业后,抱着"振兴实业"的朴素愿望于1913年考入浙江工业学校机织科,学习机织图案。在校三年,受"特待生"待遇,免缴学、膳等费。毕业后,留校任教员,编写了第一本图案讲义。

1918年由校长推荐,考取留日官费生。10月去日本。次年4月考入东京美术学校工艺图案科。这是我国到日本学习工艺美术的第一个留学生。在校学习刻苦认真,深受科主任稻田佳英教授的器重。二年级时他的作品便入选日本农商省主办的工艺展览会,并得了奖。

留学期间,他不但努力学好本专业的基术知识和基本技法,同时对中外美术史、工艺史和美术理论,也以极大的兴趣,孜孜研求。课余不是上图书馆、美术馆,便是跑书店书摊,搜集积累了有关工艺美术和美术史论的大量资料。他同在东京留学的沈端先(夏衍)、关良、丰子恺、卫天霖等文学艺术家交往甚密,经常在一起切磋论艺。

1924年陈之佛学成归国。在半封建半殖民地的旧中国,民生凋敝,民族资产阶级经营的纺织工业受到外国厂商的压制。他所学的染织工艺图案,无处施展专长,他感到十分失望和苦恼。

然而,五四运动以来,西方艺术和新兴的艺术教育,以上海为中心却如雨后春笋,萌芽吐发。他便投身到艺术教育园地,培植工艺美术人才。因此他接受了上海东方艺专和上海艺大的聘约,担任图案科主任。私立学校主要靠学费收入,教师待遇菲薄,难以维持一家生活,就在课余编书,还办了一个"上海图案馆",为工厂设计丝绸花布图案。他所作埃及风格的镶嵌装饰图案,异军突起,开始在艺坛崭露头角。1928年他同刚从日本回来的画家倪贻德应聘去广州,任市立美术学校图案科主任,并在那里举办国内第一个图案作品展览会。

1930年回到上海,任上海美专图案系教授;并在南京中大兼课。翌年应聘去南京中央大学艺术系任教。除担任图案课程的讲授以外,还兼教美术技法理论和美术史等课。并挤出时间攻研工笔花鸟画。本来他的花鸟画已经有了一定的根底,但从不轻易示人。直到1935年才开始用"雪翁"这个别号在一次画展上出现。他的宁静清雅独创一格的画风,引起了美术界的注目。从此专攻工笔花鸟,千方百计找机会观摩研究历代名家真迹,日夜钻在笔墨丹青之中,以致废寝忘食。

抗日战争爆发后,中央大学仓促迁往重庆。他因病滞留故乡未能随行。南京沦陷时,家中一应物品和书籍资料被洗劫一空。特别使他痛心的是经过多年收集、倾注大量心血进行系统研究的染织纹样实物资料,一片不剩地散失了。三个月后,他拖着一家老小流离转徙入川。途中身受目睹,对国民党消极抗日,积极反共反人民,坐使半壁山河,旦夕断丧,置人民于水深火热之中,感到十分愤慨。因而在重庆寓所挂个门额,叫做"流憩庐"。

1942年陈之佛在重庆举行第一次个人花鸟画展览。著名学者潘菽、李长之等写了评价。郭沫若同志为他的《梅》、《碧桃月季》、《梅花宿鸟》题诗。以"天寒群鸟不呻喧,暂倩梅花伴睡眠。自有惊雷笼宇内,谁从渊默见机先?"句相勖勉。

展览会受到社会的好评。不料国民党反动派却因此打了他的主意,想"借重"他的名望,装点门面,迫他就任国立艺专校长。任职期间,受尽了反动政府的欺压和刁难。他坚决拒绝国民党迫害进步学生的密令。接连六次辞职,才于1944年获准摆脱了校长职务。这一年他再次举行个人画展。曾作《鹡鸰一枝图》,密密麻麻地题上张茂先的《鹡鸰赋》,借以发泄胸中愤闷压抑之气。

我和陈之佛教授默款已久。第一次见面正是他卸了国立艺专校长职务，"无官一身轻"的时候。而接他任的新校长是潘天寿教授；接教授兼教务长丰子恺任的就是我。我跟潘老和倪贻德教授从闭塞的浙南来到重庆，行装甫卸，便渡澄碧的嘉陵江到沙坪坝"流憩庐"去看他。他那瘦小的身材，广额清癯的脸庞，顶着向后梳的蓬松长发，架着黑框眼镜，下巴配置着一簇萧疏飘逸的胡子，一副亲切的笑容似乎老在脸上浮现着，从外形上就显得很有性格特征。他那和蔼、谦逊、诚挚的长者风度，令人肃然起敬。他在谈得高兴时，侧着头眯着眼睛发出格格的欢笑声，至今好像还缭绕在眼前耳际。当时他原原本本地给我们介绍了学校的真实情况。最后他感慨地叹了一口气："唉！不好办啊！"果然，在我们接任以后，遭到的人事倾轧，以及国民党三青团反动分子的飞扬跋扈，无法无天，同样搞得我们焦头烂额，骑虎难下。

重庆校场口事件发生后，陈之佛教授在《新华日报》发表的《文艺界对时局进言》上签了名。为此反动派三番五次地威胁恫吓他，要他登报声明"退出"。他理直气壮，毫不动摇。1945年4月国民党在《中央日报》发起一个反签名运动，又来找他签名，同样被毅然拒绝了。

抗战胜利第二年，陈之佛随中大迁南京。1948年代理艺术系主任，积极支持学生的民主爱国运动，多方设法援助"五二〇"反饥饿反内战反压迫被开除的两名进步学生。他厌恶国民党的反动统治，渴望早日解放。在1949年3月"美术节"的庆祝会上激动地说："阴霾将被吹散，光明快要来到。"南京一解放，他便送次子家玄参军。抗美援朝时又送幼子家宇参加了中国人民志愿军。一生过着清苦生活，饱经侵略与忧患的他，而今迎来了解放，心情怎能不分外激动呢？

综观陈之佛教授六十六年的生涯，大致可分为解放前和解放后两个时期。解放前又可分为以下三个阶段：

一、从六岁读书到二十七岁留日返国，二十一年为求学时期。

二、从二十七岁至四十一岁的十四年间，即从开始工作到抗日战争开始，是以图案教学、图案创作设计和著述为主的时期。这时期出版的图案著作有《图案ABC》、《图案构成法》、《图案第一集》、《表号图案》、《中国陶瓷器图案概观》、《图案教材》、《中学图案教材》、《影绘》(一集、二集)以及《艺用人体解剖学》、《西洋画概论》、《中国佛教美术与印度美术之关系》、《儿童画指导》、《儿童画本》等十余种，计二十余册。此外还为《东方杂志》等期刊和书籍设计封面；发表过《贡献》、《希望》、《卫国》等表达爱国思想的装饰画。

三、从四十一岁至五十三岁的十二年间，即抗日战争到解放前夕，是以工笔花鸟画创作为主的时期。在重庆和成都，他接连开过三次个人花鸟画展。这一时期也是他在痛苦的经历中逐步看清了国民党反动统治的腐朽和罪恶，丢掉幻想，倾向进步，渴望解放的思想转变时期。

二

解放了，他盼望的光明来到了。他的思想和艺术从此进入了一个新的历史时期。在他身上好像有使不完的劲，社会主义中国的诞生为他提供了充分发挥才智的条件。

作为现代中国工艺美术教育的先驱，工艺图案的理论家和实践家，从来也没有像现在这样能够大显身手。他在党的领导下做了大量的工作。如南京云锦研究机构的建立，为抢救、整理、发展被称为锦纹色泽灿烂富丽有如天上彩云的高级提花丝织品云锦，做出了出色的贡献。对苏州刺绣研究所的创设，艺术的提高，画稿的供应，也费了不少心血。对江苏上海等地的印染厂、丝织厂的图案设计，以及各地传统工艺产品的改进，他也莫不加以深切的关注和殷勤的指导。

在培养工艺美术和绘画人才方面，他更是不遗余力。不但关心青年人才艺术上的提高，而且关心他们政治上的成长。既教书又育人。对工人、农民、学生等业余美术爱好者、专业人员和美术教师来信来访，总是热心的接待、耐心地指导帮助，尽量满足他们的求知渴望。

1958年南京艺术学院为适应社会主义建设的需要，开设染织美术、装潢美术两个专业和工艺美术专修科，就是他调任副院长的时候负责筹划的。他坚决贯彻执行党的教育方针和文艺方针，坚持面向政治、面向生产、面向群众、面向民族民间。1960年3月南艺在高教系统被评为"艺术为政治服务为生产服务"的单项先进单位，奠定了工艺美术教育的基础，这同他的领导是分不开的。首都人民大会堂建成以后，他以极大的政治热情，带领师生和江苏的美术工作者，完成了江苏厅的设计布置任务。这以后，又为邮局创作设计一套"丹顶鹤"纪念邮票，为广大人民群众和世界集邮家所珍爱。

解放十三年来，陈之佛同志亲眼看到并亲身参与了新中国的社会变革。认识到中国共产党是伟大的、光荣的、正确的党。认识到社会主义道路是历史必由之路；只有党的领导才能创造幸福的社会。由于他的政治思想觉悟和社会主义积极性的不断高涨，艺术上的进境也就越来越大了。1952年他参加了中国民主同盟。1956年光荣地参加了中国共产党。

世界观的转变，导致了艺术的转变。他的工笔花鸟画创作，以1953年《和平之春》为起点，有了新的突破。作品参加了第一届全国美展和以后历次美展，并被选送出国展览多次。1958年6月出访波兰、匈牙利等国，作过《中国绘画》的电视演讲。1960年7月美协江苏分会和江苏省美术馆联合主办《陈之佛花鸟画展览》于南京。作品八十余幅，展示了他早期作品到建国十周年献礼作品的发展进程。人民美术出版社曾先后出版过《陈之佛画集》和《陈之佛画选》。

这一时期他历任南京大学教授，南京师范学院教授兼美术系主任，南京艺术学院副院长。

他还被选为中国美术家协会理事,中国美术家协会江苏分会副主席,江苏省文联副主席。先后出席全国文学艺术工作者第二次和第三次代表大会。1954 五四年起当选为江苏省人民代表,被评为江苏省社会主义建设先进工作者,全国文教战线先进工作者,并出席了全国文教群英大会。中华人民共和国成立十周年,应邀去北京参加隆重的庆祝大会、国宴和天安门观礼等活动。他多次见到伟大的领袖毛主席、敬爱的周总理和朱委员长,以及老一辈的无产阶级革命家。他每次会见时的心情都是那么激动,感受到无比的幸福和巨大的鼓舞。

1961 年 5 月陈之佛到北京参加文化部组织的全国高等艺术院校教材编写工作。主编《中国工艺美术史教材》。他在《前言》手稿中,精辟地提出了工艺美术研究的方针、任务和方法的见解;阐述了工艺美术的本质、范围和怎样正确对待遗产的态度。指出:"浩如烟海的历代工艺美术遗产中,由于社会性质的不同,时代风尚的不同,生活状况的不同,使用目的的不同,技术条件的不同,物质材料的不同,生产方式的不同,艺术水平的不同,审美观点的不同,产生了千差万别、多种多样的品类和风格。我们研究工艺美术史,必须明确工艺美术的特征,运用历史唯物主义的观点,才有可能来分辨十分纷繁的遗产中的糟粕与精华,抉别哪些应该保存,应该发扬,哪些应该抛弃,使漫长的历史时期中,无数劳动人民、工艺匠师们辛勤劳动的成果,智慧的结晶,重新为人民所有,并在新的基础和条件下加以革新和发展。"这本教材的未完成部分,由罗尗子同志根据这一指导思想和共同商讨的提纲接手写成。

对中国画和工艺美术理论的研究,如何在学习马克思主义的基础上,运用新的观点和方法整理美术遗产,总结创作经验,探讨美术战线的新情况新问题,是陈老努力钻研的一个方面。连年他在报刊发表的文章和讲稿,不下五十篇。直到他最后一次离开北京回宁之前,还积极参加了首都文艺界关于艺术形式美的讨论,发表了《就花鸟画的构图和设色来谈形式美》的论文。谁料文章于 1962 年 1 月 11 日在《光明日报》发表时,他已经病危在医院处于弥留状态了!

1962 年 1 月 5 日陈之佛教授由北京返回南京。一路不顾疲劳,同罗尗子同志在列车上研究推敲教材内容的每个重要细节。回到学校以后,同志们劝他休息,他仍然坚持教材的编写工作,并照常参加社会美术活动。不幸,1 月 8 日的早晨突然患脑溢血症,经多方抢救无效,于 1 月 15 日下午 10 时 45 分停止了心脏跳动。1 月 22 日葬于南京雨花台望江矶。

三

陈之佛的花鸟画艺术,继承了宋元以来工笔花鸟画的优秀传统,并吸收埃及、波斯、印度东方古国和近代日本画以至西方各国美术作品的精华，在自己多年研究图案的造型、色彩的规律和花鸟写生的基础上，融会贯通，创造了自己独特的艺术。

他专攻工笔花鸟画开始于1935年。但追溯他学习绘画写生则远在浙江工业学校学习机织图案时便开始了。染织图案要有写生基础，主要是花鸟写生。通过写生，观察、体验、分析、描绘自然界的花卉禽鸟的形态特征，寻找表现对象的本质的美，然后按照图案的造型法则，加以取舍变化，变其形、求其神，而成丰富多彩的图案。他对写生变化这门课的学习向来是认真的，成绩是突出的。因此一毕业便留校担任图案和铅笔画教员。后来他进了东京美术学校，对花鸟画写生，课内课外都抓得很紧。同在日本留学的画家丰子恺当时就注意到他重视素描的学习，深知他对于写生是下过长年功夫的。此后他在长期的图案教学实践中，积累的花鸟画素材也不少。所以我们在他早期的工笔花鸟画中看出他的功力素养也就不奇怪了。

陈之佛学画的观、写、摹、读"四字诀"，是他艺术实践的经验总结。四个字是一个整体，彼此相互联贯，不可分割，不能偏废。

"观"，根据他的说法，主要是深入生活，观察自然，欣赏优秀作品。这就是"师人，师造化"的问题，是"源和流"的问题。观察自然，以自然为师，要不断观察研究自然界花木禽鸟的生活规律及其特征特性。熟悉它，理解它，热爱它，才能够掌握它，创造它，任你驱使。看画，欣赏优秀作品，是以宋元直至明清近代的花鸟画家为师。重点研习双钩重染的工笔花鸟，兼及没骨法和水墨写意花鸟画，有批判地吸收各家的长处。学古而不泥古，学前人而不落前人窠臼，重在自辟蹊径。

"写"和"摹"是师法自然，师法名作，锻炼艺术基本功的具体实践。依照他的说法："写"是写生，练习技巧，掌握形象，搜集素材；"摹"是临摹，研究古今名作的精神理法，吸取其优点作为自己创作的借鉴。他勤学苦练，学习生活，学习传统，使自己的技术技巧，日益精进。由熟而巧，却又着意由熟返生，由巧归拙。这是他在观摩、摹写古人作品和自己创作实践中逐渐领悟到此中之昧的。

"读"是研读文艺作品、技法理论和古人画论。这方面的修养，越广博越深厚越好。所谓"读书破万卷，下笔如有神"。他的好学和博学是少有的。他一生教过的课多达十三门。除了专业课和技法理论，在南京中大和上海美专等校教过的就有《中国美术史》、《西洋美术史》、《名画家评传》、《艺术教育》、《色彩学》、《透视学》、《艺用解剖学》等七门。当他钻研工笔花鸟画时，对中国画论的探讨和诗词文学的研读更津津乐此不疲。

学画不仅限于艺术的技巧和理论知识方面。还有一个带根本性的问题，即花鸟画家的思想感情问题。他对此感受很深。一个画家的政治立场、思想感情一定会反映到自己的作品上来并给观众以精神的感染。他体会到中国画的意境就是画家的思想感情通过对象描写而与对象融合后所表达于画面的情调。一个画家在创作过程中的每一环节——选题、立意、构图、设色等,都会贯彻着他自己世界观所起的决定性作用。因之一个花鸟画家生活在今天这样伟大的时代里,就要求我们积极改造世界观,以健康的乐观的态度来描写自然,充分地表现时代精神。

我们从他的思想感情的变化来看他的花鸟画创作就明白了。解放前陈之佛教授是一个靠脑力劳动为生的艺术家,是一个无党无派的爱国者。大家都知道他在旧社会是一位纯朴厚道、洁身自好,注意"修身养性"、希图"超然物外"的好好先生。他不满现实而又无力斗争,乃至消极地逃避现实,自寻精神的庇护所。原先,小学教师给他取名陈之伟。他嫌"伟"字太俗,以后便改"伟"为"佛",叫陈之佛。解放前他的画用过"心即是佛"和"养真庐"的印章,用表"心地坦荡"、"归真返朴"之意。虽然在重庆时期,受进步思想的影响,但世界观还是唯心主义的,艺术观是唯美主义的。所以那时作品总是追求那种孤芳自赏、淡泊、冷落、寂寞、雅洁、宁静、纤尘不染那种情调的选题和设色,古人所谓"淡泊以明志,宁静以致远"正是他的人生态度和为艺术而艺术的美学观点在作品中的反映。

解放后他的艺术有了明显的转变。首先是中华人民共和国的成立,使中国历史发生了根本的变化。中国人民在党的领导下推翻了帝国主义、封建主义和官僚资本主义三座大山,顶天立地的站起来了。祖国的光辉成就,激起了他莫大的感奋。他认真学习马克思列宁主义、毛泽东思想,积极参加社会活动,特别是1952年文艺整风和思想改造运动以后,他对世界观的改造有迫切的自觉的要求,文艺为工农兵服务的方向和"百花齐放、推陈出新"的方针指引他走上了社会主义艺术创作的正确道路。他认识到花鸟画艺术虽然不是人们社会生活的直接反映,缺乏以形象教育人的功用,但它能以一种艺术美丰富人民的精神生活,在愉快的舒畅的健康的美感享受中培养优美的情操。一幅优秀的花鸟画也必须充分表现优美的民族风格和特性,充分表现新时代的时代气息,不然是不能满足今天人民的要求的。认识提高了,思想转变了,为谁而画的问题解决了。因此他的画逐渐消失了过去那种带消极的思想情绪,在画面上出现了较为清新、活泼、开朗、繁荣、健壮的面貌,给人以生气勃勃、欣欣向荣的感觉。

我们从他1953年的《和平之春》、《青松白鸡》,1954年的《榴花群鸽》、《蔷薇白鸽》,1955年的《荷花鸳鸯》、《玉兰鹦鹉》,1956年的《荔枝绶带》,1957年的《瑞雪兆丰年》,1958年的《樱花小鸟》、《春色满枝头》;特别是1959年暑假,他为了庆祝建国十周年,激情满怀,盛夏酷暑,有时高温达四十一二度下,挥汗创作了《松龄鹤寿》、《鸣喜图》、《祖国万岁》等大幅佳作和1960年以后所作《岁首双艳》、《春江水暖》等作品,明显地看出他的艺术的新境界。

《松龄鹤寿》巨制,意境深邃,构图设色,匠心独运。十只丹顶鹤,举着舞步行进,俯仰、顾盼、唳鸣,各尽其态。以一只、三只、四只、二只分四组排列,次序分明,多样统一。既生动、活泼、丰富多姿,又整齐、严肃、平稳不乱。十只宛转弯曲的长颈和二十条笔直的长脚,画面上很难摆布,画家却巧妙地作了多变的刚柔相济的构图处理。主组四只鹤中的一只鸣鹤，面向苍松，同右边第二只鸣鹤，齐声引吭高鸣，更好地突出了主题。色彩上黑白相间的毛羽，灰色的脚爪，加上瑰丽的丹顶和青翠欲滴的苍松，谱成了鲜明对比、和谐的形和色的交响乐章，祝愿伟大的祖国万古长青。

《和平之春》的创作，正是世界和平会议在北京召开，社会主义中国第一个五年计划开始的第一个春天，作者以无限喜悦的心情，抒写生机活泼、欣欣向荣的春日景象。飞翔、栖息、啄食三组鸽子，有动有静。作为中轴石上的一只花鸽，昂首振翅欲飞，在布局上起了动态和静态的联系作用，在色调上与其他白鸽、灰鸽起了协和作用。右下角配置一只转颈整羽的白尾储鸽，使构图有所变化，赋彩上又与碧桃、繁花相呼应。如果说《松龄鹤寿》是他的代表作，那末这一幅似乎可以说是他的更生之作了。

《梅鹤迎春》1961年画于香山。他以革命乐观主义的精神，表达了中国人民一不怕苦二不怕死战胜了天灾人祸造成的暂时困难，必将迎来更加美好的明天的坚强信念。在繁忙的教材编写中挤出时间，画了这幅最后之作。1962年作为年画出版。画中两只丹顶白鹤，衬以醒目的茶花，倍见精神焕发，生气盎然。画家对于构图、用笔和设色，都是那么精心审度，一丝不苟。别小看地面右下角的几朵小白花和左下角夹在绿竹丛中的暗红小花。前者与白鹤和白梅花相呼应；后者则是红茶的余韵。绝不是可有可无的随意点染。

上面列举的是我们看到的画家在1953年以后艺术的总的倾向，不可能一刀切。我们仍然可以看出他前后的艺术风格的连贯性。他每个时期都有代表性的耐人寻味的佳作，如《寒梅冻雀》、《芦花双雁》、《丹荔白鹦》、《雪松鸟鸣》、《绿竹群雀》和白描《梅树栖雀》等。以前也不乏浓艳妍丽、色调鲜明、爽朗豪放的作品，如1949年初春画的《梅树白鹰》。白羽、红嘴、蓝眼、黄爪，由于三原色的纯度作恰到好处的调节，把鹰眼、鹰嘴、鹰爪这三具凶猛的鸷鸟器官的特征特性点了出来，再加上白梅的陪衬，美妙的统一效果，顿觉浑然天成。

《鹰视鸟飞》与《梅树白鹰》一动一静，有异曲同工之妙。鹰视眈眈，如欲一搏，惊慌的小鸟疾飞脱避。树干横斜，概括有力；而秋叶摇曳，铺垫着转身急下的雄鹰有如秋风扫落叶的气势。赭色渍染的树干，木丫出枝用较浓的墨色，既形成树干的立体感，又起烘托白羽的作用。两画无论是选题、立意，还是构图、设色，允称精心之作。

四

陈之佛教授的重彩工笔花鸟画，别出新意，自成一家。他的艺术特点，第一是生动性。这主要是来自生活，得力于他的长年写生、师造化之功。自然界的花鸟，千态万状，变化多端，如果画家不经常去留意它，研究它，缺乏外界形象的感受，就很难获得作品的丰富多采，也就谈不到作品的生动性。花鸟画自唐宋以来称为"写生",意为"写之欲生"。他的画工整有神,在形似以外得其神采。来自生活,高于生活。花枝摇曳,带露迎风,飞鸟鸣禽,声影交映,形象活泼,曲尽自然生趣。

第二是多样性。他的画依据不同对象,不同时季,不同感受,采用不同手法。如画树干,根据花木的不同品类,从形表见特质。有的用勾勒皴擦渲染,显见挺拔遒劲。有的用水渍法,运用水渍色彩的浓淡变化,显见苍润华滋。他对水渍法有独到之处。画梅多用之。构图上不拘一格,但严格掌握多样统一、对比、调和、节奏、均衡等形式美的法则,处理宾主、大小、多少、轻重、疏密、虚实、隐显、偃仰、层次、参差等关系。所谓多不嫌满,少不嫌稀,他的《荷花鸳鸯》是多而密而不陷于闭塞的好例;《睡鹊》是少而疏而不落于空旷的好例。

第三是装饰性。他原来是一位图案专家。早年曾热衷于埃及金字塔陵墓的壁画和波斯的细密画的研究。其后对敦煌莫高窟的艺术和陶瓷装饰纹样也发生过浓厚的兴趣。因此体现在他的花鸟画上就自然而然地带着明显的装饰性。在描绘花鸟的现实性的基础上,恰当运用意想的、夸张的、变形的装饰手法,这是很自然的,也是必要的。在色彩学上他有着多年的理论和实践的丰富经验。当他决心加入中国工笔花鸟画创作的行列时,对如何发挥自己色彩研究的特长是很有自信的。他对于色彩强调"妙超自然","随类赋彩"决不是依样画葫芦。他的画很注意色相、光度、纯度的相互关系以及调和对比主辅分明的形式法则。在强烈的对比中求得调和,处理好色彩的纯度,使艳而不失之俗。在用轻色时须显彩色,使淡而不失之枯,淡而仍见有彩,产生柔和的美感。所以他的画有的富丽得好,有的典雅得好。

陈之佛教授给我们留下来的艺术遗产是十分可贵的。当前工笔重彩花鸟画家寥寥无几。工笔重彩人物画也不怎么被人重视。我们在党的"百花齐放、百家争鸣","推陈出新"的方针指引下,要研究、继承、发扬前人这一遗产,进一步深入生活,创作无愧于我们时代的工笔花鸟画作品,为实现社会主义现代化建设服务。

倪贻德画集序

谢海燕

"死者倘不埋在活人的心中,那就真真死掉了"

——鲁迅

倪贻德同志受林彪、"四人帮"极左路线的残酷迫害,不幸于 1970 年 5 月 13 日含冤逝世。但是作为一个忠诚于无产阶级革命事业的共产党员,一个在中国现代美术史上作出了贡献的画家、美术理论家和艺术教育家,他并没有死,他将永远活在人们的心中。

倪贻德同志笔名尼特,1901 年生于杭州一个破落的小资产阶级家庭。"五四"运动爆发时,他正在中学毕业班,积极参加了这一轰轰烈烈的反帝反封建的政治文化运动,并被选为学生会编辑部干部,负责宣传工作。他运用绘画和文学武器,初试锋芒,向卖国贼和封建堡垒冲去。

这一年暑假中学毕业,他克服家庭的反对和无力负担学费的种种困难,报考上海美专西画系,受最早留法画家李超士教授及校长刘海粟的教导和赏识,并在美术史论前辈、教务长吕澂的启迪下,致力于绘画理论的研究。1922 年 7 月毕业,因成绩优异留校,以后被分配在俄国犹太人画家普特西斯基的教室里担任助教。他虽然厌恶这位外国教授的教育态度过于生硬、死板,但他的画法某些可取之处,还是认真地把它学到手。

他对当时社会上那种布景式的风景画和照相式的人物画很不满意,因此殚精竭虑从美术理论和艺术实践上进行多方面的研究。这一时期他经常在校刊《美术》和其他报刊上发表独具己见的美术理论、作品评论。并积极引进介绍了西方绘画艺术。

20年代,倪贻德在文坛上已崭露头角,得到郭沫若、郁达夫、成仿吾等的赞赏,成为"创造社"的后起之秀,他的出世作《玄武湖之秋》和《东海之滨》、《残春》、《百合集》等文学作品,以刻画细腻而富于浪漫主义色彩的笔调,揭露了没落的半封建半殖民地社会的面貌,抒发新的一代对未来的憧憬,在青年当中广为传颂。

1927年秋,倪贻德东渡日本,入东京川端绘画学校,虽以自学为主,但也得到日本画家藤岛武二的指导。除素描习作外,东洋的异国情调吸引着他,画了不少风景画。使他特别感兴趣的是对日本和世界画坛新动向的探讨,刻苦攻读美术史论著作。神田区的新旧书店和夜市书摊更是他涉足流连的地方。这时候他同王道源一起筹划组织"中国留日美术研究会",目的在于团结留学生,革新和促进中国的新艺术运动。

1928年,日本出兵侵犯我国山东,中国留学生义愤填膺,为维护国家的主权和独立,日夜奔走呼号,反对日本的侵略。但是田中义一内阁置中国人民的强烈抗议和世界舆论的谴责于不顾,悍然三次出兵,一手制造了济南惨案。倪贻德忍无可忍,愤然离日回国。先后在广州市立美术学校、武昌艺专、上海艺专等校任教授并努力画画、写文章。

我和倪贻德第一次见面是在1932年初夏的一次集会上,矮矮的身材,结实而厚重,浓眉丰额的浑圆脸庞上嵌着一双深沉而犀利的眼睛,薄俏的嘴唇经常叼着烟斗。平时缄默寡言,但话匣一打开却滔滔不绝,练达隽永,有如其文,给我留下了深刻的印象。那时,他在上海美专任西洋画系教授,并主编以"摩社"名义出版的校刊《艺术》旬刊(后改为月刊)。我则在一家书局负责编辑工作。在他的督促下经常为这个刊物写稿,他也为书局写了《西洋美术史纲要》一书,并为我主编的《国画》月刊选稿。从此建立了深厚的友谊。1935年,我到上海美专任教职以后,便一直同他在一起。

"八·一三"全面抗战,学校师生奔赴各地参加抗敌工作,两人一度分手。我回广东,他到武汉,积极投入抗战救亡运动,追随郭沫若同志,任第三厅美术科代理科长。武汉撤退时,由于工作的需要,又回到上海美专,从事教学、创作和美术理论的研究工作。这期间他在上海办尼特画室,并作过彩陶装饰的研究。

1941年12月太平洋战争爆发,"孤岛"陆沉。日军侵入上海美专所在地法租界。在敌伪控制威胁下,我和倪贻德终于在第二年春带着学生,分批潜离上海,辗转前往金华,参加东南联合大学,建立艺术专修科。旋因浙赣战事,转移到闽北建阳,与暨南大学合校上课。

当时东南联大只有教授四人,分担全部课程。倪贻德教素描和色彩画;潘天寿教中国画和书法;俞剑华教中国绘画史和技法理论;我教西洋美术史和艺术概论。我们的教室设在一个神农庙里,没有石膏像就画庙里的泥塑菩萨。倪贻德还带着学生就近画农民、画铁匠、瓦工和山沟里的畲族猎户。当然也由学生轮流做模特儿。

倪贻德虽然不搞版画，但对新兴的木刻运动却十分关心，曾担任浙江战时木刻研究社第一期木刻函授班的导师。在东南联大艺术科成立了木刻班，有一二十个爱好木刻的学生，并取得了一定的成就，这与倪贻德的奖掖和教导是分不开的。

1943年，东南联大被迫停办，艺术科归并到英士大学，规模稍有扩展，分设绘画和工艺美术二组，由他和潘天寿分兼组主任。我仍兼科主任。但是我们都不愿意长久在这个学校呆下去，倪贻德第一个离开学校，于1944年暮春，背着画箱，从瓯江上游的云和，沿衡阳、桂林、柳州、贵阳到重庆，一路作画和展览。随后我和潘天寿也到了重庆，同在嘉陵江畔龙脊山下国立艺术专科学校工作，直到抗战胜利。

在重庆，是倪贻德的生活、世界观和艺术观有着重大转变的时期。生活上，他开始有了一个美满的家庭。他和久别重逢的老同学新战友刘苇同志结了婚，结束了过去飘零的艺术家生涯。在政治和艺术上，他多次亲聆敬爱的周恩来同志、邓大姐的教导并受郭老的影响，从而坚决走上革命的道路，在国民党法西斯统治下的重庆山城，包括在重庆嘉陵江隔岸江北县的国立艺专校园里，气氛很不平静，阶级斗争尖锐复杂。他除上课和与学生接触外，每天关起门来看《新华日报》，并认真学习毛泽东同志的《新民主主义论》、《论联合政府》和《在延安文艺座谈会上的讲话》等著作。深切认识到只有社会主义才能救中国，认识到文艺为什么人的问题和作者世界观改造的问题是一个根本的问题。倪贻德在重庆举行的画展，可以看出他的艺术的新转变。邓大组曾约邓发同志参观了他的画展，对他鼓励有加。当时邓发同志刚出席世界工联代表大会从法国回来，路过重庆，他同倪贻德畅谈了世界革命形势，艺术和哲学等问题，以及毕加索已加入了法共，还给他看带来的毕加索画册。倪贻德心情无比激动，拿起笔来为邓发同志画了一幅速写像，表达他的敬意。1946年中共"四八"烈士（王若飞、博古、叶挺、邓发等同志）遇难，噩耗传来，倪贻德十分悲愤，挥泪写了唁函给中央代表团表示深切的悼念，誓为继续完成和平民主统一事业而战斗。从一个爱国的民主主义者，决然走向无产阶级革命征程。他经受了长期的斗争与考验，终于在1949年解放前夕成为光荣的中国共产党党员。

倪贻德同志在国立艺专，无论是在重庆还是回到杭州，一直是旗帜鲜明地支持学生的民主爱国运动。1946年初，他在重庆和"国立艺专"的进步学生一起参加了反内战、促进民主的大游行。1947年，以进步同学为主体的"艺专剧社"，为揭露那吃人的旧社会的罪恶，争取中间同学，扩大进步势力，演出改编的高尔基名剧《夜店》。倪贻德支持这个演出，画了《夜店》一套舞台人物速写并陈列在剧场的门首，获得了很好的宣传效果，从而扩大了演出的影响。他平日经常带领学生走出教室，到街头、到农村，接触群众，反映劳苦大众的现实生活。批判旧世界，向往新社会。为此遭到国民党反动派的迫害,并遭解聘。但他并没有屈服,就在艺专对岸汪庄开办了西湖艺术研究所,教育和团结大批青年学生,继续从事爱国民主活动。

终于在1949年5月,杭州人民迎来了解放,天日重光。倪贻德等同志被任命为国立艺专军事代表,同其他同志一起接管了这所具有革命斗争传统的艺术学府。解放后不久又到北京出席全国第一次文代会,在这个具有历史意义的大会上,幸福地见到了伟大领袖毛主席,聆听他对文艺工作者的指示,深受了教育和鼓舞。从此,他一直坚守着党分配给他的战斗岗位。历任由国立艺专改组成立的中央美术学院华东分院和以后的浙江美术学院教授兼副院长、《美术》杂志编辑部主任、中国美术家协会理事、中国美术家协会浙江分会副主席兼秘书长等职。

解放二十多年来,倪贻德同志勤勤恳恳,努力学习马列主义、毛泽东思想,深入工农兵,努力改造世界观,用他的彩笔满腔热情地歌颂社会主义革命和建设,踏踏实实地培育下一代,对新中国的美术事业作出了自己的贡献。但是万恶的"四人帮"推行反动的两个估计,把解放后的十七年污为文艺黑线专政。并以莫须有的罪名,对倪贻德同志进行了长期的、残酷的迫害,最后摧残致死。今天,多年沉冤得到了平反昭雪,强加于倪贻德同志的一切诬陷不实之词已一律推倒。党和人民怀念他。《倪贻德画集》的出版,让我们有一个研究学习他的艺术遗产的机会,就是对他的生平和艺术的表彰。

倪贻德是一个有独特艺术风格的画家。他擅长人物、肖像和风景画。特别是风景画为数最多,也最出色。这本画集,由于他的作品大量散失,我们只搜集到仅存的近七十幅作品,包括油画、水彩画和速写,其中油画部分几乎全是解放后的新作了。

早在"五四"时代他就爱画风景画。这是因为他认为风景画能充分抒发他爱自然、爱乡土、爱祖国的感情,他还认为风景画能表现我国固有的特色。中国的山水画源远流长,比西洋风景画早一千年。从隋唐五代到北宋荆浩、关仝、董源、巨然、李成、范宽,再到元四家、明四家、石涛、八大、四王中的王石谷,直到黄宾虹、潘天寿,他都作过深入的研究。他的祖父倪茹,原来就是一个能画善书的文人。所画山水,深得云林、石谷的韵致,作风潇洒素朴。他有一颗印章刻着"云林家法"四字,可知其对他家远祖倪高士是多么孺慕崇拜。倪贻德从杭州老家带来他祖父的一幅山水立轴,挂在自己的卧室里,不时伫立画前,琢磨玩赏。

作为油画家,他对17世纪荷兰的风景画——那太空的青苍,云影的波荡,因时间而起的光的变化及空气远近法等——有深切的领会。对19世纪英国的风景画家克罗姆(Crone)的敏锐而单纯的用笔;康斯太布尔(Constable,John 1776—1837)的强烈明快的色调,透纳(Turner,Joseph Mallord William 1775—1851)表现大气和光线的效果;到法国巴比松派卢梭(Rousseau,Theodore 1812—1867),杜比尼(Daubigny,Charles Francois

1817—1878），柯罗（Corot,Camille Jean Bapliste 1796—1875)等各以自己的绘画语言歌咏枫丹白露林野的风光，都是那么兴致勃勃地进行分析鉴赏。他还批判地研究学习印象派莫奈（Monet, Claude 1840—1926)，西斯莱（Slsley,Alfred 1839—1899），雷诺阿（Renoin, Pierre Auguste 1841—1919）闪耀着生命火焰的光色多变的作品。但使他最感兴趣的是后期印象派创始者塞尚（Cezanne,paul 1839—1906），对形体体积感的新探索，还有野兽派德兰（Derain, Andre 1880—1954)的古朴坚实的韵味，符拉曼克（Vlaminck,Mauricede 1876—1958）豪放刚健的笔触，以及郁德里罗（Utrillo, Maurice 1883—1955）市街情调的描写等。不仅对三百年来欧洲的风景画，还上溯五百多年从文艺复兴初期以来的那些名画中作为人物背景的风景部分，他也饶有兴味地钻研着。当然他不是为了模仿，而是用来增强自己的创作力量。

倪贻德同志的艺术成就，除了他热爱生活、善于观察生活、勤于体验生活外，其中一个重要因素是他对于民族艺术传统，对于欧洲各国美术各时期各家各派的不同风格、不同技法和技巧，从不间断地作广泛深入的钻研和借鉴，融为自己的独具风格。他认为外来艺术必须要民族化。欧洲各国的油画莫不有自己的民族特色。无论哪一幅画都要打上时代的民族的和作者个性的烙印。中国油画家不仅要向传统绘画学习，还要向雕刻、版画、书法、印章、民间美术工艺以及文学戏剧等姐妹艺术学习，从内在的本质的方面去探索，借以表现出中国的民族气派和国土风情，同时又能充分发挥油画的性能特点。油画作为一个画种，不能抑其所长，发其所短，油画就是油画，油画是中国的油画，是我们时代的油画，是某个艺术家的油画，这些特点越鲜明就越具有艺术的魅力。倪贻德这样说，也是这样探求的。

倪贻德的画强调分大面，果断、明确、纯朴、坚实，用笔精炼，以一当十，以简寓繁，色调清新爽明，有充分的概括力。作品重视塑造对象的精神实质。他观察生活总是把全副精神扑上去，使物我交融，务得其神，审度经营，成竹在胸，然后落笔，所以能得心应手，抓住并强化主要的东西，省略、舍弃累赘的东西。他认为绘画不能是物象的堆积，而是要利用种种物象来创作成美丽的画面。所以要懂得如何把画面上那些不必要的部分尽量割爱。

他钟情于自然，但绝不做自然的奴隶，要把理想和写实结合起来创作非空非实的美术作品。偏于空想或泯于写实都不能成为好的美术家，这就是他的信条。所以他从30年代起，便多方面尝试，找自己创作的道路。他认为油画是不断发展的，从写实到写意是一个革命。欧洲现代绘画是受着中国写意画的深远影响，不满足于一模一样地再现对象，而是要通过作者的不同感受，强烈地表现对象。

1932年他和庞熏琴等组织"决澜社"。集合一些敢闯新路的少壮派，以狂飙一般的激情，以表现自我的艺术新形式，向沉寂、庸俗、衰颓、病弱的画界冲击。在"决澜社"前后举行三次的画展中,可以看出已经到达纯熟期的倪贻德艺术,具有前所未有的魅力。他对于塞尚以后的西方现代画派作了研究和介绍。"决澜社"宣言中对20世纪以来欧洲画坛出现的"野兽群的叫喊,立体派的变形,达达派的猛烈,超现实主义的憧憬",也期望中国画坛出现一种新兴的气象。但倪贻德始终没有走上形式主义的道路。他从来不搞那些歪曲生活、玩弄线条色彩游戏的抽象结构一类的绘画,正如他从来不搞一味抄袭自然、只有具体物象而不看整体结构的照相主义一样。他整个绘画的艺术风格,坚实、单纯、明快,这也是他的人品作风的反映。

这本画集虽然无法收集倪贻德同志各个时期的代表作。风景画最早的一幅是1934年的作品《河岸》,最近的一幅是1946年的油画《繁荣的水乡》。但无论是油画、水彩还是铅笔速写,都可以看出他的造型能力。速写风景《村边阳光》是解放前的作品,铁划银钩,线的代表力很强,着笔不多,却充分表现了景物的质感、量感和空间感。《村边阳光》用轻重缓急的线把沐浴在和煦阳光中的村景风物表现无遗。

水彩风景,差不多都是画家解放前的作品。1942年春,我们乔装离开了上海,他为了随带终身作伴的油画箱,避免敌伪盘查,伪装成失业回乡的"广告商"把画箱带到内地。抗战期间,作画买不到油画颜料,他就专画水彩和铅笔画,磨炼出来一手绘画轻武器的过硬本领。水彩画《嘉陵江轮渡》、《球赛》、《秋》和《春帆》、《瓯江之滨》等作品,明净、轻快、练达,以少见多,一笔不苟地适当利用水分的干湿表现开阔的空间层次。透露出来的铅笔底稿在他的风景画里也浑然成为一个有机体,起着衬托的作用。

油画风景大多是解放以后的作品,或描写都市的街道,或描绘繁荣的公社和优美的田园。构图平中有奇,色彩明暗冷暖强弱的对比富于节奏和韵律感。如壮丽的长江大桥工程的写生,抒发画家热爱社会主义祖国的感情,给人以一种清新的艺术享受。

由于画家对风景画具有特殊的兴趣,每到一地总想试试他理想中新领悟的表现法,试练试练他的技巧,因此他的手法是多变的。他的风景画非常注意点景人物的描写,认为点景人物不是画面上空处的补白,应当看成整个画面的一个组成部分。加上几个人物速写,就能加强风景的生动活泼。但所有人物不能随便乱点,在简单的描写中,要表现感人的姿态动作来,同时还要和周围有密切的关系。

倪贻德的人物肖像画,很注意形式美,更重视表现美,在神态上、内心刻划上下功夫。抗战前他在上海画了许多人物画和肖像画如《朝鲜声乐家高中玄》、《"小猫"亚雪》和《自画像》等成熟之作,可惜都已失散。这里收集的速写像《老画家》、《演员》、《新疆舞蹈家康巴拉罕》,是他平素要求画人物必须正确生动、有艺术性的结果。如杨奇这个对旧社会和人类怀着憎恨和不信任,但一片纯直的赤子之心未泯,还想挣扎着从那生活泥潭中爬起来而不可得的青年的心理刻划;赛观音这个夜店主妇,妖冶悍泼、狠毒、像蛇一样女人的性格描写;馒头张这个为生活所折磨,但心田宽厚含辛茹苦的劳动妇女的形象塑造,多么动人!如不是演员和画家,对于剧中人物的深刻理解和共同憎爱是怎么也达不到这样的艺术效果的。《旧中国苦难的孩子》流浪街头的乞儿,这都是对旧社会血泪的控诉。作者心会手运,用准确凝练的铁笔,入木三分地一一刻划出来了。

静物画在这里收集比较少。谭抒真同志珍藏了他的一幅花的写生至今色彩如新。花是倪贻德常画的,用笔设色有一种美妙的旋律感。他的花画得鲜丽,饱含有水分。另有一幅那个插花的陶罐的纹样,不禁使我联想到,这仿佛就是倪贻德从前自己装饰制作的彩陶了。遗憾的是他的作品在战争年代中丧失殆尽,解放后的油画作品绝大多数又被"四人帮"的爪牙刷上白粉作画布破坏了。

作为美术理论家和文学家,倪贻德一生的著作达20余册。二十年代是倪贻德文艺创作丰收的年代。从1923年起,他先后在《文学报》《创造日》汇刊、《创造周报》《洪水》《创造月刊》发表的小说、诗、散文和剧本就有二三十篇。出版文艺创作单行本四册。此外,还为"创造社"出版的《茵梦湖》(郭沫若译)、《威尼市》、《死前》(王独清诗集)和其他书局出版的文艺书籍作封面、插图。1927年至1929年出版的《水彩画概论》《艺术漫谈》和《近代艺术》是他最早的美术论著。

30年代是倪贻德艺术技巧臻于圆熟,史论和技法译著比较丰富的年代。他为理论研究和创作实践付出了辛勤的劳动,他认为研究绘画没有别的秘诀,唯有"四多",即多画、多看、多读、多思。当时在国内研究西洋画有种种困难。第一是没有机会看到西洋画的原作,就是清楚一点的印刷品也不容易看到。而多看、多读对于研究西画是必不可少的,它可增长知识和提高修养。如果仅是埋头画画,看不到油画原作或各种印刷品,等于闭门造车。关于多读,他觉得尤其重要。一般人缺乏美术常识不消说,就是所谓画家,美术常识也幼稚得可怜。许多美术青年想得到一点美术知识几乎无书可买,普遍存在着"知识饥荒"。因此他在教学创作之暇,做了大量的美术理论译著介绍工作。

在这十年间他出版的编译著作就有《西洋画概论》《西洋美术史纲要》、《西洋画解说》、《现代绘画概观》、《水彩画之新研究》、《西洋画研究》、《西画论丛》、《西画论丛续集》以及《画人行脚》《艺苑交游记》等。此外还为北新书局编了高初中四本美术教材。总计不下百万字。广泛论述了欧洲绘画的历史、流派、作家、名作的鉴赏、绘画的技法以及中西画论的探讨等。这些译著虽然存在一些不尽恰当的早期观点,但对美术知识的普及和美术教育的促进是起过一定的启蒙作用的。

解放后在他负责《美术》编辑期间,写的美术评论比较多;在教学和担任美协工作期间,也作了一些论文和学术报告,运用马列主义观点和方法,根据美术的实际问题,分析评论,对美术创作、美术教学和美术史论研究的进展和提高,作出了积极的贡献。这一时期发表的评论主要有《谈谈画领袖像》、《谈徐悲鸿先生的素描》、《如何正确对待模特儿》、《再谈基本练习中如何对待模特儿》、《英雄的形象战斗的气氛》、《把水彩和速写提高一步》《油画、雕塑民族化的几点意见》《"五四"——新美术运动的开始》、《读潘天寿近作》、《读〈苦瓜和尚画语录〉的一点体会》和《罗马尼亚画家博巴》等。

  作为一个艺术教育家，他对学生和青年美术工作者，总是热情相待，在思想上、理论上和技法上给予指导。对他们寄与莫大的希望，认为这些人是正在默默地做着中国艺坛基础工程的人。由于他对绘画技法理论和中外美术史有深刻的研究，在教学辅导中经常旁征博引，以中外名家、名作的实例作为佐证。结合实际，反复启发阐明，很有说服力和感染力，他强调基本功训练，严格要求学生扎扎实实地全面打基础，要求他们做一个真正的画家，不做没出息的画匠。强调深入生活，创作必须从生活中来，反对闭门杜造，靠照片、抄画报。本来他曾经是一个为艺术而艺术的唯美主义者，当他读了毛主席的《讲话》，接受了党的教育以后，便带着学生，面向工农兵、劳动群众，从象牙之塔里解放出来。解放前反动派对学生的革命行动进行迫害，以记大过停止伙食相威胁。他却不顾国民党的白色恐怖，对受迫害的学生以精神上和物质上的支持，他也曾带领学生走上街头，到茶馆画速写，义卖所得来帮助生活上困难的学生解决膳食。

  解放以后，倪贻德同志因美术事业的需要，把主要精力放在教育、编辑、美协的组织领导工作上，社会活动比较多，但在改进素描教学，探讨油画民族化，研究中国画传统等方面，却发表了不少自己独到的见解。解放以后的论著，标志着他在理论上的造诣达到了一个新的阶段。

  在倪贻德的晚年，原有一个创作和科研的规划。正如他的学生和助教金一德同志记述的"以后我要吸收西欧和中国的绘画经验，提高到理论上，写出一些东西来。在绘画上我要体现我的理论，多画些画，反映社会主义建设的新面貌，搞一个个人画展。艺术上要有闯劲，要有'终不悔'的精神"。

  可惜他未能实现他的宿愿，便含恨去世。今天我们要从他的"终不悔"的精神，接过他的接力棒，为实现我国社会主义的四个现代化建设，为繁荣发展新中国的美术事业，在新的长征大道上，奋勇前进！

姜丹书艺术教育杂著序

谢海燕

我国有影响的老一辈艺术教育家、画家姜丹书（敬庐）先生诞辰一百周年纪念时，浙江美术学院学报《新美术》、南京艺术学院学报《艺苑》美术版和其他报刊都登载了纪念文章。现在，浙江教育出版社又将印行《姜丹书艺术教育杂著》，汇集敬庐先生自清季以来各个历史时期有关艺术教育史料、传记、评论、随笔等遗稿近百篇，约三十万言。尊师重教，缅怀先哲，启发后学，这是很有意义、很可宝贵的。

近代中国艺术教育，滥觞于1902年创立的两江师范学堂，开始延聘外籍教师，授图画、手工、音乐等艺术公共课。1906年学堂监督李瑞清援日本高等师范学校体制，创办图画手工科，先后招两班，培养新一代美术教师，开高等学校设立艺术科系的先河。至1912年民国纪元，始有刘海粟及其画友创办的第一所美术专门学校——上海图画美术院。1918、1928年在蔡元培的倡导和规划下先后创立了国立北平美术专门学校、国立西湖艺术院和上海音乐院。与此同时，各地艺术院校有如雨后春笋，相继建立。但在民不聊生的旧社会，只能任其自生自灭，大多昙花一现。直到社会主义新中国的诞生，艺术教育事业才得到蓬勃发展。现在具有一定规模的各类高等艺术院校，多达三十余所。师范学院、工学院和民族学院也设有美术、音乐和工艺美术等系科。至于各种类型的中等艺术学校和业余艺术学校，则已遍布各个省市和地区。春风化雨，人才辈出，艺术教育日见普及和提高。八十多年来，从涓涓细流到汪洋大海，推本溯源，姜丹书先生就是经历我国近现代艺术教育演进过程的见证者和前驱者之一。

姜丹书先生字敬庐,号赤石道人。1885年生于江苏溧阳,寄籍杭州。他处在科举时代从塾师教育向学校教育过渡的时期,以最优等成绩毕业于南京两江师范学堂图画手工科乙班,并取得师范科举人学位,与吕凤子、李健、汪采白、沈企侨等一起成为我国第一批艺术教育人才,复因名列第一而留校。辛亥革命前夕,应聘到杭州,接替日籍教师,任教于浙江两级师范学堂(民初改为浙江第一师范),与最早留日归国的李叔同分担图画手工和图画音乐课。我国杰出的美术家潘天寿、丰子恺和郑午昌等当时都在其门下。

1924年姜丹书先生到沪任上海美术专门学校教授。翌年,任中华书局艺术科编辑主任;1927年因参加大罢工被裁,仍任上海美专教授,兼艺术教育系主任。以后又兼新华艺专等校教授。1928年春,国立西湖艺术院成立,他应聘兼职任教,直到抗战,国立杭州艺专西迁与北平艺专合并为止。他每周风尘仆仆,奔驰于沪杭两地,不以为苦,反以为乐。各校慕名争聘,固然碍于情面,难以推辞;但主要是他意识到自己是一个艺术教育家,以授业解惑、教书育人为己任。请看1956年华东艺术专科学校庆祝姜先生七十诞辰和教龄五十年纪念并举行其个人国画展览会时他的自述:"我短短的一生所以能坚守岗位者,首先由于立定志向,而后发生恒心,不为旧社会的邪气所诱惑,不浪费时间与精力。自己这样想:我是一个艺术师范生出身,则一生坚守着艺术教育岗位,乃是份内的事。"许多人不愿读师范,不愿当教师。他却终身坚守教育岗位,不做官,不图利,过着清苦的粉笔生活,一年复一年,一代复一代。今天美术界许多知名人士,渊源所自,直接间接受其教者难计其数。这是先生足以自豪的。

姜先生早年教的是绘画和工艺美术,即所谓图画和手工。后来工艺和农艺合称为劳作。他一生于此倡导不遗余力,著有这方面教材教科书多种,是我国工艺美术教育和劳作教育的元老。他在浙江省立第一师范任教期间,师范学校教学方案有美术史课程,但因国内还没有这方面的师资和教科书,规定可以暂缺。他毅然承担美术史教学任务,并编纂五年制师范学校用《美术史》一书,经教育部审定,于1917年由商务印书馆出版。该书用通史体例,分中国美术史和西洋美术史上下两篇,叙述建筑、雕刻、绘画、工艺美术历史的嬗变和各自的艺术特色。上篇附带讲书法印章;下篇附带讲东方印度等国的美术。简明扼要,向学生和广大读者灌输了世界美术知识。翌年,又出版《美术史参考书》作为补充。这是七十年来出版最早的美术史的教科书和参考书。

他在上海美专等艺术院校任教,除任艺术教育系的工艺实习和理论外,主要是担任美术技法理论,如艺用解剖学、透视学;有时也兼教用器画。这些基础理论都是美术院校必修课,也是很不好教的冷门课,教不好往往枯燥乏味。唯独姜丹书教授乐于承担这几门课,而且教得津津有味,引人入胜,获得较好的教学效果。他善于理论联系实际,用譬喻和富于风趣的生动语言,深入浅出地讲解。如讲透视学的基本原理、原则、规律、定律,各种透视包括中国画的散点透视的理法及其应用,提纲挈领,并用自制的教具和挂图进行讲解,明白易懂。讲艺用解剖学,对人体骨骼、筋肉、表情、容貌、权衡等结构的特征和运用,不但用人体骨骼标本、图表图例进行讲解,并且现身说法,不时指点自己头面部分,乃至袒胸露臂,撩起裤脚,脱掉鞋袜,赤足示范。讲整体结构时,才用裸体模特儿做各种姿势演示运动变化的规律,同时与人体素描教师协作配合,务求学懂学透,善于应用。他出版有《艺用解剖学》、《透视学》等书,都是国内最早且较好的专著。退休前,在华东艺专总结了多年的教学科研经验,写出新著《艺用解剖学三十八讲》,附有六种中外艺用解剖学图书的校勘记,指正其错误;并在其他青年教师的协助下重新绘制了图版。此书由上海人民美术出版社出版,行销国内外,沾溉艺林。

在他一生中,还撰写了许多教育家、艺术家的传记及艺术教育史事的实录和评论,给我们提供了近现代许多有价值的资料文献。俞剑华先生所编《中国美术家人名辞典》中就收入了若干条。这些资料,特别是有关两江师范学堂的创立和考试制度、有关五十年来我国和浙江艺术教育史料的回忆,如不是他脑勤手勤,雪泥鸿爪,随时记录所见所闻的感想,便不可能给后世留下这么丰富的史实。尽管他在回忆中容有不周,或人事遗忘、漏列,或时间细节小有出入,或情况不明而未能述及。这在他《我国五十年来艺术教育史料之一页》的结语中已有说明;而且题目用"之一页",可见他的治学态度是实事求是的。他的自编年谱,率直真挚,是一个忠诚于教育事业的老教师历经新旧社会的生活写照和耕耘的记录;更可以从一个侧面窥见近百年来我国内忧外患、民间疾苦和风俗世态。在中国美术运动和艺术教育的兴革中,他是一个积极的参与者,发表了许多文章,阐述自己的见解。

姜丹书先生的绘画创作活动,早年以西洋画为多,不时带着学生在美丽的西湖写生。自从担任美术院校基础理论教学以后,则专研国画。擅画山水、花鸟、蔬果。他的西画从学于日本画家盐见竞。国画则师承李瑞清、萧屋泉,吸收历代各家之长,自成一格。曾参加"寒之友社"和"莼社"等著名书画组织,常与画友合作国画,并利用假期与邵裴子、潘天寿、朱屺瞻、吴茀之、潘玉良等游历名山大川,师法自然。特别是1934年他登临劈地摩天、气象万千、雄伟壮丽的黄山,胸襟大扩,获得了许多画材,放胆抒写,笔墨为之一变。他体会到作画、写文章,深入生活,深入社会,体验、调查研究十分重要。艺术资料,随处都有,要善于体会,善于拣取,善于吸收,善于运化,善于表出。

他是画柿名手。在杭州时几乎每年秋天都要到西溪两岸观赏朱果累累的柿林,端详枝头一个个圆里带方的铜盆柿,反复摩写,积久自成腹稿。眼中有红柿,心中更有红柿。千姿百态,随意挥洒,色调酣畅润泽,略勾虚实有致的墨线,质量感、色感乃至味感,油然而生。"红到梢头甜到老","博得心头蜜蜜甜",是他最常用的题句。姜先生为人情深爱笃,他对红柿有如此深厚的感情,以及他名其所居为"丹枫红叶室",都是同他对夫人朱红君的真挚爱情相联系的。他曾出版过《敬庐画集》,还订有鬻画润格。求其画者,多指定要他的红柿。

  1937年暑假,他在上海美专主办的"廿六年各省市初级中学劳作科教员暑假讲习会"讲学。由于日本帝国主义加紧扩大侵略战争,讲习会不得不于"八·一三"前夕提前结束。他赶回杭州,在敌机的狂轰滥炸下,仓皇率领三代眷属二十余人,走避浙东。至第二年才辗转回到上海"孤岛",住在法租界康悌路(现建国东路)一家香烛店的楼上。屋小人多,环境嘈杂,十七路无轨电车辚辚当当而过,因此名其所居为"屋笼人鸟居",名其前廊临窗工作处为"嚣嚣轩"。就在这个陋室中,困处"孤岛"的许多名家友好经常同他论古谈今,吟诗作画。这一时期他为救济难民热心征集并捐献了许多作品。1939年"上海美专师生救济难童书画展览会"以及后来刘海粟校长为抗战募款去南洋各埠举行"中国现代名画义赈展览会",他都踊跃参加。他画过一幅《燕见焦梁学骂人》:几只南归的燕子栖止春柳枝头,对着烧毁的残栋焦梁吱吱呢喃,隐喻有家归不得,痛骂日寇"三光"政策的暴行。他还画了一幅《煮蟹图》,题句为"豆萁燃未了,君已不横行",下注:"刺寇也。"他在一幅与汪亚尘、朱屺瞻、唐云合作的《割烹图》上题诗曰:"上得刀砧尚值钱,人尸徒向壑沟填,天生万物同仁视,不入庖厨不动怜。"诗后注:"痛各处屠杀。"为时为事而作,爱憎极为分明,一诗一画,都抒发了他对人民的热爱和对日本侵略者的痛恨。另一幅与人合作的国画《纸上富贵,傲此穷年》,也是对于旧社会的辛辣讽刺。

  姜丹书先生给国家培育了这么多艺术人才,给后人留下这么多遗产,他一生的成就,在于他恪守一个"恒"字,植根一个"勤"字,立定一个"诚"字,崇尚一个"朴"字。他鞠躬尽瘁,为艺术教育奋斗终生。他发奋力学,有深厚文艺修养和广泛的科学知识。为了著书立说,刻苦攻下外语关。1941年春,我曾在上海一个书摊无意发现一本姜丹书先生散失的精装日文版《美术辞典》,这书是1914年出版。我有一本1920年第六版的,以后此书即绝版。我高兴地买回来,送给姜老,并在扉页题道:"夜过辣斐德路旧书摊,检获斯帙,赫然有敬庐'元押'藏书印记,度系杭城劫馀之物,喜而市归,亟奉原主。敬庐先生当有珠还合浦之欢也。"他接到这本书深有感慨地说:"我几经离乱,出走时首先想带的是各校历届同学录。到处查找都有同学,都得到他们的亲切款待。也就顾不到那些藏书、器物了。"的确,敬庐桃李满天下,一脉师生之情,永远牵记着。教师的精神慰藉莫过于此了。

  太平洋战争爆发,"孤岛"陆沉。我和教授倪贻德率领上海美专部分师生内迁浙闽,参加国立东南联合大学,成立艺术专修科。行前我去看他。他支持学校内迁的计划,却深以家累不能像我们单身汉行动方便为憾,彼此慰勉一番而别。由于日寇发动浙赣战争,交通中断,上海各大学师生无法内迁,以致一年之后,东南联大便宣告停办。艺术专修科和法学院并入国立英士大学,文、理、商三学院并入国立暨南大学。1944年夏潘天寿教授被任命为国立艺专校长,我应聘任教务长,一起从浙南云和西往重庆。抗战胜利后,国立艺专准备复员杭州,电请姜丹书先生任接收委员,主持校舍校产的接收任务。1946年春我坚决辞国立艺专教职,复员上海美专。我是学校第一个东归的教授,受托先到杭州看望姜老,并了解接收情况,在凤起桥河下丹枫红叶楼旧宅同他把晤。宅前修竹依旧,而他的房屋却空荡荡的,陈设十分简陋,点的是油灯。这是他的临时办公室,却为公家省钱,连电灯也不装。几个月来他带着少数工作人员到处奔波,办理平湖秋月附近照胆台、苏白公祠、哈同花园各处校舍和教具家具的交涉、接收、保管等事宜,一一造册加封。每天早出晚归,安步当车,不浪费公家分文。先期由浙南返杭的潘夫人何愔大姐对此也倍加称赞。抗日战争胜利以后,国民政府大员趁机"劫收"成风,而他却公私分明,一丝不苟,形成了鲜明的对照。俟潘天寿校长带领国立艺专师生复员杭州,交接清楚后,他便回上海,仍任上海美专和中国纺织工学院教职。

1952年全国高等学校院系调整,上海美专与山东大学艺术系和苏州美专合并为华东艺术专科学校。姜丹书先生随校至无锡。他老当益壮,在教学、科研和创作上取得了很大成果,受到全校师生的赞扬。历经流离颠沛的他深切感受到伟大的社会主义家庭的无比温暖和快乐。在艺术教育事业上,他对党的文艺方针和"继承民族艺术的优良传统,吸收世界艺术科学的先进经验,培养教育现在和将来的代代青年"的号召,深受鼓舞。相信从此艺术的花朵定能迅速地遍开祖国的大地,使他一生长征之中最后走进了美丽之园,是何等的幸运,何等的光荣!

他于七十四岁时申请退休,愉快地回到杭州,欢度幸福的晚年。可是他退而不休。"夕阳无限好,挥笔献馀辉",孜孜不倦地致力于诗画和著述,并积极参加浙江省政协和美协组织的各项活动,被选为中国美术家协会浙江分会副主席,直到1962年6月8日停止了心脏跳动。

敬庐先生是一位爱国老人。他的一生是实心实意从事艺术教育的一生。做一个灌溉苗圃的园丁是他终生的心愿。"诚"和"朴"的品德,同他治学的"恒"和"勤"是相连贯的。恒、勤、诚、朴的一致,是他立身处世、敬业乐群的基准,也是我们学习的榜样。

中国现代著名书法家作品集

——陈大羽书法篆刻集序

谢海燕

大羽同志的书法篆刻集子终于出版了,我感到由衷的高兴,这不仅是我喜爱他的印章和书画作品的缘故,而且也因为他是我早年的学生,以后又在美术教育岗位上共事几十年的挚友,深知他的艺术和为人,故而欣然命笔,写上几句话。

大羽同志在艺术道路上奋斗了大半辈子,他不随流俗,不慕虚荣,学习传统,注重功力,以一种奋发自励、锲而不舍的精神,大胆创造,抒发胸臆,表现了磅礴的生命力。他主攻大写意花鸟,兼及书法、篆刻,都能殚精竭虑,在师承的基础上,求书、画、印之间的融会贯通,在贯通上面求自己的面目,数十年的探寻和实践,他的书、画、印熔铸成和谐统一、雄健奇肆的艺术风格。三者各具特色,而且又交相辉映,这都是令人钦佩的。

三十年代,大羽进上海美专学习中国画时就爱上了篆刻。那时学校中国画系设有书法、篆刻和金石学等必修课,而对篆刻这门功课有特别爱好的学生也只有少数几个人,而能孜孜矻矻坚持到底的在我的印象中就是大羽了。他摆弄刀石刻印常常是通宵达旦,同寝室的同学夜深醒来,发现他还在干,常叱责他:"还这么干,你命都不要了!"就这样,他临下不少汉印,还给同学刻了不少印章,从中获得汉印古朴雅正的艺术意趣,并得到马公愚、李健、诸乐三先生的赞赏,现存身边的一件印集立轴就是毕业展出时的纪念品。入得门径以后,他又多方汲取营养,从名家流派中,广蒐博取,开拓新的境地。吴昌硕从封泥印中得到启迪,突破了浙皖流派的成法,他的复刀冲切也是匠心独运,使印章显得洒脱自然,格调高雅,给人以朴茂浑厚、和谐统一的韵味。白石老人的单刀直入和豁达流畅的线条,给人以方寸之地有无边的空间感,明快、舒展、流畅,节奏感很强。他们的成就突破了前人,又是使印风和书画风格连贯一气的集大成者。吴、齐的篆艺给大羽的影响是深刻的,他更多地汲取并消化了这两家的特色,加以开拓发展,自成家法,独自面目。他注重篆法、布白和刀味,强调劲健朴茂的美感。洒脱而又沉着,严谨质朴自然,给人以深刻的印象。他在篆艺上的追求,同他书法、绘画的风格也就更加协调,蔚然成为当代书画印三绝的大家。

大羽治印,除了艺术效果的追求外,也注重印语的思想情趣。他认为闲章要有时代的气息,强调健康乐观的人生态度,而不是闲逸消极的东西。他的闲章:"清水出芙蓉、天然去雕饰","既雕既琢,复归于朴",反映了他在艺术上对美的理解和追求。"为学不作媚时语","以誉为谤,以谤为师",是他从艺要敢于独立探索\一往无前的雄心写照。"人间重晚晴","戒之在得",则是他近年来所抱的人生态度。他也为别人治印,老书法家林散之十多年前因烫伤,曾求大羽刻一方"半残老人",而得到的却是"不残老人",一字之差,精神豁出,为林老所钟爱。至于有人求他刻"鹤立鸡群",甚至"当今领袖是乡亲"之类的闲章,他则是婉言谢绝。这里可以看出大羽从事篆艺是极严肃的。

我想,随着篆刻越来越受到美术界的重视和广大群众的喜爱,读者是可以从这本书法篆刻集中领略到它的风采和美的情趣的。